リスクは抑えて利益を勝ち取る

日経平均の読み方・使い方・儲け方

(有)なでしこインベストメント
阿部智沙子

日本実業出版社

はじめに

２０１５年４月、日経平均株価が２万円台を回復しました。「２万円」を見るのは、実に15年ぶりです。さらに６月、日経平均株価は２万１０００円目前の水準まで上昇しています。その後、中国市場の混乱などを背景に下落するところとなりましたが、先行きに対する強気見通しはいまなお健在。市場の中には「３万円」予測も出ています。

「そんなに株価が上がるなら、『日経平均株価』を買ってみようか」。これまで株とは無縁だった人の中には、もしかすると、そう考えている人がいるかもしれません。

かつて、株価指数が市場の動向を伝える指標だけだった時代ならば、「プッ、このド素人が」と笑い飛ばされたことでしょう。ところが、今日では、日経平均株価に連動するＥＴＦ（上場投資信託）をはじめ、「日経平均株価」を取引するいろいろな手段があります。しかも、その「日経平均株価」を対象とする取引はすこぶる活況を呈しています。いまの市場は「日経平均株価」を中心に動いている、と言ってもよいほどです。そんな今日の市場環境の中、「『日経平均株価』を買ってみようか」というのは、なかなか鋭い、と評されてしかるべき発想でしょう。

では、いったいどういうときに「日経平均株価」を買えばよいのでしょうか。さらに、日経平均株価が市場の中心であるならば、「日経平均株価を買う」ほかにも、「日経平均株価」を活用して収益をあげる方法があるのではないでしょうか。そうした観点から「日経平均」というインデックスを様々な角度から調べてみたのが本書です。

とくに近年、日経平均株価の派生商品である日経平均先物が株式市場を主導する動きが報じられることが多くなっています。実際、日々の市場動向を見ていると、日経平均先物が今や市場の主役のような存在になっていますが、本書は、その日経平均先物のトレードで儲けよう、という趣旨ではありません。先物のトレードには、売買のテクニックはもちろんのこと、相場状況に臨機応変に対応するストラテジーや発注のスキルなど、様々な能力が必要とされます。そうした力を身につけるには、先物トレードの専門書で十分な知識を習得することが不可欠です。

本書の主眼は、トレードのテクニックやスキルではなく、日経平均先物や日経平均に連動するETFも含めた「日経平均株価」が発信する値動きの情報を、自分自身の投資や売買にどう活かすか、にあります。言うなれば、「日経平均株価」を自分の味方につけることです。それが、ともすれば恐ろしいほどに極端な動きを見せる今日の市場に対応する策になる。さらには、その動きを収益のチャンスに変える方策になる、というのが、本書の結論です。

中には、日経平均株価なんぞよりも個別株の売買にこそ関心がある、という方もいるかもしれません。しかし、その個別株の売買にも、日経平均株価は大いなるヒントを提供してくれます。日頃何気なく目にしている日経平均というインデックスを、本書を機に、いま一度見直してみてください。きっとよいことがあります。

最後になりますが、本書の出版に際しまして、多大なお力添えをいただきました日本実業出版社編集部の方々に、この場を借りまして、深く御礼申しあげます。

2015年10月1日

阿部智沙子

日経平均の読み方・使い方・儲け方●もくじ

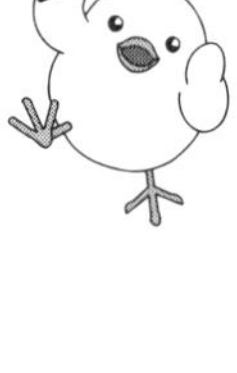

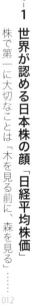

第2章

「日経平均株価」という最強ファンドに投資する

第3章

「日経平均株価」を使った個別株売買のアイデア

第4章

日経平均株価と個別株を組み合わせて売買する

第 5 章

日経平均株価の「変動の大きさ」も収益源になる

本書は２０１５年10月１日までの情報に基づいています。
本書に掲載している銘柄は売買を推奨するものではありません。
投資の判断は、ご自身の責任において行ってください。

装丁・ＤＴＰ／村上顕一

第1章

日本株市場は日経平均株価を中心に動いている

§1-1

世界が認める日本株の顔「日経平均株価」

株で第一に大切なことは「木を見る前に、森を見る」

株式投資で使われることわざに、「木を見て、森を見ず」というものがあります。「木」は個別の銘柄、「森」は株式市場全体の喩《たと》えです。株式投資をするときに、「どの銘柄を買えば儲かるのか」と、銘柄のことばかり気にして、株式市場全体にはまるで目もくれない。これが「木を見て、森を見ず」で、株で失敗する大きな原因のひとつがここにあります。

環境が良好な森は、水や土の養分、光が十分に行き渡り、個々の木はしっかり根を張ってすくすくと伸びています。しかし、荒廃している森では、光が行き届かずに枯れてしまう木もあれば、辛うじて生き延びている木もひょろひょろとして弱々しい育ち方です。高い値段で売れる木を見つけるのは容易ではありません。また、下草も生えないために土壌の保水性が悪化し、地滑りや土砂崩れが起きやすい状態になっているでしょう。森に入ること自体が危険です。

株も同じように、市場全体が良好であれば、多くの銘柄がしっかり値を伸ばしています。この状態にあるときには、大方の銘柄は「買えば儲かる」ということです。逆に、市場全体が悪化していれば、多くの銘柄がひょろひょろと力弱く値下がりしてしまいます。暴風雨のようなショックが起きれば、倒れてしまう銘柄もあるでしょう。このとき、懸命になって値上がりしそうな銘柄を探しても、儲かるよりも損をする可能性のほうが大きい。成果はあがりにくいと考えて間違いありません。

つまり、株の売買で成果をあげるために重要なことは、まず、市場全体の状態を見ることです。市場全体が良好ならば、どの銘柄を買うか、銘柄選びに血道をあげなくても、値上がりする銘柄が見つけやすい状態になっています。「木を見る前に、森を見る」。これが、株で利益をあげる第一のポイントです。

市場全体がどんな状態にあるのかを知る方法とは

では、市場全体がどういう状態にあるのか、どうすればわかるのでしょうか。

上場している全銘柄の値動きを毎日見るのは手間がかかりすぎます。値上がりした銘柄数・値下がりした銘柄数ならば、新聞の株式欄や「Ｙａｈｏｏ！　ファイナンス」など株式情報サイトに掲載されていますが、日々の値上がり・値下がり銘柄数を見ても、市場全体がどんな状態にあるのか、実はよくわかりません。

図1－1は、〝リーマン・ショック〟のあった２００８年1月から12月までと、第二次安倍政権が発足した翌年の13年1月から12月末までについて、東証一部の「値上がり銘柄数－値下がり銘柄数」をグラフ化したものです。プラス圏にある日は値上がり銘柄数が上回っていたことを意味しますが、どちらもマイナス１５００からプラス１５００の範囲内で上下していて、これでは、市場全体がどういう状況なのか、どちらが〝アベノミクス〟なのか、見当もつかないのではないでしょうか。

市場全体を見るうえでの重要な点は、値を伸ばしている銘柄が多い状態が続いているのか、値を下げている銘柄が多い状態が続いているのかという、趨勢としてどうなのか、にあります。株価は、日々上がったり下がったりする中で趨勢を形成していきますから、市場全体がよい状態でも値下がり銘柄数が多い日もあれば、逆に、市場全体が悪い状態でも値上がり銘柄数のほうが多い日もあります。その日その日の値上がり・値下がり銘柄数だけでは、趨勢を捉えることは難しいのです。

図1-1-1 「市場全体が良好」な状態にあるのはどちらか？

東証1部上場銘柄の「値上がり銘柄数－値下がり銘柄数」

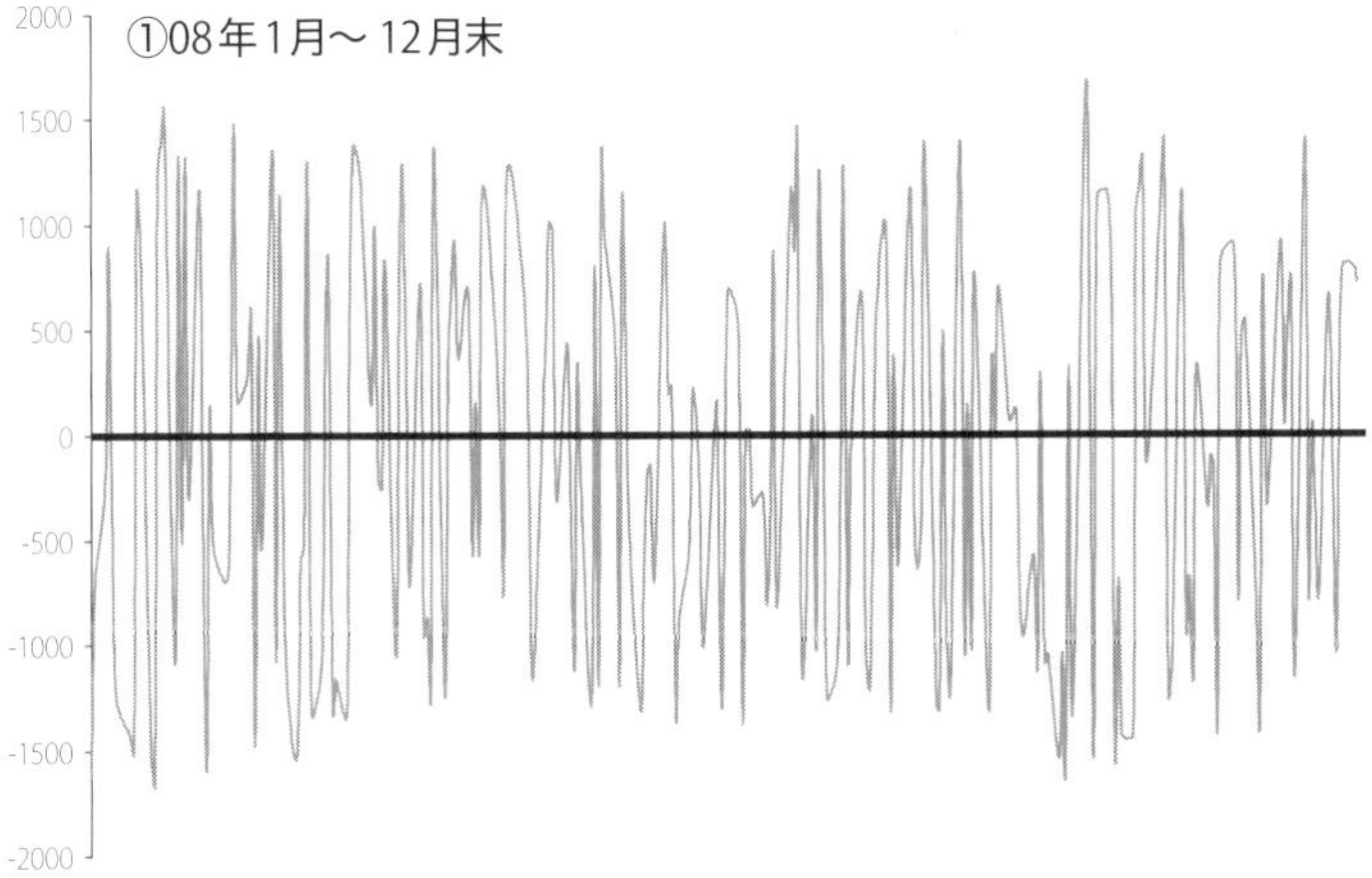

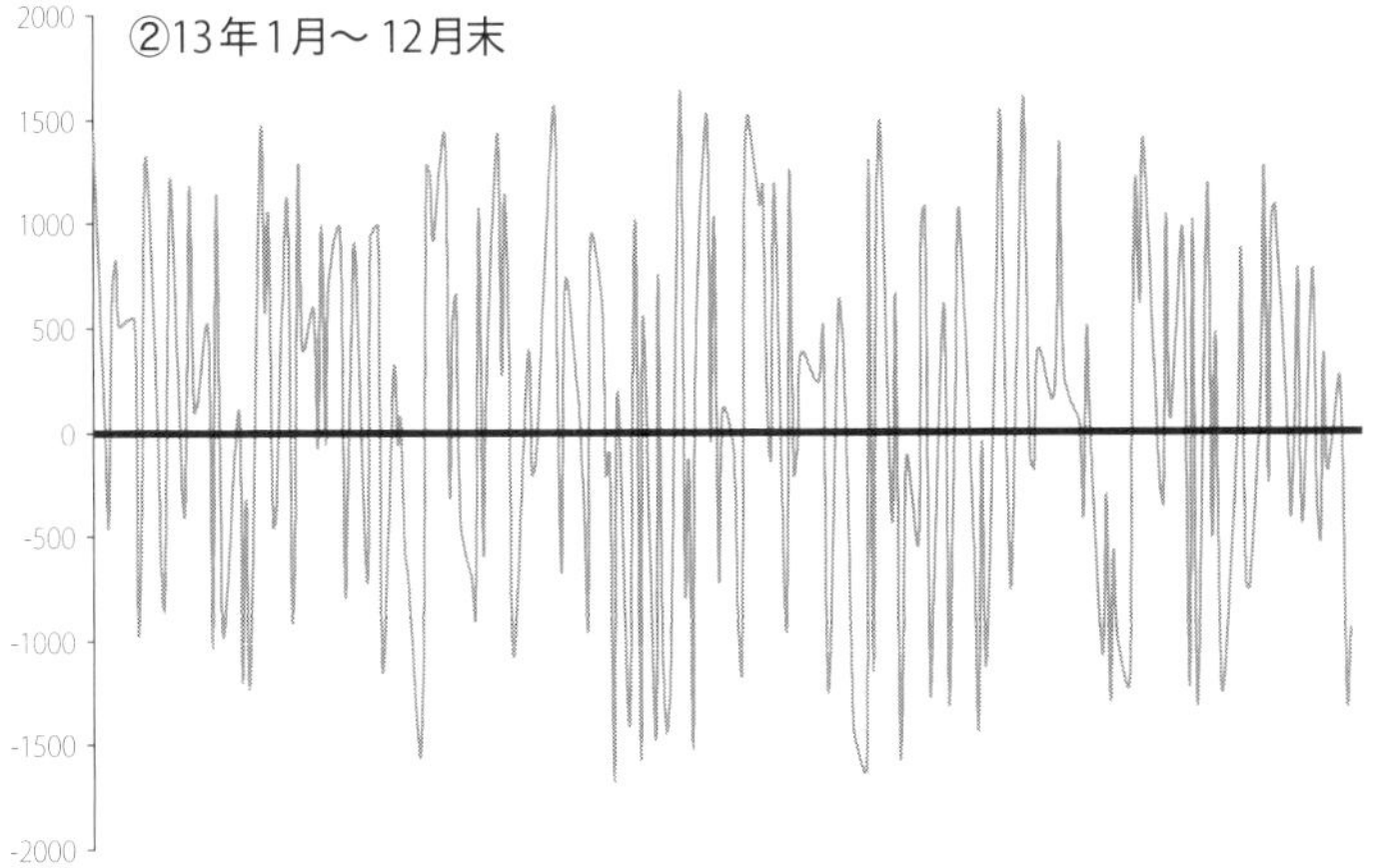

そこで考えられるのは、高値を更新している銘柄数、安値を更新している銘柄数を見る方法です。市場全体が良好な状態にあれば、ぐんぐん値を伸ばして高値を更新する銘柄数のほうが多いはずです。逆に、市場全体が悪い状態であれば、安値を更新する銘柄数のほうが高値を更新する銘柄数を上回っているに違いありません。

次ページの**図1―1―2**は、**図1―1―1**と同じ期間について、過去1年来で高値・安値を更新している銘柄数を調べた結果です。これなら、市場がどういう状態だったか一目瞭然でしょう。

08年は、1月から3月にかけて安値更新銘柄ばかり。5月から6月にかけて一時は沈静化したものの、7月から安値更新銘柄がどんどん増え、9月には夥《おびただ》しい数になっています。こんな市場に足を踏み入れようものなら、途端に大ケガをしてしまいます。

一方、13年は、安値を更新する銘柄はごくわずかで、年を通じて高値更新銘柄数が上回る状態が継続しています。ただ、年後半の高値更新銘柄数の水準は、年前半に比べて落ちています。市場全体は良好だったものの、年後半は市場全体の勢いが鈍ったと解釈できます。

図1-1-2 過去1年来の高値更新銘柄数・安値更新銘柄数

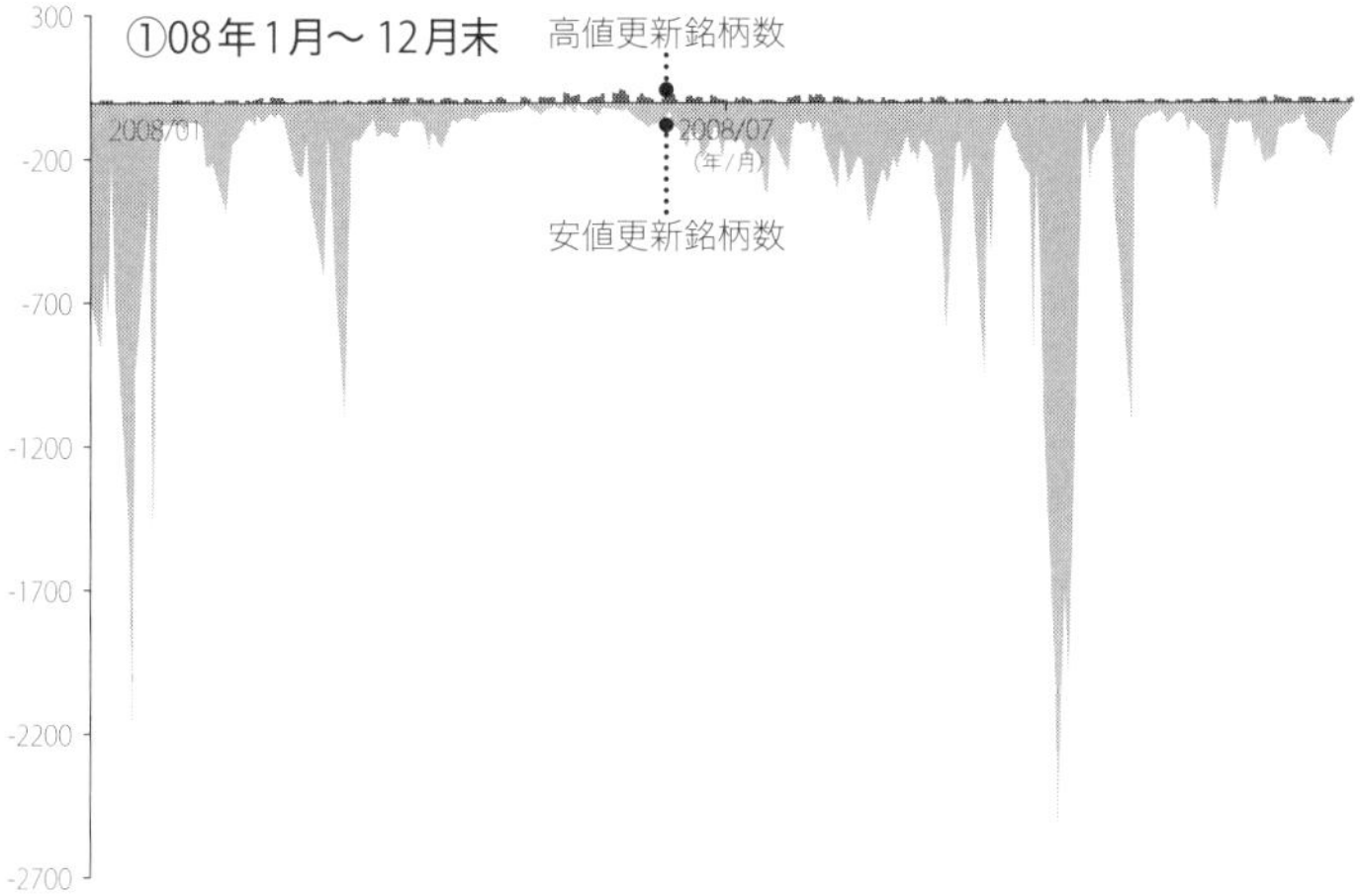

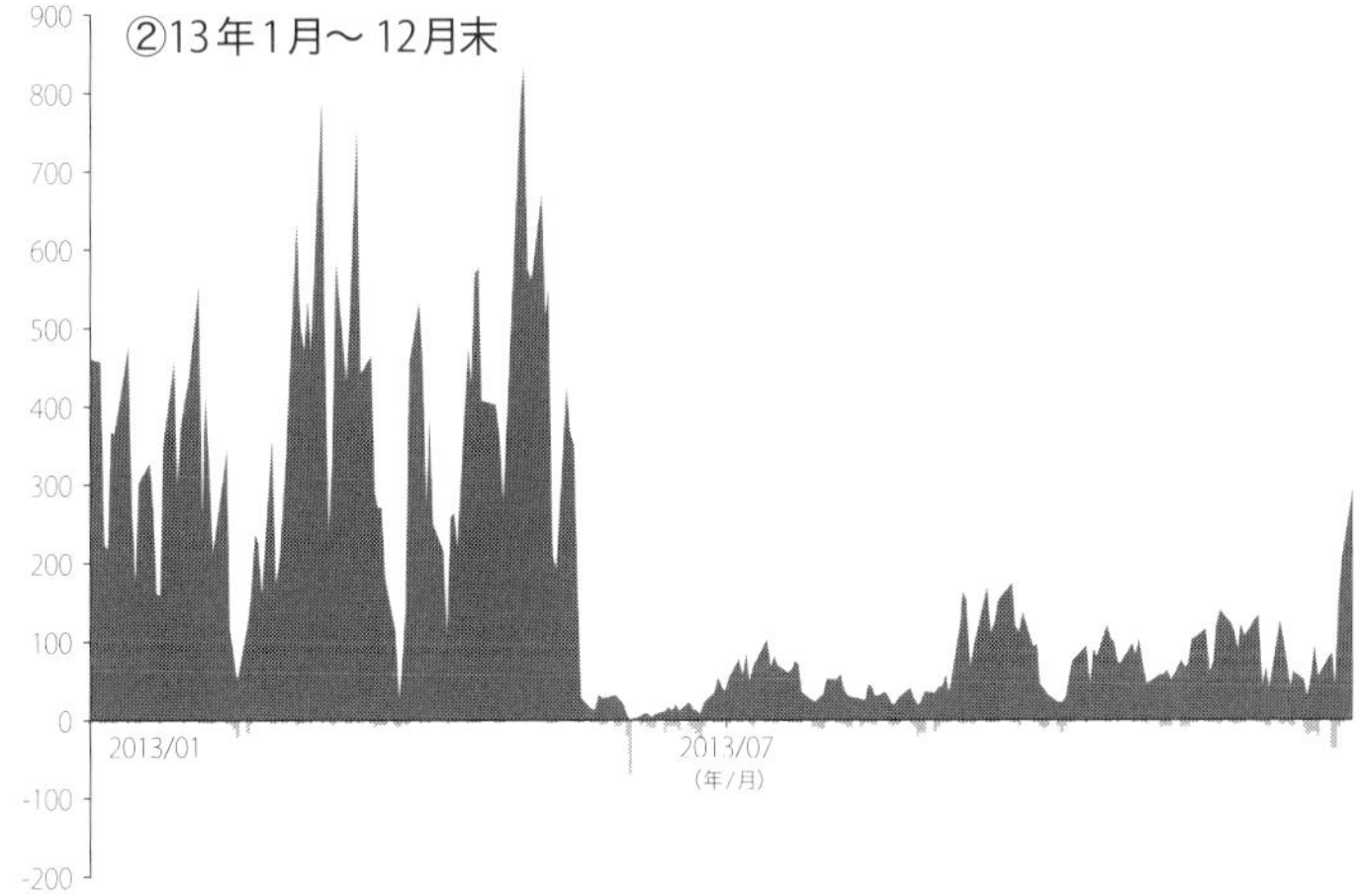

株価指数を見れば市場全体の概要がすぐにわかる

もっとも、こうしたグラフを見なくても、また、株に関心がない人であっても、〝リーマン・ショック〟のときには株がボロボロだったこと、〝アベノミクス〟で株式市場が調子よくなったことは、よく知っているはずです。なぜ知っているかといえば、日経平均株価という、市場全体を表す株価指数の動向が報道などを通じて日々伝えられていたからではないでしょうか。

株価指数とは、複数銘柄の株価を一定の計算方法によって総合した数値です。日経平均株価という株価指数は、日本経済新聞社が選定する東証1部の225銘柄を対象に算出されています。通常、指数という場合には、たとえば「ある基準日を『100』とした場合」といった基準を設けますが、基準は設けずに選定した銘柄の株価を平均して算出するものも「株価指数」と称されます。米国のNYダウ（ダウ工業株30種平均）と日経平均株価は、基準を設けない代表的な株価平均型の株価指数です。

日経平均株価という株価指数が本当に市場全体の動きを表しているのか。先ほどの**図1―1―2**のグラフに同時期の日経平均株価を重ねて確認してみましょう。

図1-1-3　高値・安値更新銘柄数と日経平均株価の推移

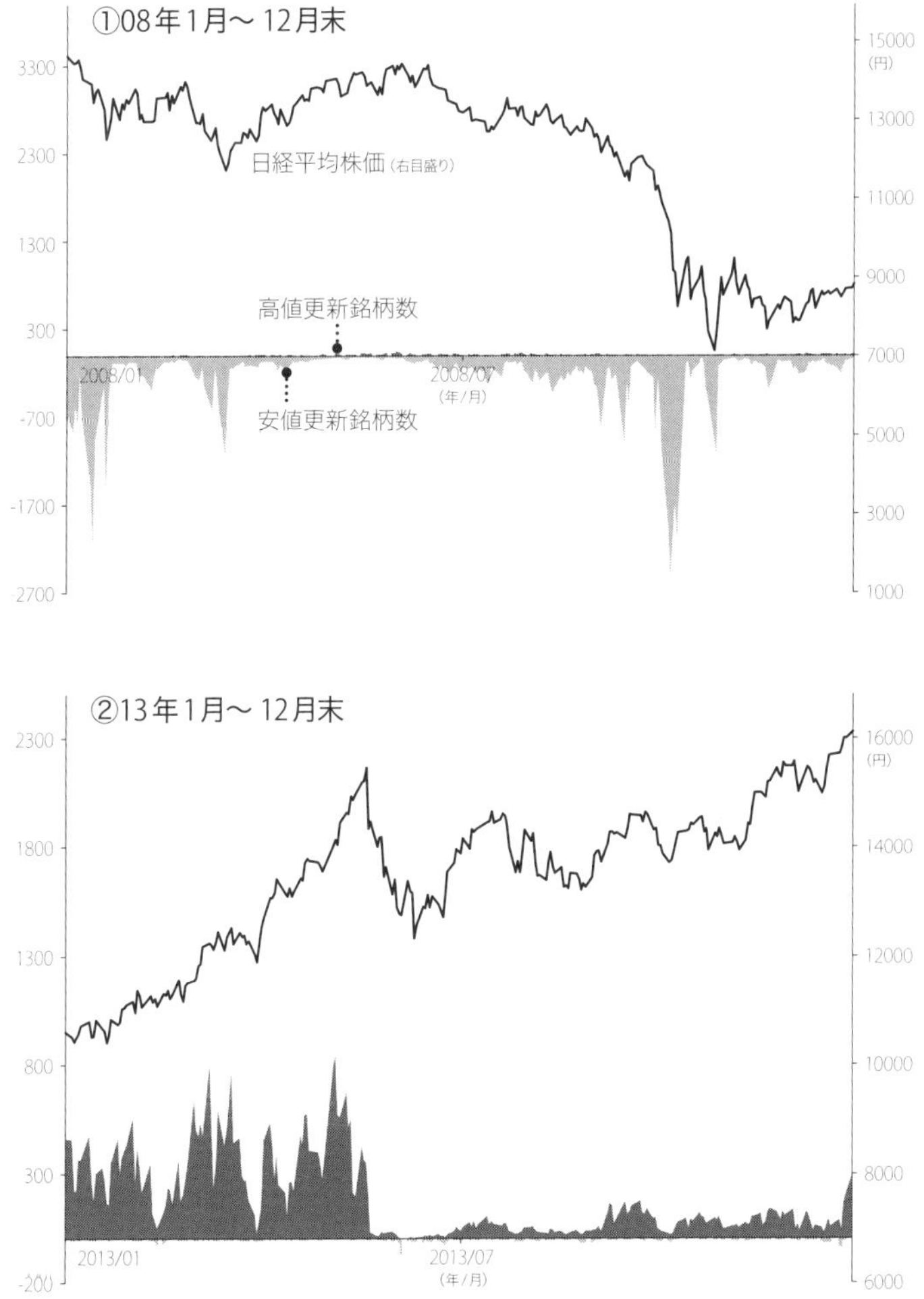

08年は、確かに、安値更新銘柄が増加している時期に株価も大きく下げています。また、13年は、年を通じて株価は上昇基調になっていますが、株価が大きく下げた5月後半から6月半ばにかけての時期を境に、株価の上がり方は緩やかになっています。高値を更新する銘柄数の水準が下がった動きと一致しています。

日経平均株価の算出に採用されている銘柄数225は、1800を超える東証1部上場銘柄数の8分の1、全上場銘柄数の16分の1程度にすぎません。しかも、後述するように、225銘柄のうちの半分少々の銘柄で日経平均株価の大部分は決まってしまいます。つまり、日経平均株価には、市場全体の中のごくごく一部の銘柄の株価しか反映されていないのです。にもかかわらず、〝隈《くま》なく〟とまでは言えないにしても、確かに日経平均株価という株価指数は市場全体の状態を表しています。

高値・安値を更新している銘柄がどのくらいあるのかをわざわざ調べなくとも、これひとつで市場全体を代替してしまうのですから、株価指数という数値は実に便利です。

「株式市場の動きを伝える」だけに止まらない株価指数の用途

株価指数は、株式市場全体の動向を捉える以外にも活用されています。

たとえば、株価は企業活動の動向を反映したものであり、市場全体を表す株価指数は個別企業動向を総合的に捉える数値であるという観点から、景気指標のひとつとしても利用されます。

また、集めた資金を株式で運用する機関投資家（年金資金やアクティブ運用の株式投資信託など）の運用実績を評価するベンチマークとしても株価指数が使われます。

一方、株価指数は、投資・売買の対象としての側面も持っています。指数そのものは売買できませんが、１９７０年代半ば、指数に連動するようにポートフォリオを組んで運用するインデックス型の投資信託が米国で開発されました。当初は、証券会社など金融機関を窓口として販売する投資信託（ミューチュアル・ファンド）だけでしたが、90年代に入ると、株式市場に上場して、個別銘柄のように市場で売買されるＥＴＦ（Exchange Traded Fund：上場投資信託）が登場します。日本では、80年代半ばからインデックス型の投資信託が設定・販売されるようになり、２００１年に日本初のＥＴＦ、日経平均株価連動型とＴＯＰＩＸ（東証株価指数）連動型が上場しています。

さらに、株価指数は、先物取引やオプション取引といった派生商品の原資産としても使われています。株価指数先物取引・オプション取引の概要は後に紹介しますが、これらも、指数そのものを売買するわけではないものの、株価指数を売買の対象にする取引です。

なぜ、日本株と言えば「日経平均株価」なのか

株価指数は、算出の対象とする銘柄を決める条件や採用銘柄数、算出の方法などによって、異なる性質を持つインデックスをつくることができます。日本にも様々な株価指数がありますが、「日本株市場全体」を代表する株価指数として国内外から認知されているのは、やはり日経平均株価です。

東京証券取引所が公表しているＴＯＰＩＸも「日本株市場全体」を表す株価指数として、機関投資家の運用のベンチマークに採用されていたり、景気動向指数の先行系列のひとつとなっていたりしますが、日経平均株価がいくらかは知っていても、ＴＯＰＩＸがいくらかは知らない人が圧倒的多数ではないでしょうか。東京証券取引所と日本経済新聞社が日本株市場全体をアピールするために共同で開発し、２０１４年から公表を開始したＪＰＸ日経４００という株価指数に至っては、「いくらか」以前に、その存在すら知らない人が多いかもしれません。

報道でも、「日本株が上がった」と言えば、ほとんどの場合、日経平均株価が上昇したことを指しています。また、世界各国の株価指数を掲載している海外メディアを見ても、

日本市場の代表は「Nikkei 225」です。

後に紹介しますが、算出方法からすれば日経平均株価よりもＴＯＰＩＸのほうが市場全体の実態に近いと言えます。それでも、日経平均株価のほうが日本株市場を代表する株価として注目されています。

その注目は、日本株市場の概況を伝える株価指数としてだけには止まりません。取引対象としても国内外の市場参加者から大いに注目を集め、活発な売買が行われています。

いったい、なぜ日経平均株価は人気があるのでしょうか。そもそも、この日経平均株価とはどのような株価指数なのでしょうか。

はじめに、日経平均株価の読み方の基本となる、この株価指数のメカニズムと「市場全体」との関係を見ていくこととしましょう。

§1-2 株価データがあれば誰でもいつでも算出できる株価指数

日経平均株価は調整が加わった「単純平均」

日経平均株価が上がった、下がった、という動きは、多くの人が毎日見聞きしていると思いますが、いったいどんなメカニズムで日経平均株価は動いているのでしょうか。ここで、日経平均株価が算出されるしくみを見てみましょう。

日経平均株価はその名が示すとおり、225銘柄の株価の平均ですが、225銘柄の株価合計を225で割るのではなく、2つ調整が施されています。

ひとつは、割る数を「除数」という数にする調整です。

算出を開始した（1950年7月）当初は「225銘柄の合計株価÷225」で算出されていたのですが、採用銘柄入れ替えや、採用銘柄の中に株式分割・併合などを行う銘柄があると、取引によって株価が動いたのではない要因で合計株価が増減してしまいます。

たとえば、225銘柄の合計株価が4万5000円で、これを225で割った平均株価が200円だったとします。銘柄入れ替えによって合計株価が4万5100円になったとすると、これを225で割ると、平均株価は200・44円と上がります。

銘柄を入れ替えただけで平均株価が高くなってしまうのでは、指数としての連続性が断たれてしまいます。そこで、入れ替え後の平均株価が、入れ替え前と同じ200円になるよう、割る数を修正します。これが「除数」です。この例で言えば、入れ替え後の225銘柄の株価合計4万5100円を前日の平均株価200円で割った「225・5」が除数になります。

このように除数の見直しが繰り返された結果、2015年5月末時点の除数は25・473となっています。当初の「225」が65年を経て10分の1近くにまで下がっているのは、株式分割（かつての無償増資）で株価が下がる銘柄が多かったことが主因でしょう。

もうひとつの調整は、225銘柄の合計株価のもとになる個別銘柄の株価を「見なし額面」で評価するという措置です。

「見なし額面」は、かつての額面制度（01年10月施行の改正商法により廃止）をもとに、旧50円額面を基準として、各銘柄1株の指数採用株価を〝見なし〟で決める数値です。たとえば、

図1-2-1 日経平均株価算出に用いられる「除数」とは

当初の225銘柄の株価合計が4万5000円の場合

$$\frac{4万5000円}{225} = \begin{matrix}〔日経平均株価〕\\ 200円\end{matrix}$$

銘柄入れ替えによって225銘柄の株価合計が4万5100円になると…

$$\frac{4万5100円}{225} = 200.44\cdots円$$

そのまま225で割ると、
銘柄入れ替え前よりも日経平均株価は上がってしまう。

そこで、入れ替え後の日経平均株価が200円になるよう、割る数を修正。修正のために用いられる割る数が「除数」

$$200円 = \frac{4万5100円}{除数}$$

新たな割る数「除数」は…

$$\frac{4万5100円}{200円} = 225.5$$

$$除数 = \frac{入れ替え後の株価合計}{銘柄入れ替え前の日経平均株価}$$

その後、銘柄入れ替えなどがあった場合には、
同じやり方で除数を修正する

旧50円額面のトヨタ自動車（7203）はその時々の時価がそのまま採用株価になりますが、旧500円額面の中部電力（9502）の採用株価は、時価の「50円÷500円」で0・1倍となります。

05年以降は、株価水準に大きく影響する株式分割・併合があった場合についても、見なし額面の変更で対応するようになっています。たとえば、14年3月に1対5の株式分割を行ったアステラス製薬（4503）は、それまで50円だった見なし額面が、その5分の1の10円になっています。この場合、指数算出に採用される株価は、時価の「50円÷10円＝5」倍です。

また、1対3の株式分割を行ったKD

図1-2-2　指数採用株価が時価と異なる銘柄

（15年6月末日時点）

コード	銘柄名	掛け目
9433	KDDI	6
4503	アステラス製薬	5
9984	ソフトバンク	3
4543	テルモ	2
6857	アドバンテスト	
6971	京セラ	
7267	ホンダ	
5214	日本電気硝子	1.5
7751	キヤノン	
3086	J.フロント リテイリング	0.5
4188	三菱ケミカルHD	
5101	横浜ゴム	
7202	いすゞ自動車	
8766	東京海上HD	
8804	東京建物	
1605	国際石油開発帝石	0.4
4689	ヤフー	
8725	MS&ADインシュアランス	0.3
8630	損保ジャパン日本興亜HD	0.25
7004	日立造船	0.2
7261	マツダ	
8729	ソニーフィナンシャルHD	
8795	T&Dホールディングス	
8803	平和不動産	
9432	日本電信電話	
1333	マルハニチロ	0.1
2269	明治ホールディングス	
2768	双日	
3436	SUMCO	
3863	日本製紙	
5411	ジェイ エフ イー HD	
5413	日新製鋼	
7211	三菱自動車	
8308	りそなHD	
8316	三井住友フィナンシャルG	
8750	第一生命保険	
9020	東日本旅客鉄道	
9021	西日本旅客鉄道	
9022	東海旅客鉄道	
9412	スカパー JSATHD	
9437	NTTドコモ	
9501	東京電力	
9502	中部電力	
9503	関西電力	
9602	東宝	

ＤＩ（９４３３）は、それまで25円だった見なし額面が「25／３」になりました。指数算出に採用される株価は、「50円÷（25／３）＝６」倍。つまり、この銘柄は「時価×６」が採用株価です。

15年６月末現在、見なし額面が50円ではなく、普段目にしている株価と指数に採用される株価が異なる銘柄は45。その45銘柄の見なし額面から計算した個別銘柄の株価に掛ける「掛け目」は**図1－2－2**のようになっています。これ以外の銘柄は、その時々の取引値がそのまま指数算出の株価です。

先ほどの除数も、個別銘柄の見なし額面も、日本経済新聞社のサイトで公開しています。この２つの調整用の数値がわかっていれば、後は株価データさえあれば、日経平均株価はいつでも誰にでも算出することができます。

銘柄によって大きく異なる指数に対する影響度

「日経平均株価はいつでもリアルタイムで見ることができるのだから、わざわざ自分で計算することなどないだろう」と思う方もいるでしょう。

まったくそのとおりです。ただ、除数と指数に採用される株価を計算する掛け目を知っていると、225各銘柄が日経平均株価に対してどのくらい影響しているのかや、「今日なぜ日経平均株価が100円上がったのか」「なぜ日経平均株価は200円値下がりしたのか」など、日経平均株価の値動きのバックグラウンドを知ることができます。

日経平均株価の算出式は、**図1−2−3**のとおり、「各銘柄の採用株価÷除数」の合計を表すものでもあります。つまり、「各銘柄の採用株価÷除数」は、その日の日経平均株価のうち、各銘柄が占めている部分の価格を示しています。この値は（日経平均株価に対する）寄与価格と呼ばれます。また、日経平均株価に対する寄与価格の割合は「寄与度」と称さ

図1-2-3 ｜ 日経平均株価に対する個別銘柄の寄与価格・寄与度

採用225銘柄の各採用株価に$n_1, n_2, n_3 \cdots\cdots n_{225}$と番号を付けたとすると、日経平均株価は

$$\text{日経平均株価} = \frac{n_1 + n_2 + n_3 \cdots\cdots + n_{225}}{\text{除数}}$$

n_1の銘柄の日経平均株価に対する寄与価格

$$n_1\text{の寄与価格} = \frac{n_1}{\text{除数}}$$

日経平均株価に対する寄与度

$$n_1\text{銘柄の寄与度} = \frac{n_1\text{の寄与価格}}{\text{日経平均株価}}$$

れ、寄与度の高い銘柄の値動きは、時折、市況欄などでも取り上げられます。

寄与価格と寄与度は、採用株価が高いほど大きくなります。**図1－2－4**は、15年5月末時点の採用株価（終値×掛け目）の高い上位25銘柄です。この順位は、そのまま寄与度の順位でもあります。

ご存知の方も多いと思いますが、採用株価が最も高いのはファーストリテイリング（9983）です。この日のファーストリテイリングの終値5万1300円を除数25・473で割ると、「5万1300円÷除数25・473＝2013・90円」。これが、この銘柄のこの日の寄与価格です。

また、この日の日経平均株価の終値2万563・15円に対するファーストリテイリングの寄与度は、「寄与価格2013・90円÷日経平均株価2万563・15円＝9・79％」。つまり、日経平均株価の約1割はユニクロでできている、というわけです。

図1－2－4の表の「累積」となっている欄は、寄与度を順に足していった合計割合を示しています。25銘柄の累積は52・7％。日経平均株価2万563・15円の半分以上は、この25銘柄の株価で占められていることになります。

225全銘柄を調べてみると、寄与度上位75銘柄で日経平均株価の約8割、上位125銘柄で日経平均株価の9割以上のウエイトになります。そうすると、寄与度126位以下

図1-2-4　指数算出用採用株価・寄与度の上位25銘柄
（15年5月29日）

日経平均株価	2万563.15円	除数	25.473

コード	銘柄名	掛け目	採用株価（円）	寄与価格（円）	寄与度（%）	（累積、%）
9983	ファーストリテイリング	1	51300	2013.90	9.79	9.79
6954	ファナック	1	27540	1081.14	5.26	15.05
9984	ソフトバンク	3	22341	877.05	4.27	19.32
9433	KDDI	6	16866	662.11	3.22	22.54
6971	京セラ	2	13550	531.94	2.59	25.12
6762	TDK	1	9960	391.00	1.90	27.02
6988	日東電工	1	9658	379.15	1.84	28.87
6367	ダイキン工業	1	9541	374.55	1.82	30.69
4503	アステラス製薬	5	9060	355.67	1.73	32.42
7203	トヨタ自動車	1	8604	337.77	1.64	34.06
7267	ホンダ	2	8522	334.55	1.63	35.69
9735	セコム	1	8311	326.27	1.59	37.28
8035	東京エレクトロン	1	7947	311.98	1.52	38.79
4523	エーザイ	1	7800	306.21	1.49	40.28
4063	信越化学工業	1	7598	298.28	1.45	41.73
6902	デンソー	1	6511	255.60	1.24	42.98
7751	キヤノン	1.5	6438	252.74	1.23	44.20
4324	電通	1	6280	246.54	1.20	45.40
4502	武田薬品工業	1	6040	237.11	1.15	46.56
4452	花王	1	5657	222.08	1.08	47.64
4543	テルモ	2	5652	221.88	1.08	48.72
9613	NTTデータ	1	5530	217.09	1.06	49.77
5108	ブリヂストン	1	5176	203.20	0.99	50.76
3382	セブン＆アイHD	1	5157	202.45	0.98	51.74
8830	住友不動産	1	4790	188.04	0.91	52.66

【ファーストリテイリングの場合】

●寄与価格　$\dfrac{\text{5万1300円}}{25.473} = \text{2013.90円}$

●寄与度　$\dfrac{\text{2013.90円}}{\text{2万563.15円}} = 9.79\%$

の残り100銘柄は、合計しても日経平均株価に対する寄与度が1割にもなりません。

ちなみに、寄与度が225位の双日（2768）は、この日の終値が310円。見なし額面が500円で掛け目が0・1。よって採用株価は31円。寄与価格は、これを除数25・473で割った1・22円。日経平均株価に対する寄与度は0・0059％です。

日経平均株価の値動きの明細を見る

各銘柄の採用株価の前日比の上げ幅・下げ幅を除数で割ると、その銘柄の値動きが、日経平均株価の値動きにどのくらい影響を与えたかがわかります。

たとえば、15年5月、日経平均株価の値上がり幅が最も大きかったのは11日で、前日比241・72円高でした。この日、ファーストリテイリングは前日比1330円高。この1330円を除数25・473で割った52・21円は、「この日の日経平均株価の上げ幅のうち52・21円分はこの銘柄の値上がりによるものだった」ことを意味します。率にして、21・6％。つまり、この日の日経平均株価の値上がりの2割以上はユニクロのお陰だった、ということです。

他の銘柄についても、同じように「その日の日経平均株価の値上がり・値下がりにどのくらい貢献したのか」を調べることができます。**図1-2-5**は、5月11日の日経平均株価の241・72円高にプラス寄与した上位20銘柄です。この20銘柄で合計187円分、日経平均株価を押し上げたことになります。

日経平均株価が値下がりした日も見てみましょう。

15年5月に日経平均株価の下げ幅が最大だったのは7日の前日比239・65円安。この下げに最も貢献したのはファナック（6954）で、マイナス36・71円分、率にして日経平均株価の下げ幅の15％以上を引き受けた格好です。

ここでは、日経平均株価が値上がりした日のプラス寄与、値下がりした日のマ

図1-2-5　日経平均株価の241円高に寄与した上位20銘柄
（15年5月11日）

日経平均株価：前日比241.72円高

コード	銘柄名	前日比	掛け目	寄与値幅（円）	寄与割合
9983	ファーストリテイリング	+1330円	1	52.21	21.6%
6954	ファナック	+425円	1	16.68	6.9%
6971	京セラ	+203円	2	15.94	6.6%
8035	東京エレクトロン	+343円	1	13.47	5.6%
9433	KDDI	+47円	6	11.07	4.6%
6762	TDK	+240円	1	9.42	3.9%
9735	セコム	+196円	1	7.69	3.2%
4704	トレンドマイクロ	+185円	1	7.26	3.0%
6479	ミネベア	+150円	1	5.89	2.4%
4507	塩野義製薬	+140円	1	5.50	2.3%
9766	コナミ	+138円	1	5.42	2.2%
9984	ソフトバンク	+46円	3	5.42	2.2%
7270	富士重工業	+122円	1	4.79	2.0%
4523	エーザイ	+118円	1	4.63	1.9%
6988	日東電工	+109円	1	4.28	1.8%
6758	ソニー	+104円	1	4.08	1.7%
4502	武田薬品工業	+94円	1	3.69	1.5%
7951	ヤマハ	+94円	1	3.69	1.5%
8058	三菱商事	+81円	1	3.18	1.3%
6902	デンソー	+73円	1	2.87	1.2%
			total	187.18	(77.4%)

イナス寄与、それぞれ20銘柄ずつしか紹介していませんが、他の銘柄についても上げ幅・下げ幅からプラス・マイナス寄与価格を計算して合計すれば、「241・72円高」「239・65円安」をぴったり説明することができます。日経平均株価を「225銘柄に分散投資するファンド」と見立てるならば、これは、ファンドの基準価額の値動きの明細が、調べようと思えば誰でも正確にわかるということです。この透明性の高さ、わかりやすさが、日経平均株価という株価指数の大きな特長であり、非常に素晴らしい点と言えます。

図1-2-6　日経平均株価の239円安に寄与した上位20銘柄
（15年5月7日）

日経平均株価：前日比239.65円安

コード	銘柄名	前日比	掛け目	寄与値幅（円）	寄与割合
6954	ファナック	-935円	1	-36.71	-15.3%
9984	ソフトバンク	-251円	3	-29.56	-12.3%
9983	ファーストリテイリング	-485円	1	-19.04	-7.9%
4503	アステラス製薬	-50円	5	-9.81	-4.1%
4324	電通	-190円	1	-7.46	-3.1%
6367	ダイキン工業	-181円	1	-7.11	-3.0%
4704	トレンドマイクロ	-145円	1	-5.69	-2.4%
9735	セコム	-143円	1	-5.61	-2.3%
4543	テルモ	-62円	2	-4.87	-2.0%
6952	カシオ計算機	-123円	1	-4.83	-2.0%
6770	アルプス電気	-118円	1	-4.63	-1.9%
6971	京セラ	-54円	2	-4.24	-1.8%
5108	ブリヂストン	-108円	1	-4.24	-1.8%
2914	JT	-105円	1	-4.14	-1.7%
7203	トヨタ自動車	-101円	1	-3.96	-1.7%
4523	エーザイ	-100円	1	-3.93	-1.6%
4507	塩野義製薬	-100円	1	-3.93	-1.6%
6762	TDK	-90円	1	-3.53	-1.5%
8801	三井不動産	-81.5円	1	-3.20	-1.3%
4901	富士フイルムHD	-75.5円	1	-2.96	-1.2%
			total	-169.45	(-70.7%)

§1-3

これで日経平均株価が10円押し上がる

日経平均採用の個別銘柄を動かす大きな要因「日経平均先物」

前節で、日経平均株価の値動きの背景にある個別銘柄の値動きの例を見ましたが、「じゃあ、なぜ、この日はユニクロが買われたのか」「なぜ、ファナックはその日に売られたのか」等々、日経平均株価の値動きの原因となった個別銘柄の上げ下げの理由のほうに関心がある人も多いことでしょう。

個別銘柄の値動きをもたらす要因としては、企業業績や、業績に関係するような経済動向、景気指標など、様々なものがありますが、そうした材料が各銘柄について毎日出てくるわけではありません。ましてや、ザラ場中に、各銘柄の株価を動かすに値するようなニュースが絶えず出てくることはありません。

にもかかわらず、取引がなされ、株価は動いています。いったい何を見て動いているのでしょうか。

ザラ場中に動いているものといえば、たとえば為替レートや他のアジア諸国の株式市場などがあります。そうした要素も織り込みつつ、かつ、日本の株式市場に影響するものが、株式市場と同じ時間に取引が行われている日経平均先物市場の動きです。

先にも登場しましたが、日経平均先物とは、「予め決められている期日に」「いま市場で取引している先物価格で」「日経平均株価を買い取る、または、売り渡す」約束（契約）をする取引です。

もっとも、「買い取る」「売り渡す」と言っても、日経平均株価は品物ではありませんから、実際には、期日に算出される日経平均株価の清算値と、先物を売り買いした価格との差額だけをやり取りして決済します。そのしくみについては第2章末のAPPENDIX（補足）1で紹介しますが、決済の結末だけを言えば、期日の日経平均株価が売買した先物価格よりも値上がりしていれば、先物を買った人は儲かり、先物を売った人は損をする。期日の日経平均株価が売買した先物価格よりも値下がりしていれば、先物を買った人は損失、先物を売った人は儲かる、という単純なしくみです。

日経平均先物を売買している人にとっては、「これから日経平均株価がどうなるか」が損益を決める要因ですから、本来的には、日経平均株価の動向を気にしながら売買がなされてしかるべきです。ところが実際には、日経平均先物のほうが先に動いて、それに呼応するかのように225採用銘柄が売買され、日経平均株価が先物に追随して動くケースのほうが頻繁に見られます。

その理由のひとつは、日経平均株価は225銘柄の値動きを統合して算出されるのに対して、日経平均先物は、ひとつの個別銘柄のように売買がなされ、価格が即座に形成されることにあります。そうすると、たとえば日本株市場にとって何らかのネガティブな材料が出て、「取りあえず、日本市場全体を売っておけ」となったときには、日経平均先物を売るのが手っ取り早い、という話になります。

そうして日経平均先物が、原資産である日経平均株価よりも先に下がると、理論的には同水準であるべき日経平均株価と日経平均先物の価格の間に乖離が生じます。乖離が生じれば、その乖離を埋めようとする動き、「裁定が働く」と称される動きが出るのが市場取引の世界です。

たとえば、日本時間の夜間から早朝にかけて取引をしている米国市場が大きく下げ、また、為替も円高ドル安にふれたとします。同じ時間にシカゴ・マーカンタイル取引所では日経平均先物の取引が行われています。そこで日経平均先物が売られていれば、その動きを引き継ぐ形で、日本の日経平均先物の市場も大きく下げて始まる、というのが、毎度の光景です。

この場合、個別株では、まず、自動車や電機・電子部品、機械など、円高が悪材料になる輸出関連銘柄が売られやすくなると考えられます。２２５採用の輸出関連銘柄を売ってもなお、日経平均株価が日経平均先物の下げ方に追いつかなければ、米国株安や円高ドル安が悪材料にならないような銘柄でも売られることになります。

このときに売られ方が目立つのは、やはり寄与度の高い銘柄です。

寄与度の高いこと自体が売買される理由になる

仮に、日経平均先物が先に値下がりして、日経平均株価との間に10円の乖離が生じたとします。日経平均株価があと10円下がれば乖離は解消される、という想定です。

どうなれば日経平均株価が10円押し下がるのか。これは、先に見た「ファーストリテイリングの１３３０円高が日経平均株価を52円押し上げた」例を逆から考えるとすぐにわかります。除数が25・４７３の場合、日経平均株価の採用銘柄がトータル「10円×25・４７３＝２５４・７３円」値下がりすれば、日経平均株価は10円押し下がります。

値下がりするのはどの銘柄でもよいのですが、たとえば、株価水準が1000円台の銘柄にとって「254円」といったら、ストップ安水準です。よほどの悪材料でも出ない限り、1銘柄で短時間のうちに254円もの下げ幅を稼ぐのは相当に難しいでしょう。対して、株価が5万円を超えているファーストリテイリングにとって「254円」は0・5%程度にすぎません。しかも、この銘柄の1日あたりのボラティリティー（株価の変動率）は約3%ありますから、0・5%や1%程度ならば、普通にあっておかしくない大きさの値動きです。このことは、この銘柄の値動きだけで日経平均株価が10円や20円押し下がる、あるいは押し上がることは普通にあっておかしくない、とも言い換えられます。

乖離を解消する動きは、取引所が提供する高速取引を可能にするサービスを利用したプログラム発注によるものと推測されますが、極めて短い時間の間に起こります（この高速取引については後に取り上げます）。ですから、先物が下げている理由が何であれ、値幅が稼ぎやすく、乖離解消に即効性のある、ファーストリテイリングをはじめ寄与度の高い銘柄が売られやすくなる面は否定できません。

日経平均先物が下げている理由がはっきりしない場合も同様です。たとえば、ザラ場中に、日経平均先物が急に下げ始めることがありますが、その時点で、その理由が株式市場全体に知れ渡っているとは限りません。むしろ、その時点では理由がわからないことのほ

図1-3-1① 場中、突如先物が下げ始めた例
（15年6月4日）

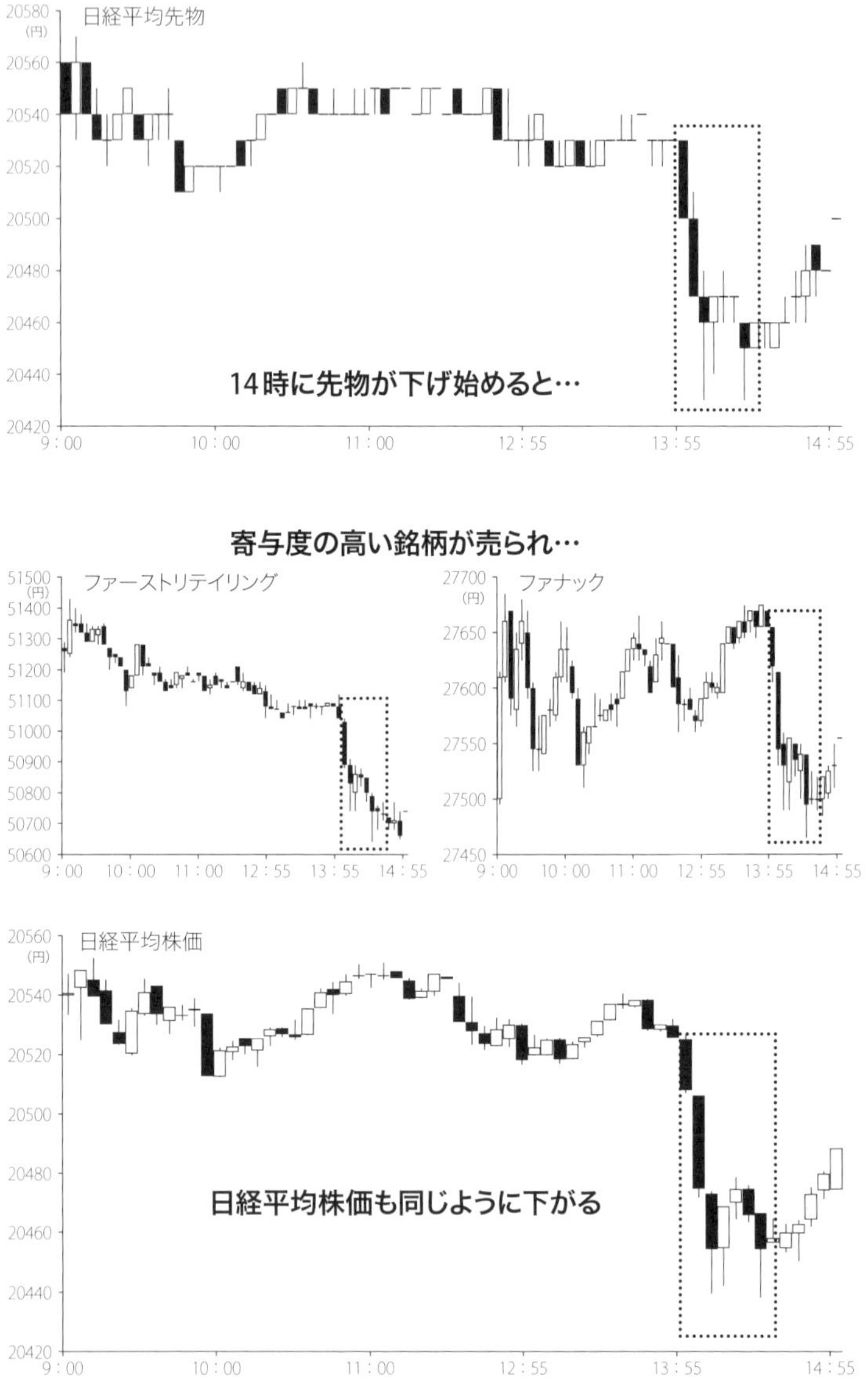

うが多いかもしれません。

とはいえ、先物が急に下げ始めているという事実があって、日経平均株価との乖離が生じたのであれば、その理由が定かでなくとも、乖離を解消する動きは出てきます。

図1－3－1①は15年6月4日、日経平均先物が14時から途端に下げ始めたときの動きです。2万530円だった日経平均先物は、10分の間に2万430円まで100円下落。いったん戻す動きを見せた後、14時30分過ぎにもう一度2万430円まで下げています。このとき日経平均株価は、2万525・15円から2万438・21円まで、86・94円値下がりしていますが、この値下がり分の半

図1-3-1②　日経平均先物・日経平均株価・個別銘柄の動き

	14：00-14：05　5分足始値	14：30-14：35　5分足安値	下げ幅
日経平均先物	20530	20430	-100
日経平均株価	20525.15	20438.21	-86.94

コード	銘柄名	14：00-14：05 5分足始値	14：30-14：35 5分足安値	下げ幅	寄与値幅（円）	寄与割合
9983	ファーストリテイリング	51080	50640	-440	-17.27	19.9%
6954	ファナック	27655	27465	-190	-7.46	8.6%
9984	ソフトバンク	7328	7286			
	（×3）	21984	21858	-126	-4.95	5.7%
8035	東京エレクトロン	8056	7951	-105	-4.12	4.7%
6762	TDK	10080	9980	-100	-3.93	4.5%
6971	京セラ	6690	6659			
	（×2）	13380	13318	-62	-2.43	2.8%
9433	KDDI	2789	2779			
	（×6）	16734	16674	-60	-2.36	2.7%
7267	ホンダ	4269	4239			
	（×2）	8538	8478	-60	-2.36	2.7%
7203	トヨタ自動車	8549	8503	-46	-1.81	2.1%
4543	テルモ	2766	2751			
	（×2）	5532	5502	-30	-1.18	1.4%
4503	アステラス製薬	1816	1810.5			
	（×5）	9080	9052.5	-27.5	-1.08	1.2%
				11銘柄計	-48.93	（56.3%）

分以上は、**図1－3－1②**の表にある11銘柄の値下がりで賄われた計算になります。

この表で、見なし額面が50円でない銘柄については、「×3」などとなっている下段が採用株価です。掛け目の大きい銘柄は、リアルの株価があまり下がっていなくとも、日経平均株価の下落に対する影響が大きいことがわかると思います。

このように、日経平均先物の値動きに対して日経平均株価の値動きが追いつかないときには、追いつくように寄与度の高い銘柄が売買されている。ということは、逆のパターンもあり得ることになります。寄与度の高い一部の銘柄が集中的に売り買いされることによって、日経平均株価の上昇幅や下落幅が抑えられる、といった状況です。

たとえば、為替が円高ドル安になって225銘柄の中の輸出関連銘柄が軒並み値下がりし、市場が意気消沈ムードになっているときに、寄与度の高い内需系の銘柄が集中的に買われれば、日経平均株価の下げ方は「さほどでもない」という程度になる可能性がありま す。このとき、日経平均先物もさほど下がっていないはずです。

反対に、何らかの材料でファーストリテイリングやソフトバンクが大幅に下落していれば、主力の輸出関連銘柄がムラムラと買われて軒並み大幅高でも、日経平均株価は「あまり値上がりしていない」となることもあり得ます。

日経平均株価の前日比上昇下落率が小さいときには、「株式市場は方向性がなく、小動きだった」などとマーケットコメントに出たりします。しかし、日経平均株価が小幅な動きでも内実は様々で、実態としては弱気モードの日もあれば、強気モードの日もありますし、強気・弱気が交錯する日もあります。

株価指数は市場全体の動向を捉えることができる便利な数値ですが、あくまでも「平均」ですから、その数値だけでは捕捉できない部分は当然あります。その部分は自分でフォローすることが、市場全体の実態を捉えるうえでは不可欠です。寄与度の高い銘柄に関してだけでも日経平均株価の値動きの明細を見ておくことは、その方法のひとつと言えます。

図1-3-2 「ユニクロ」の影響はかくも大きい

ある日、円高が進み、輸出銘柄は軒並み値下がり

6954ファナック	▼350円
7203トヨタ自動車	▼120円
7267ホンダ	▼100円
4063信越化学	▼140円

4銘柄の日経平均に対する
マイナス寄与価格合計
▼31.80円

そのとき、ファーストリテイリングは逆行高していたとすると…

9983ファーストリテイリング	△1220円

日経平均に対する
プラス寄与価格
△47.89円

5銘柄トータルでは **日経平均株価は16.09円押し上がる**

※除数25.473を使用

§1-4

市場全体を表すもうひとつの株価指数「TOPIX」

日経平均株価よりもTOPIXのほうが市場の実態に近い

日経平均株価に関しては、寄与度の高いごく一部の銘柄の値動きに左右されやすいという指摘がしばしばなされます。とりわけ、ファーストリテイリングの寄与度が突出していることから、〝日経ユニクロ指数〟などと揶揄されることもあります。また、過去に大きな銘柄入れ替えが行われた際に、指数としての連続性が疑問視されたこともあります。

日経平均株価のような株価平均型の指数では、各銘柄の指数に対するウエイトを決めるのは採用株価だけです。採用株価が高い銘柄は市場からの評価が高い、よって、指数におけるウエイトも高くてしかるべき、と言えるわけですが、仮に、株価は高くても発行済み株式数が少なく、多少のまとまった取引量があるだけで株価が大きく上下する銘柄が算出対象になっていたらどうでしょうか。その銘柄の値動きだけで指数の動きが乱高下しかねません。これが、株価平均型の指数の欠点とされるところでもあります。

この点で優位性があるとされるのが、「発行済み株式数×株価」で計算される時価総額をもとに算出する時価総額加重型の株価指数です。

たとえば、株価が5万円で発行済み株式数が1億株の銘柄と、株価は1000円で発行済み株式数が1000億株の銘柄とを比べた場合、それぞれの株式に投入されている資金総額の時価、すなわち時価総額は、前者が「5万円×1億株」で5兆円。後者は「1000円×100億株」で10兆円です。株価水準が大幅に安い後者が前者を上回ります。

時価総額を、株式市場で評価されている時価価値の総額であり、市場における〝重み〟であると解釈すれば、市場全体を表す株価指数においても、後者のウエイトが高くてしかるべきと考えることができます。

東証が公表しているTOPIXは、東証1部上場全銘柄を対象とする時価総額加重型の株価指数です。

図1－4－1は、東証が毎月発表しているTOPIXに対する構成割合（寄与度）の15年5月末時点データに基づいて作成した上位25銘柄です。ファーストリテイリングのTOPIXに対する寄与度は0・4％、順位は53位となっています。代わって、日経平均株価の

寄与度順位が100位以下の三菱UFJフィナンシャル・グループ（8306）や三井住友フィナンシャルグループ（8316）、みずほフィナンシャルグループ（8411）、日本電信電話（9432）など時価総額が巨大な企業が、TOPIXに対する寄与度では上位に入っています。

31ページで見た日経平均株価に対する寄与度ランキングでは、上位25銘柄で全体の50％以上のウエイトでしたが、TOPIXの上位25銘柄のウエイト合計は32％。確かに、日経平均株価よりもウエイトの偏りは抑えられています。

ただし、時価総額加重型にしても、寄与度の高い銘柄が指数に与える影響が大きくなること自体は、株価平均型の株価指数と変わりありません。たとえば、メガバンク3銘柄の寄与度を合計すると6・25％です。日経平均株価におけるファーストリテイリングほどではないにせよ、東証1部上場1800超の銘柄のうちのわずか3銘柄、全体のおよそ600分の1銘柄で6％を上回るウエイトを占めているのですから、TOPIXは〝東証メガバンク指数〟と称してもよいかもしれません。

とはいえ、時価総額の大きい銘柄の株価が動くには相当な資金量が必要になるため、日経平均株価に比べれば、「指数の値はそう簡単には動かない」と言えるのは確かです。また、寄与度は低いながらも、中小型株や東証1部に新規上場・昇格した銘柄の株価も反映

図1-4-1　TOPIXに対する寄与度上位25銘柄

（15年5月末時点）

コード	銘柄名	構成割合	（累積）	日経平均株価の寄与度順位
7203	トヨタ自動車	4.84	4.84	10
8306	三菱UFJフィナンシャル・グループ	2.98	7.82	122
8316	三井住友フィナンシャルグループ	1.73	9.55	158
9984	ソフトバンク	1.59	11.13	3
7267	ホンダ	1.56	12.70	11
8411	みずほフィナンシャルグループ	1.54	14.24	195
9432	日本電信電話	1.37	15.61	126
6954	ファナック	1.17	16.78	2
2914	JT	1.15	17.93	30
9433	KDDI	1.15	19.08	4
6758	ソニー	1.03	20.11	34
7751	キヤノン	1.02	21.12	17
4502	武田薬品工業	0.97	22.09	19
6752	パナソニック	0.91	23.00	71
4503	アステラス製薬	0.88	23.88	9
3382	セブン&アイ・ホールディングス	0.87	24.75	24
6981	村田製作所	0.87	25.62	非採用
8058	三菱商事	0.86	26.48	43
9020	東日本旅客鉄道	0.85	27.33	105
8766	東京海上ホールディングス	0.84	28.17	48
6501	日立製作所	0.83	29.00	127
8802	三菱地所	0.83	29.83	44
9022	東海旅客鉄道	0.79	30.62	61
8801	三井不動産	0.77	31.40	36
7201	日産自動車	0.74	32.14	98

（日本取引所グループ「TOPIX構成ウエイト一覧」をもとに作成）

されているTOPIXの動きは、日経平均株価よりも市場全体の実態に近いと解釈できます。TOPIXが景気指標に用いられるのも、そうした側面が評価されているからでしょう。おそらく、実感としても、日経平均株価よりもTOPIXが強い上昇をしているときのほうが、「市場全体が良好」という印象を持つ人が多いと思います。

取引対象として利用されているのは圧倒的に「日経平均株価」

ところが、市場全体を表す指標として評価されているTOPIXは、投資対象、売買対象としての側面では、日経平均株価よりも評価が低いようです。

たとえば、日経平均先物と、取引金額がその10分の1の日経平均ミニ先物を合わせた取引金額は、2014年実績で1日平均2兆9254億円。対して、TOPIX先物およびミニ先物は、1日平均の取引金額が合計1兆1157億円と、半分にも達しません。

また、投資信託評価会社「モーニングスター」のサイトで、ざっくりですがファンド検索をしてみたところ、日経平均株価に連動（または逆連動）するETFおよびインデックス型の投資信託は61本で、純資産額の合計はおよそ8兆3000億円。TOPIXに連動（または逆連動）するETFおよびインデックス型の投資信託は42本（業種別・規模別指数連動タイプを除く）、純資産額合計は約6兆円となっています。どちらもETFの占める割合が非常に大きいのですが（日本銀行による買い入れの効果と見られます）、ETFではない、金融機関の窓口で販売されているインデックス型の投資信託でいうと、日経平均株価に連動する投資信託は、純資産額上位3ファンド合計で4910億円。対して、TOPIX連動の投資信託は上位3ファンドの純資産額合計は1081億円と、5分の1のレベルにすぎません。

一方、日経平均株価の値動きの2倍に連動するよう組成され、12年4月に上場した「日経平均レバレッジ上場投信」（1570）は、14年10月以降、ほぼ連日、

図1-4-2　投資対象としての2つの株価指数には大きな差がある

日経平均先物とTOPIX先物の1日平均取引金額（2014年）

日経平均先物	1兆6568億円	計
日経平均mini先物	1兆2686億円	2兆9254億円
TOPIX先物	1兆0910億円	計
ミニTOPIX先物	247億円	1兆1157億円

（日本取引所グループサイトより）

インデックス型投資信託の純資産額上位3本（2015年6月17日時点）

	ファンド名	運用会社	純資産額	3ファンド合計
日経平均株価連動型	インデックスファンド225	日興アセットマネジメント	2247億円	4910億円
	MHAM株式インデックスファンド225	みずほ投信投資顧問	1436億円	
	日経225ノーロードオープン	DIAMアセットマネジメント	1227億円	
TOPIX連動型	JA TOPIXオープン	農林中金全共連アセットマネジメント	521億円	1081億円
	インデックスファンドTSP	日興アセットマネジメント	289億円	
	トピックス・インデックス・オープン	野村アセットマネジメント	271億円	

図1-4-3 売買代金が連日首位「日経平均レバレッジ上場投信」

●1日平均の売買代金上位10銘柄（2015年5月実績）

順位	銘柄名	1日平均の売買代金（億円）
1	日経平均レバレッジ上場投信	1345.11
2	三菱UFJフィナンシャル・グループ	971.70
3	みずほフィナンシャルグループ	671.24
4	トヨタ自動車	633.18
5	東京電力	544.52
6	三井住友フィナンシャルグループ	544.44
7	ソフトバンク	476.12
8	東芝	407.44
9	ソニー	373.24
10	ファナック	317.33

●上場来の1日平均売買代金の推移（12年4月〜15年5月）

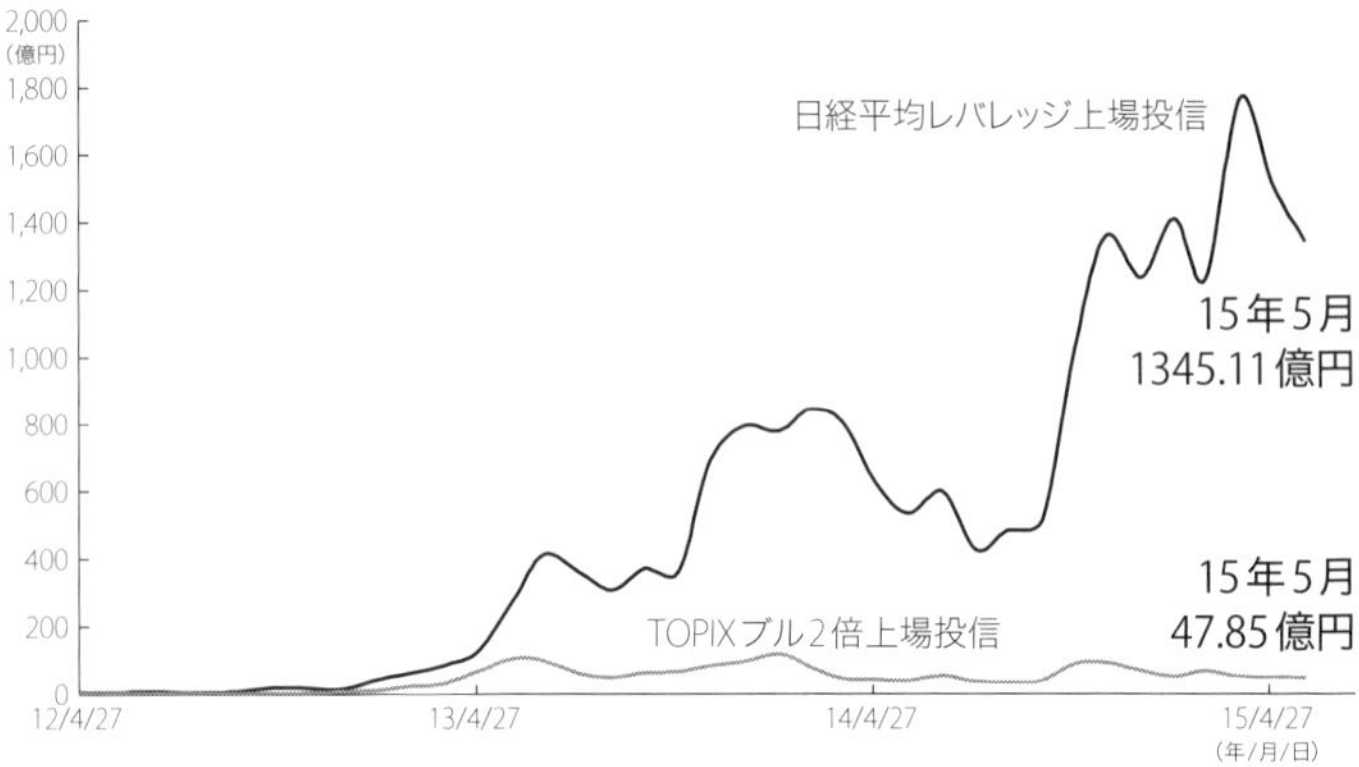

※売買代金は「日々の終値×出来高」で算出

売買代金ランキング首位。どの個別銘柄よりも取引を集めているという人気ぶりです。対して、同じ時期に上場した、TOPIXの値動きの2倍に連動する「TOPIXブル2倍上場投信」（1568）の1日平均の売買代金は、二桁も下回る水準に甘んじています。

TOPIXは日経平均株価の動きをフォローする比較対象に

取引量にこれだけの差がついている理由としては、それぞれの指数のわかりやすさの違いに一因があると思われます。

たとえば、日経平均株価を算出する際に必要となる株価以外のデータは除数と見なし額面だけで、これらはそう頻繁には変わりません。変更があったとしても、該当する部分は1、2か所、多くても数か所でしょう。その部分の数値だけを入れ替えれば、しばらくの間、株価データを差し替えるだけで正確な指数値が算出できます。

他方、**図1－4－4**がTOPIXの算出式ですが、株価以外に「基準時価総額」「指数算出用の採用株式数」「浮動株比率」という基礎データが必要になります。

これらの基礎データ情報は日本取引所グループが有料で提供しています。浮動株比率など変更がある場合、その都度東証のサイトに掲載される数値もありますが、その変更のす

図1-4-4 TOPIXの算出方法は日経平均株価よりも複雑

TOPIXの意味

1968年1月4日の時価総額を基準値100とした場合に、
算出時の指数採用時価総額が何ポイントに当たるかを表す指数

【算出方法】

$$\text{TOPIX（ポイント）} = \frac{\text{算出時の指数採用時価総額}}{\text{基準時価総額}} \times \text{基準値}100$$

指数としての連続性を保つための値。
東証1部への新規上場・変更などがあった場合に修正される

ただし、

算出時の指数採用時価総額 ＝ 算出時の株価 × 指数採用株式数の各銘柄合計

指数採用株式数 ＝ 各銘柄の指数用上場株式数 × 浮動株比率

各銘柄の指数用上場株式数：
通常は発行済み株式数に等しいが、
政府保有の残っているNTTやJTは異なる。
自社株消却をした場合などに修正される

浮動株比率：
大株主や自社保有株など固定株を除いた、
浮動株の分布状況に応じた比率。
決算期に応じて定期的に見直されるほか、
東証の判断によって臨時見直しも行われる

べてを逐次追って日々のデータに反映させることは容易ではありません。しかも、TOPIXの算出対象は東証1部上場の全銘柄ですから、上場銘柄数が増えるほど指数の明細を調べることが煩雑になっていきます。また、端株の買い取りが行われると、指数用上場株式数が変わります。毎日のようにあるこの変更は、一般の投資家にはわかりません。TOPIXは日経平均株価と違って、「株価データさえあれば誰でもいつでも算出できる株価指数」ではない、取扱いが難しい指数です。

加えて、時価総額加重型のTOPIXは日経平均株価に比べて「指数の値はそう簡単に動かない」のは先に述べたとおりですが、見方を変えれば、値動きが重くなりやすいとも言えます。翻って、「一部の銘柄の値動きに左右されやすい」株価平均型の日経平均株価は、透明性が高く、わかりやすく、値動きが軽いことの裏返しであるとも捉えられます。これが、売買対象としての魅力の差になっている面があるのではないでしょうか。

日本市場全体を代替するものとして多くの取引を集めていることは、日経平均株価の市場全体に対する影響力が大きいことにほかなりません。ですから、実際に株式市場で取引をするのであれば、第一に意識しておくべき「市場全体」は、指標として評価されているTOPIXよりも、やはり日経平均株価です。

TOPIXは、日経平均株価で捕捉できない部分をフォローする比較対象としては非常による株価指数です。たとえば、日経平均株価とＴＯＰＩＸの大きな動きの方向性はほぼ一致していますが、どちらが強い動きをしているかを見ることで、市場全体の強気度合いを推し測ることができます。両指数の動きの違いの趨勢は、「日経平均株価÷ＴＯＰＩＸ」で算出されるＮＴ倍率をグラフ化してみるとひと目でわかります。ＮＴ倍率の推移が右肩上がりならば、「日経平均株価が優位」、右肩下がりならば「ＴＯＰＩＸのほうが優位」です。

図1-4-5　「NT倍率」で日経平均株価とTOPIXの強弱を見る
(03年1月〜15年6月12日)

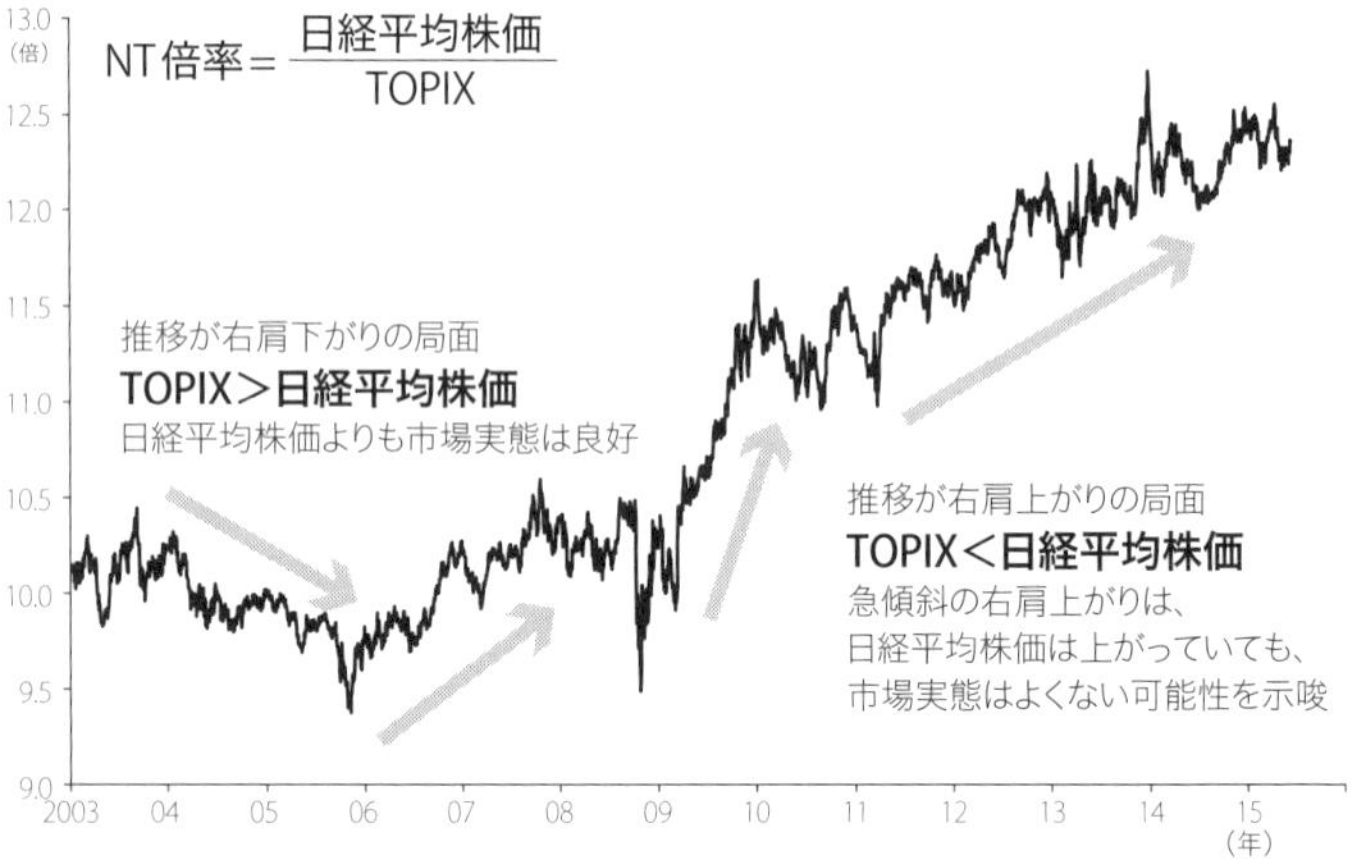

§1-5 株式市場で存在感を増す日経平均株価

日経平均株価の影響力をさらに高める高速・高頻度取引

日経平均株価の市場全体に対する影響力は、関連する投資対象の取引量の大きさによるものだけに止まりません。とくに近年、日経平均株価の存在感を高めていると見られる重要な背景として、メディアなどで時折取り上げられるＨＦＴ（High Frequency Trade：高速高頻度取引）と呼ばれる取引の拡大があげられます。

米国では、90年代の後半、Ｉｓｌａｎｄという私設の電子取引所が高速取引を可能にするプラットフォームを提供しはじめてから、同様のシステムを提供する私設取引所が増加し、当初は及び腰だったニューヨーク（ＮＹ）取引所やＮａｓｄａｑも、05年にＨＦＴに対応するシステムを導入。今日では、市場の中心と言っても差し支えないほど、ＨＦＴは大きな存在感を持つに至っています。

日本では、東証が２０１０年１月から稼働した売買システム『ａｒｒｏｗｈｅａｄ』、大証が２０１１年４月から稼働した派生商品の売買システム『Ｊ－Ｇａｔｅ』によって、同様の取引が可能になっています。

この高速・高頻度取引は、コロケーション・サービスというネットワーク・サービスを利用して行われています。コロケーション・サービスとは、価格をはじめとする相場情報の提供や注文の付け合わせなどを行う取引所の中核サイト内に「コロケーション・エリア」という領域を設けて、そこに市場参加者の売買執行プログラムをインストールしたコンピュ

図1-5-1　高速・高頻度取引を可能にする「コロケーション・サービス」

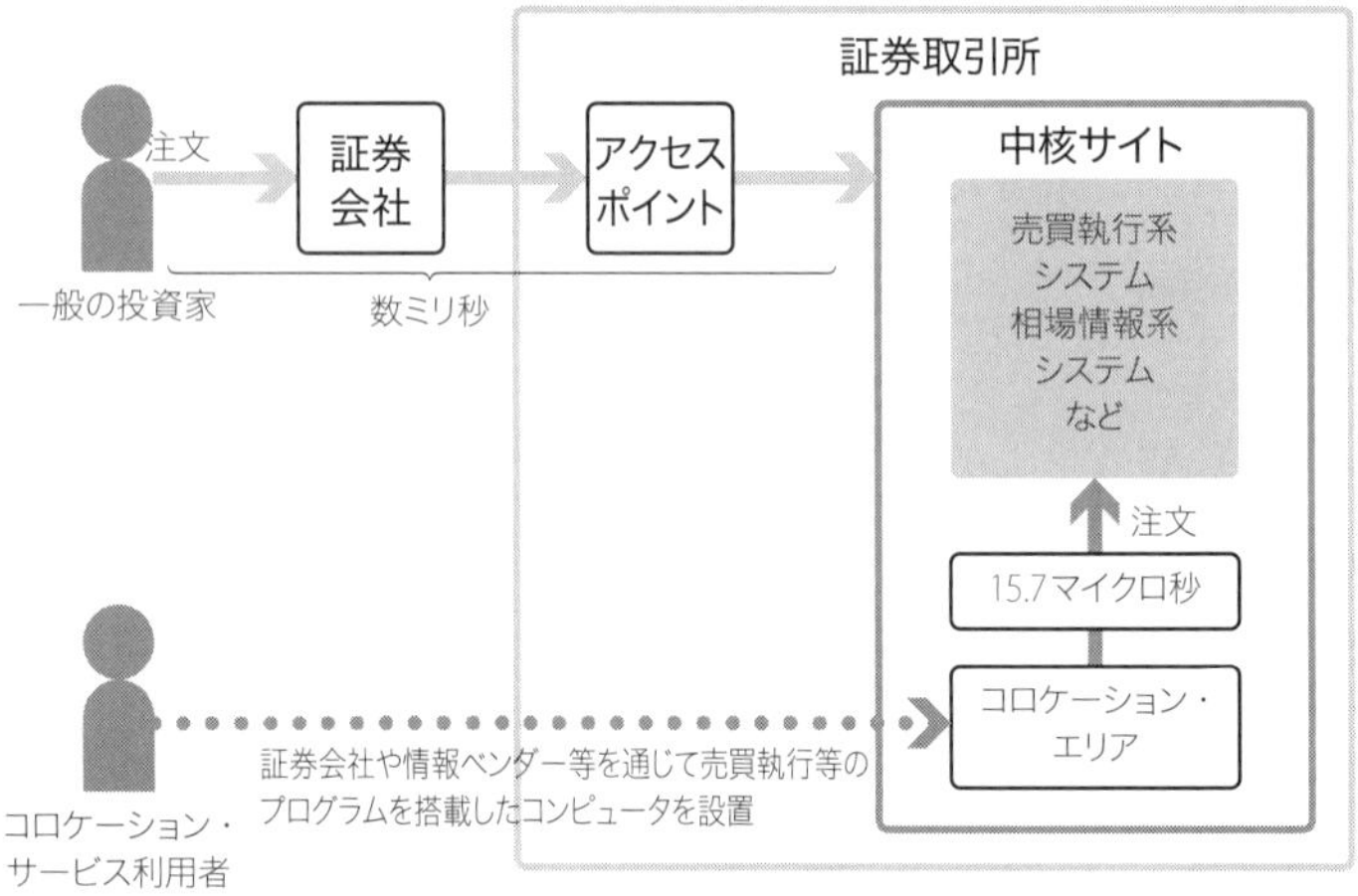

ータを設置することを可能にするサービスを言います。取引所の中核サイトのすぐ隣にコンピュータを置いて直接注文を出しているのと同じような環境が得られますから、相場情報を感知し、それに応じて自動発注することが超高速で実行できます。

以前、東証のサイトに掲載されていた説明によれば、一般の人が成行注文を出した場合、その注文が取引所に届き、約定するまでに要する時間は数ミリ秒（1ミリ秒＝1000分の1秒）。対して、コロケーション・サービスを利用すると、15・7マイクロ秒（1マイクロ秒＝100万分の1秒）という速さだそうです。

日経平均先物が動かなければ個別株も動けない⁈

この高速取引は、いろいろなストラテジーに使われています。日経平均先物と日経平均株価との間に生じた乖離を収益機会にする「裁定取引」は、そのひとつです。

裁定取引とは、値動きに関連性のある2つの売買対象について、価格に乖離が生じたときには割高なほうを売り、割安なほうを買うことによって収益を狙う取引を言います。日経平均先物と日経平均株価の裁定取引では、多くの場合、先物を売り、日経平均株価に連動するような個別株のバスケットを買う形で行われています。そうすると、何らかのきっかけで先物が下落して割高でなくなれば、もはや個別株のバスケットは必要なくなりますから、個別株を売って裁定を解消する動きが出てきます。「裁定解消売り」と呼ばれる動きで、これが高速で行われれば、あっという間にバスケットの個別株は下落するでしょう。

先物が本腰を入れて売られる状況ともなると、裁定解消売りによる下落が市場全体にたちまち波及する事態になる可能性があります。たとえば、裁定取引以外のストラテジーで高速取引をしている参加者の中には、注文動向を感知して、買い注文が多ければ買い、売り注文が多ければ売るという、値動きに沿った順張り型のスキームで売買している人もいます。そのスキームが発動されれば、下がるから売る、売れば下がる、下がるから売る、というループにならないとも限りません。あるいは、売り注文の増大を感知して、買い注文をキャンセルする動きも考えられます。かくして、日経平均先物に大きな動きが出ると、市場全体が一斉に一方向に動くようなことにもなってしまいます。

日経平均先物が市場全体に甚大な影響を及ぼすほど大幅に動く事態はそうは起きませんが、短時間の間に100円、200円という値幅で動くような状況は、さほど珍しくなく見られます。そのとき、日経平均株価の採用銘柄であろうがなかろうが、のべつ幕なしに個別銘柄が一斉に先物と同方向に動く光景もまた、さほど珍しくはありません。今や、日経平均先物が動かなければ個別銘柄も動けない。日経平均先物が動き出すと個別銘柄も途端に動く、といった状況です。

日経平均株価を株式市場で収益をあげるために活用する

報道によれば、日本市場でコロケーション・サービスを利用した発注は、注文件数全体の6割程度を占めるようになっていると言います。取引所による発表統計がないため正確なところはわかりませんが、昨今の市場の動きの速さを見ると、高速取引を行う参加者が現在の株式市場のメインプレーヤーになっていることは確かだと思います。

高速取引や注文件数の増大に対応するシステム拡充は、世界中の取引所の時代的潮流です。日本取引所グループももちろん例外ではあり得ません。この流れが続くならば、これまで以上に高速取引を行う参加者の存在感が増し、それとともに、日経平均株価を意識した動きが拡大する。市場全体に対する日経平均株価の影響力が増すことは、十分予想されるところです。

「株価は企業価値の反映である」という考え方からすれば、先物の値動きを横目で見ながら、あたかも帳尻合わせだけを目的にしているかの如く個別銘柄が売り買いされ、株価が上げ下げするような状況は、どうにも釈然としないかもしれません。しかし、日経平均先物も、日経平均株価も、日本株全体の価値に対する需給を反映して動いています。時に、個別銘柄の値動きを攪乱するかのような仕掛け的な売買が先物でなされたり、先物が暴走するかのように動くこともありますが、日本株全体の需給に反する動きは長くは続きません。

日経平均株価が市場全体に対して影響力があるということは、株式市場でチャンスを見つけるのも、リスクを察知するのも、日経平均株価が重要なカギを握っている、と言い換えることができます。この章の冒頭で、「木を見る前に、森を見る」と述べましたが、日経平均株価という森は、単に、市場全体の動向を見る指標というだけではなく、株式を売買するうえでの道標にもなるということです。であれば、これを株式市場で収益をあげるために活用することを考えてはどうでしょうか。

「日経平均株価を活用する」と言っても、日経平均先物の動きを見ながらバタバタと個別銘柄を売買するべし、ということではありません。考えたいのは、自分自身の売買スタンスの中に日経平均株価を組み入れること、日経平均株価を軸にして売買のやり方を考えること、言うなれば日経平均株価を自分の味方にすることです。それが、様々な市場の動きに対応することを可能にするという、大きな効果をも持っています。

次章から、「日経平均株価」を活用する視点を具体的に紹介していきましょう。

第2章

「日経平均株価」という最強ファンドに投資する

§2-1

日経平均連動型ETFを第一に注目したい理由

初心者向け？　とんでもない。運用のプロも勝てない日経平均連動型ETF

株式市場で収益をあげるために日経平均株価をどう活用するか。第一の方法は、もう察しがついている方も多いと思います。第1章で紹介したように、日経平均株価に連動する派生商品がいろいろあります。それらを直接取引する、いわば直球ど真ん中勝負です。

とりわけ注目したいのは、株式市場に上場している日経平均連動型のETFです。日経平均先物や日経平均ミニ先物も取引しやすい「日経平均株価」ではありますが、単位あたりの取引金額が大きくなります（詳しくは116ページ）。小さいサイズで取引できるETFのほうが、買い増したり、分散して売ったり、機動的な売買がやりやすいでしょう。

ETFに関しては、よく株式投資の入門本などに「どの銘柄を買ったらいいか悩む必要がないので、初心者には超オススメ」ということが書かれています。確かに、日経平均株価という「市場全体」を買っておけば、とにかく〝ハズレ〟は避けることができますから、その意味では、株式投資の初心者の人に向いているのは間違いありません。ただ、初心者でない人にとってはさしたる魅力もない取引対象なのか、と言えば、とんでもありません。高度な専門知識や分析能力を備えている人なら、〝初心者向け〟のＥＴＦなど足元にも及ばない高い投資成果が出せる、とは限りません。それどころか、多くの人から集めた資金を日本株で運用することを生業として報酬を得ている運用のプロでも、日経平均株価を上回るパフォーマンスを提供できないのが現実です。

その「日経平均株価」のパフォーマンスとはどれほどのものなのか。それを見るために、日経平均株価に連動するＥＴＦの中で取引量・純資産額ともに最も大きい日経２２５連動投信（１３２１・運用：野村アセットマネジメント）と、日本株を運用対象としている投資信託を比べてみましょう。

最初に、日経２２５連動投信が日経平均株価にどのくらいついていっているかを見ておきます。**図2－1－1**は、日本経済新聞社が公表している「日経トータルリターン指数」（通常の日経平均株価に２２５銘柄の配当金（税引き前）を加味した指数）と、分配金を再投資したと想定した日経２２５連動投信のパフォーマンスです（データ最終日：２０１５年5月29日）。ほぼぴったりと言って差し支えない数字になっています。つまり、このETFを上回るリターンをあげているファンドならば「日経平均株価に勝っている」と解釈できます。

「モーニングスター」のサイトで、まず、運用期間が3年以上の日本株ファンド（インデックス型を除く）を検索したところ、391本のファンドが出てきました。このうち、過去3年の年率リターン（分配金再投資）が日経225連動投信の51・7％を上回っているファンドは、7本しかありません。

「投資信託は長期投資が基本だ」という話もよく聞きますから、3年という期間は短すぎるのかもしれません。そこで、

図2-1-1　日経平均連動ETFはほぼぴったり指数についていっている
（データ期間：20015年5月29日まで）

	日経225 トータルリターン指数（配当金を考慮した日経平均株価）		日経225連動投信（分配金再投資）	
	上昇率	（年率換算）	上昇率	（年率換算）
過去1年（14.6.2～）	39.8%	(39.8%)	39.6%	(39.6%)
過去3年（12.6.1～）	156.7%	(52.2%)	155.1%	(51.7%)
過去5年（10.6.1～）	132.3%	(26.5%)	129.8%	(26.0%)
過去10年（05.6.1～）	114.0%	(11.4%)	110.0%	(11.0%)

（日本経済新聞社、野村アセットマネジメントのサイトをもとに作成）

運用期間が5年以上、および10年以上のファンドを検索してみました。

過去5年では、日経225連動投信の年率26％を上回っているファンドは検索結果355本中7本。過去10年という長期で見ると、日経225連動投信の年率11％を上回るリターンを出しているファンドは、243本中、わずか3本です。

10年以上の運用期間のあるファンドについて、過去1年、過去3年、過去5年、過去10年のリターンを調べてみると、すべての期間で日経225連動投信を上回っているファンドは、何とゼロ。過去1年の実績がわずかに足りなかったDIAMアセットマネジメントの「証券ジャパン日本株オープン」だけが〝非常に惜し

図2-1-2 日本株ファンド・過去10年リターン上位10
（15年5月29日時点）

ファンド名	運用会社	1年	3年	5年	10年	信託報酬
JPMザ・ジャパン	**JPモルガン**	16.26%	33.04%	19.21%	**12.45%**	**1.86%**
証券ジャパン日本株オープン	**DIAM**	36.93%	**66.66%**	**31.45%**	**12.07%**	**1.73%**
JPM・E-フロンティア・オープン	**JPモルガン**	15.78%	33.38%	18.96%	**11.68%**	**1.75%**
三菱UFJグローバルイノベーション	三菱UFJ	**41.30%**	38.65%	21.50%	10.75%	2.05%
J-Stockアクティブ・オープン	大和住銀	**45.92%**	39.82%	**27.60%**	10.20%	1.63%
トヨタグループ株式ファンド	三井住友	**48.82%**	41.99%	22.64%	9.95%	0.75%
JPMジャパン・ディスカバリー・ファンド	JPモルガン	15.33%	32.82%	17.91%	9.71%	1.86%
フィデリティ・日本バリュー・ファンド	フィデリティ	**46.59%**	33.42%	16.39%	9.29%	1.72%
キャピタルオープン	日興	**42.41%**	46.09%	21.95%	9.28%	0.78%
三井住友・中小型株ファンド	三井住友	**47.09%**	42.91%	25.36%	9.02%	1.63%

※各期間のリターンは年率換算。太字は同期間の日経225連動投信のパフォーマンスを上回るリターン
（モーニングスター社WEBサイト「ファンド検索」結果をもとに作成）

い〟と言えるファンドでした。

看過できないアクティブ運用にかかるコスト

アクティブ運用のファンドには、ベンチマークに連動するポートフォリオ（β部分）と、ベンチマークを上回る実績をあげるために、運用担当者の裁量で銘柄を選定し、組み入れ比率や銘柄の入れ替えを行うポートフォリオ（α部分）があるのが通常です。となれば、指数に連動することだけを目的としたインデックス型のファンドよりも運用コストがかかります。そのコストは、信託報酬という形でファンドの資産から日々徴収されます。アクティブ運用の日本株ファンドは平均年1・6％程度。中には2％を超えるファンドもあります。

ベンチマークがTOPIXで、信託報酬が1・6％だとすると、54ページのNT倍率のグラフを見てわかるとおり、09年以降の趨勢からすれば、まずベンチマークに連動するβ部分ですでに日経平均株価に負けてしまいます。さらに、年1・6％の信託報酬は、期間5年で当初100の基準価額を92・25に、期間10年では85・1に押し下げる効果があります（※）。アクティブ運用のα部分の年率リターンが常に1・6％を上回っていなければば、日経平均株価はおろかベンチマークのＴＯＰＩＸにも追いつけなくなってしまいます。

加えて、長期的にアクティブ運用を行ううえでは、その時その時の市場のトレンドに応じてα部分の組み入れ銘柄を入れ替えていかなければなりません。また、新たに東証１部に上場する銘柄があったり、既存の上場銘柄の浮動株比率が修正されたりすれば、β部分の銘柄の組み入れ比率も見直さなければなりません。

銘柄入れ替えや比率の見直しをすれば、今度は売買手数料がかかってきます。これは信託報酬とは別に差し引かれるコストですから、これまた基準価額を押し下げます。

対して、対象とする指数にきっちりついていくことを目標とするＥＴＦは、信託報酬が低く抑えてあります。日経平均株価に連動するＥＴＦで言えば、０・２％程度です。また、日経平均株価の採用銘柄はそう頻繁には変わりません。銘柄入れ替えや組み入れ比率の見直しを行う回数もさほど多くはならないでしょう。

その結果、年数を経るほど、アクティブ運用のファンドと日経平均株価に連動するＥＴＦとの差は開いていくばかりになりかねません。実際、運用期間が1年以上の日本株ファンドで日経２２５連動投信を上回るリターンをあげているファンドは４９２本中２３７本もありましたが、過去3年・5年・10年と期間が長くなるとどうかと言えば、先に見た結果のとおりです。

（※）押し下げ効果の数値は「1－0・016」の年数乗で算出していますが、信託報酬が日々差し引かれることを考慮すると、数値はそれぞれ5年＝92・31、10年＝85・21となります。

米国版「ベンチマークに追いつけない」ファンドの事情

「ほとんどのアクティブ運用のファンドはインデックスに勝つことはできない」という説は、かねてから言われている言わば定説です。この理論は、米国の経済学者バートン・G・マルキールが1973年に出版した『A Random Walk Down Wall Street』（邦訳『ウォール街のランダム・ウォーカー』日本経済新聞出版社刊）によって一般に広く知られるところとなりました。当時、インデックス型のファンドはありませんでしたが、76年、資産運用会社ヴァンガード・グループの創業者であるジョン・C・ボーグルが、米国の株式市場全体を示す株価指数S&P500に連動するインデックス型ファンドを開発したそうです。

米国の株価指数と言えば、NYダウ（ダウ工業株30種平均）が「米国市場全体」として広く認知されていますが、米国株運用のベンチマークは、もっぱらS&P500です。米国のビジネス系メディアを見ると、近年、そのS&P500にアクティブ運用のミューチュアル・ファンドが勝てない状況を報じる記事がしばしば掲載されています。その理由として指摘されているのは、先述した運用コストのほかに、たとえば、09年以降のゼロ金利政策、超金融緩和策があります。この政策によって株式市場に資金が流入し、どの銘柄も割高になったために、「割安株の発掘」というアクティブ運用の腕の見せ処が発揮できなくなった、というわけです。また、第1章でふれた高速高頻度取引の台頭によって、ミューチュアル・ファンドが不利な約定を強いられるようになっている、との指摘もあります。

高い報酬を取りながらベンチマークに負けているとなれば、資金の流出は避けられません。15年5月22日付けのロイター電子版の記事によれば、2014年、ミューチュアル・ファンドの8割がベンチマークを上回ることができない。また、過去7年間、アクティブ運用のファンドがインデックス型のファンドに勝てない状態が続き、この間、インデックス型のファンドとETFには4500億ドルが流入、対して、アクティブ運用のファンドは4300億ドルの資金流出となっていると言います。

苦戦を強いられるファンドはベンチマーク連動のETFを組み入れる

苦戦を強いられているアクティブ運用のファンドの採っている方策は、何と、S&P500に連動するETFをファンドに組み入れることです。同様の動きは、成績のふるわない大口のヘッジファンドにも出ています。ヘッジファンドが四半期ごとに保有銘柄や期間中に売買した銘柄などを報告するデータをブルームバーグが集計した結果では、14年10－12月期、S&P500連動型の「SPDR　S&P500」というETFを約34億ドル分購入。915件の報告を合計すると、このETFは保有銘柄の第10位になっている、と報じられています。要するに、ベンチマークに追いつけないならベンチマークを取り込んでしまえ、という戦略です。

ただ、それによってパフォーマンスは改善したとしても、果たしてそれが投資家の資金を呼び込む魅力になるのでしょうか。というのも、信託報酬の極めて安いS&P500連動のETFは、誰でも市場で買うことができるからです。〝ETFは初心者向け〟どころではありません。

日経平均株価に連動するETFを売買対象にする意味は、ここにあります。

仮に、日経平均連動型のETFを組み入れ銘柄の中核に据えて運用するファンドがあったとしたら、少なくとも過去10年の実績で言えば、そのリターンは、TOPIXベンチマークが主流のアクティブ運用ファンドの中でも上位に入るはずです。中長期的なリターンを評価する賞があるとしたら、そのファンドは数ある日本株ファンドの中で最優秀賞を受賞するかもしれません。

現状、そうしたファンドは存在しませんが、存在してもらう必要もありません。日経平均株価に連動するＥＴＦを活用すれば、個人でもその運用が可能になるからです。株式投資の知識や経験にかかわらず、株式市場で成果をあげたい人なら誰にとっても、このＥＴＦは間違いなく大きな活用価値があります。

ＥＴＦ vs インデックス型の投資信託

「日経平均株価」に投資する対象としては、金融機関で窓口販売されているインデックス型の投資信託もあります。こちらも少額から取引ができますが、ＥＴＦにはこれを上回る数々のメリットがあります。

メリットの第一は、何と言っても取引するうえでの自由度です。インデックス型ファンドの場合、取引価格は日々の終値をもとに算出される基準価額で決まるため、購入や解約の注文を出すときには、いくらで買えるのか、売れるのかがわかりません。対して、ＥＴＦは株式市場で売買されている値段で取引します。売買したい価格に指値を入れておくこともできますし、「始値がいくら以下だったら買う」といった条件付きの注文もできます。また、市場が急落して「これはマズイ！」と思ったときに即座に売却できます。場中の値動きが激しくなることがある昨今の市場において、これは非常に重要です。

メリットの第二としては、ＥＴＦは日経平均株価により正確についていくことが期待できる点があげられます。

その背景のひとつは、先にふれた信託報酬です。インデックス型ファンドの信託報酬はアクティブ型のファンドよりは低いものの、概ね０・５％～０・８％の水準。対して、日経平均連動型ＥＴＦは、０・１％台～０・２％台です。

また、ＥＴＦは、市場で取引される中で価格が常に動いていますが、組み入れ銘柄の終値をもとに算出した基準価格が日々公表されているのに加え、取引所が、各ＥＴＦの組み入れ銘柄の株価の動きに応じた理論値（インディカティブＮＡＶ）を、場中1秒ごとに公表しています。ですから、その時々の売買の状況によって基準値や理論値と取引値の間に乖離が生じることがあっても、その乖離状態が放置され続ける可能性は低いと考えられます。市場参加者の中には、理論値との乖離解消を収益機会にしようとする人もいるでしょうし、また、ＥＴＦのマーケットメイカーも、同じ取引時間に動いている日経平均株価についていけない状態が市場参加者の眼前にさらされ続けることは避けたいはずです。ＥＴＦの価格形成には、そうした市場参加者による監視というプレッシャーがあります。

もうひとつ、ＥＴＦの非常に大きいメリットとして、信用取引で売買することができることがあります。

信用取引と言うと、「手持ち資金よりも大きな金額が取引できる」というレバレッジ効果のある点が強調されがちですが、信用取引が使えることによる効能は、レバレッジもさることながら、「売り」から取引を始めることができる、すなわち空売りができることです。後に紹介しますが、たとえば、日経平均連動型のＥＴＦを信用取引で売ることによって、個別銘柄の値下がりをヘッジすることができます。もっと積極的に活用するならば、市場全体の下落を収益機会にすることも可能です。

一方、インデックス型ファンドがＥＴＦに勝る点もないわけではありません。たとえば、毎月定額ずつ日経平均株価を購入する自動積立投資サービスを多くの金融機関で取り扱っている点です。ＥＴＦの積立投資ができる「株式積立投資（るいとう）」は現在、大手証券会社でしか取り扱っていません。しかも、その売買手数料は１％程度という高さです。インデックス型ファンドは購入時の手数料がかからないノーロード型も増えていますから、中長期的な積立投資をしたい場合には、インデックス型ファンドのほうがコストは安く済むでしょう。また、ＥＴＦでは分配金は再投資されないのに対して、インデックス型ファンドでは通常、分配金を再投資するコースを選ぶこともできます。

この点から、インデックス型ファンドは中長期スタンスに向いていると言えます。ただし、中長期的な投資自体に注意すべき側面があります。これについては後にふれましょう。

§2-2

何が日経平均株価の値動きの方向性を左右するのか

日経平均連動型のベーシックなETFも複数ある。これらの違いは何か

日経平均株価を対象とするETFは、15年7月24日現在、20銘柄があります。日経平均株価の値動きにそのまま連動するよう組成されたベーシックなタイプのほかに、日経平均株価の値動きと反対方向に連動する逆連動タイプ、日経平均株価の値動きの2倍に連動・逆連動するタイプなど、現状のラインナップは**図2-2-1**のとおりです。それぞれ個性がありますから、それを活かすような使い方を考えていきましょう。

まずは、最もベーシックな日経平均株価にそのまま連動するタイプを見ていきます（**図2-2-2**）。取引サイズが10分の1の「上場インデックス日経225（ミニ）」を除くと、運用会社の異なる7銘柄があります。「DIAM　ETF　日経225」（1369）と「S

図2-2-1 | 日経平均株価の値動きを対象にするETF。4タイプがある

タイプ	コード	銘柄名	売買単位	運用会社
連動型	1320	ダイワ上場投信-日経225	1	大和
	1321	日経225連動型上場投資信託	1	野村
	1329	iシェアーズ日経225ETF	1	ブラックロック
	1330	上場インデックスファンド225	10	日興
	1346	MAXIS日経225上場投信	1	三菱UFJ国際
	1369	DIAM ETF日経225	1	DIAM
	1397	SMAM日経225上場投信	1	三井住友
	1578	上場インデックスファンド日経225（ミニ）	1	日興
逆連動型	1456	ダイワ上場投信-日経平均インバース	1	大和
	1571	(NEXT FUNDS) 日経平均インバース上場投信	1	野村
	1580	日経平均ベア上場投信	10	シンプレクス
2倍連動型	1358	上場インデックス日経レバレッジ指数	1	日興
	1365	ダイワ上場投信-日経平均レバレッジ	1	大和
	1458	楽天ETF-日経レバレッジ指数連動型	1	楽天
	1570	(NEXT FUNDS) 日経平均レバレッジ上場投信	1	野村
	1579	日経平均ブル2倍上場投信	10	シンプレクス
2倍逆連動型	1357	(NEXT FUNDS) 日経ダブルインバース上場投信	1	野村
	1360	日経平均ベア2倍上場投信	10	シンプレクス
	1366	ダイワ上場投信-日経平均ダブルインバース	1	大和
	1459	楽天ETF-日経ダブルインバース指数連動型	1	楽天

（2015年7月24日時点）

図2-2-2 | スタンダード・タイプの日経平均連動型ETF

コード	銘柄名	上場	7/24 終値	インディカティブ NAV（終値）	1日平均 売買代金（百万円）	決算	分配金（1口あたり） 2013年	2014年	2015年
1320	ダイワ上場投信-日経225	2001年07月	20,920	20920.25	2,694	7月	173	202	246
1321	日経225連動型上場投資信託	2001年07月	20,900	20909.01	11,211	7月	187	199	230
1329	iシェアーズ日経225ETF	2001年09月	21,120	21166.00	207	2月、8月	60	147	114
1330	上場インデックスファンド225	2001年07月	20,970	20978.14	3,975	7月	178	194.7	242.2
1346	MAXIS日経225上場投信	2009年02月	20,990	20998.51	928	1月、7月	167	186	229
1369	DIAM ETF日経225	2015年01月	20,550	20545.51	67	1月、7月	-	-	146
1397	SMAM日経225上場投信	2015年03月	20,800	20662.08	2	4月、10月	-	-	-

※「1日平均売買代金」は14年7月1日から15年6月30日の1年間の平均。1369および1397は上場来。

※「分配金」は年間合計。

MAM　日経225上場投信」(1397)は価格水準が他の5本と若干異なっていますが、これは、上場時期の違いが主因と見られます。

同じ日経平均株価に連動する7銘柄、価格水準以外にいったい何が違うのかというと、差が現れる第一のポイントは売買高です。

14年7月1日から15年6月30日まで1年間のデータをもとに1日平均の売買代金を出してみたところ、「日経225連動投信」(1321)が突出した水準となっています。水準は一桁落ちますが、「ダイワ上場投信―日経225」(1320)、「上場インデックスファンド225」(1330)も取引を集めています。日々の取引がこのくらいあれば、流動性は十分です。ただし、「上場インデックスファンド225」(1330)は、売買単位が10口のため、最低取引金額は高くなります。

その他のETFも、上場間もない「SMAM　日経225上場投信」以外ならば、売買にはほぼ支障のない取引量と言えますが、たまに買い気配と売り気配の値段が数ティック離れることがあります。また、何らかの事情による大口の注文が出てきた場合には、場中の取引価格が基準値や理論値と大きく乖離する可能性もありますから、成行注文は避けたほうがよいでしょう。

違いが現れるポイントの第二は、分配金の状況です。

ＥＴＦの分配金の主な原資となるのは、主に組み入れ銘柄の配当金です。同じ日経平均に連動するＥＴＦですから、組み入れ銘柄に大きな違いはないはずで、だとすれば、どの銘柄も分配金は同じ水準のはずなのですが、実際には差が生じています。

その背景としては、分配金が少ない銘柄は、日経平均株価についていけない状況に備えて資金をプールしている可能性が考えられます。日経平均株価にきっちりついていくことを期待するならば、分配金がしっかり出ている銘柄を選んだほうが安心感はありそうです。

「株価は景気の先行指標」は本当か

さて、この日経平均連動型のＥＴＦをどう売買すれば収益があがるのか。言うまでもありません。日経平均株価が趨勢として上昇基調を続けている、すなわち、日々上下に動きながらも方向性としては右肩上がりで推移している状況が続けば、日経平均連動型のＥＴＦを買って持っているだけで資産は増えていきます。逆に、日経平均株価が趨勢として下落基調を続けている、方向性として右肩下がりの動きになっていれば、日経平均連動型のＥＴＦを持っていると資産はどんどん減ってしまいます。このときに利益をあげる方法は、信用取引を利用して「売る」（空売り）ことです。

この「右肩上がり」「右肩下がり」という値動きの方向性を、株価のトレンドと言います。株価が上げ下げする中で形成される「山」（高値）と「谷」（安値）が切り上がると、値動きの方向性は右肩上がりになります。これが上昇トレンド。反対に、「山」「谷」がともに切り下がり、値動きの方向性が右肩下がりになっているのが下降トレンドです。

株価が上昇トレンドにあるならば「買い」、右肩下がりの下降トレンドにあるならば「売る」という、要は、株価のトレンドに沿った方向で売買すれば収益を手にできます。実に単純きわまりない話です。

そうすると、収益をあげるために第一に重要なことも自ずとわかります。日経平均株価のトレンドを捉えること。これに尽きます。

そこで、まずは日経平均株価の長期的なトレンドを確認するところから始めましょう。

図2－2－3は90年以降の日経平均株価の推移です。1年から3年程度の下降トレンドが続くと上昇トレンドに転換する。その上昇トレンドがまた1年から数年続き、また下降トレンドに転換する、という動きが繰り返されています。この中の「数年続く上昇トレンド」のようなところで日経平均連動型のＥＴＦを持っていれば間違いなく儲かります。では、いったいどんなときに、日経平均株価は上昇トレンドを数年続けるのでしょうか。そして、その上昇トレンドが下降トレンドに大転換するのは、どんな状況にあるときなので

しょうか。

おそらく、まず頭に浮かぶのは、好景気が続いていれば株式市場も上昇トレンドを描くだろう、ということでしょう。

90年以降の景気動向指数（一致ＣＩ）に日経平均株価を重ねてみると、**図２－２－４**のように、大きな方向性は確かに一致しています。ただ、景気の「山」「谷」と、株価が大底や天井をつける時期は必ずしも一致しているわけではありません。

たとえば、97年や２０００年は、株価のほうが早く天井をつけ、景気がピークをつける頃には、株価は下降トレンドになっています。「株価は景気の先行指標」などと言われますから、これは合点

図2-2-3　数年単位で下降トレンドと上昇トレンドが交互に現れている
（日経平均株価：90年1月～15年7月7日）

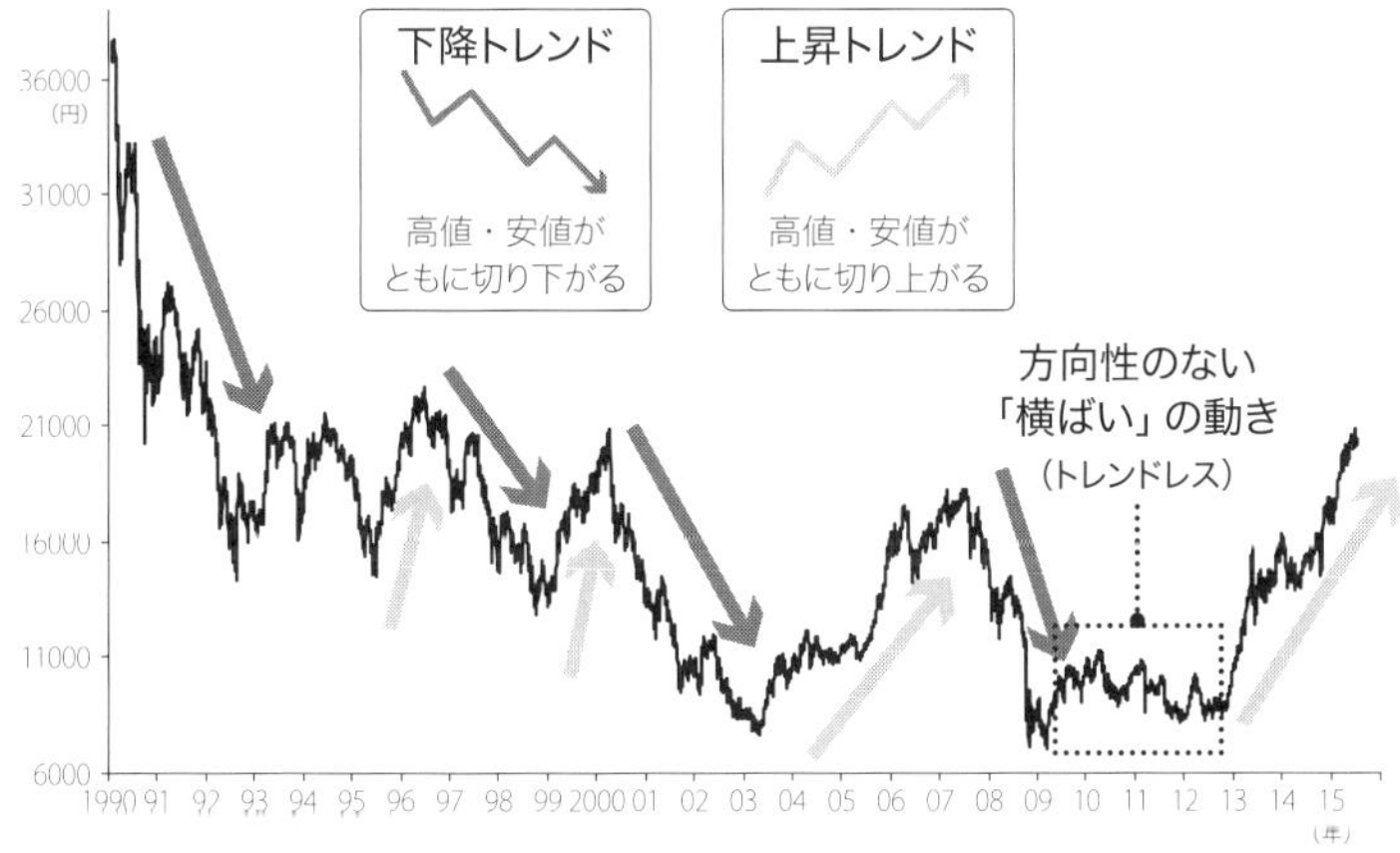

がいきやすいかもしれません。ところが、02年1月や09年3月のように、日経平均株価が上昇トレンドに転換する前の段階で景気が底を打っている時期もあります。

とくに違和感があるのは、09年3月の「景気の谷」以降ではないでしょうか。景気は急角度で上昇しているにもかかわらず、日経平均株価は上がったり下がったりを繰り返して、横ばい状態になっています。日経平均株価の最安値（終値ベース）は「景気の谷」と同じ09年3月で、その後、辛うじて底割れはしていませんが、TOPIXの最安値は12年6月です。第1章でふれたように、TOPIXのほうが日経平均株価よりも市場の実態に近いことからすれば、景気が底を打ってか

図2-2-4　景気は株価のトレンドを説明している？

（日経平均株価・景気動向指数（一致CI）：90年1月～15年5月末）

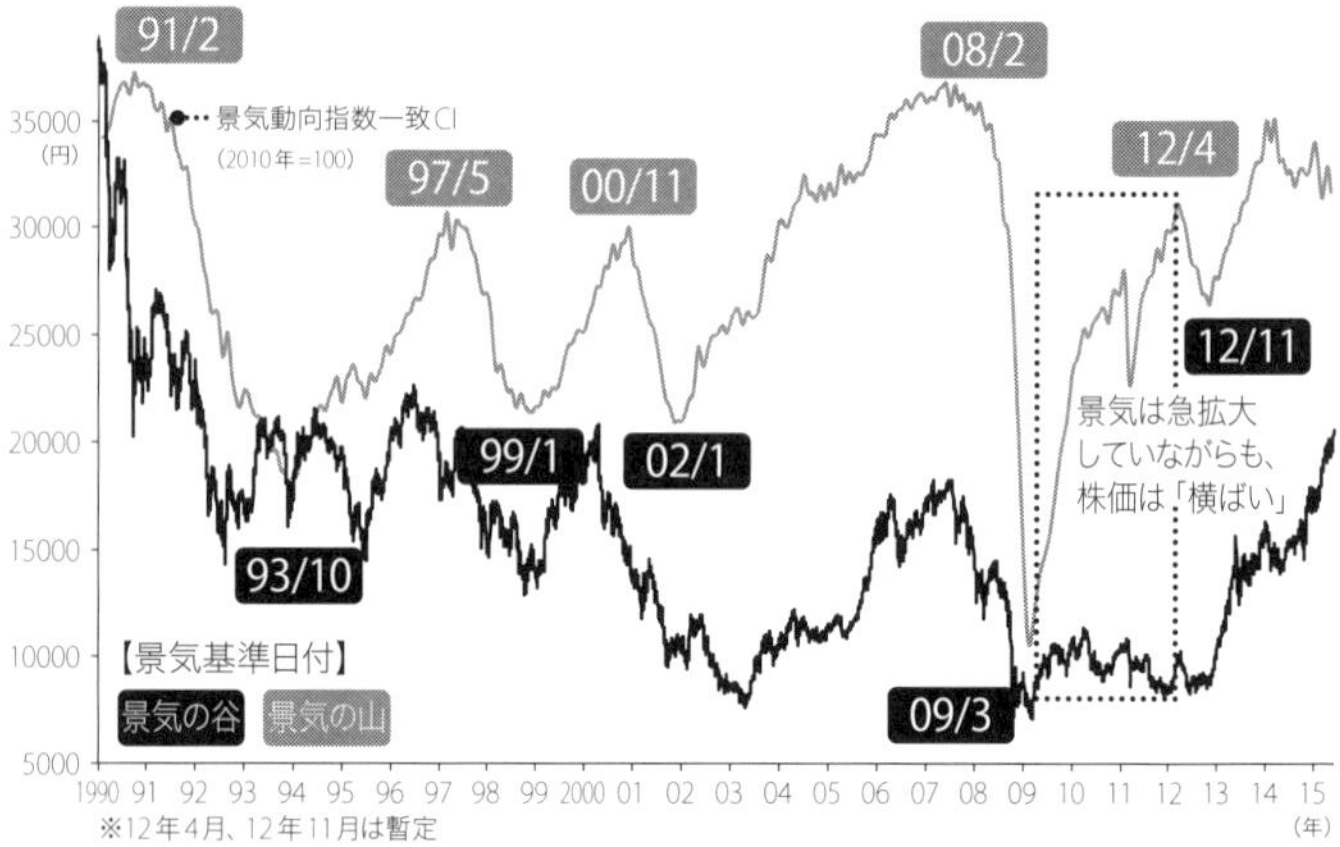

※12年4月、12年11月は暫定

ら3年以上にもわたって、株式市場は下降トレンドを続けていたことになります。

内閣府の景気基準日付（暫定）では、09年3月からの景気拡大の終点「景気の山」は12年4月となっています。つまり、この間、3年にも及ぶ景気拡大局面だったということですが、下降トレンドから脱したとは決して言えない株式市場を見ていた人からすると、好景気の実感は持てなかったのではないでしょうか。ということは、景気のほかにも株式市場のトレンドに影響する要因があると考えなければなりません。

株式市場との関係が密接化する為替動向

日本の株式市場のトレンドに影響を与えていると目される要因のひとつは、為替の動向です。
図2－2－5は、95年以降の日経平均株価とドル円レートの推移ですが、双方の値動きの方向性の関係が05年辺りを境に変化していることがわかります。04年までは「ドル安（円高）・株高」「ドル高（円安）・株安」という、ドルの対円レートと日経平均株価の方向性が逆になっている傾向がうかがえます。対して、05年以降はドルの対円レートと日経平均株価のトレンドがほとんど同じ。「ドル高（円安）ならば株価は高い」「ドル安（円高）なら

図2-2-5　05年を境に明らかに変わった日経平均株価とドル円の関係

（日経平均株価・ドル円レート：95年1月〜15年7月7日）

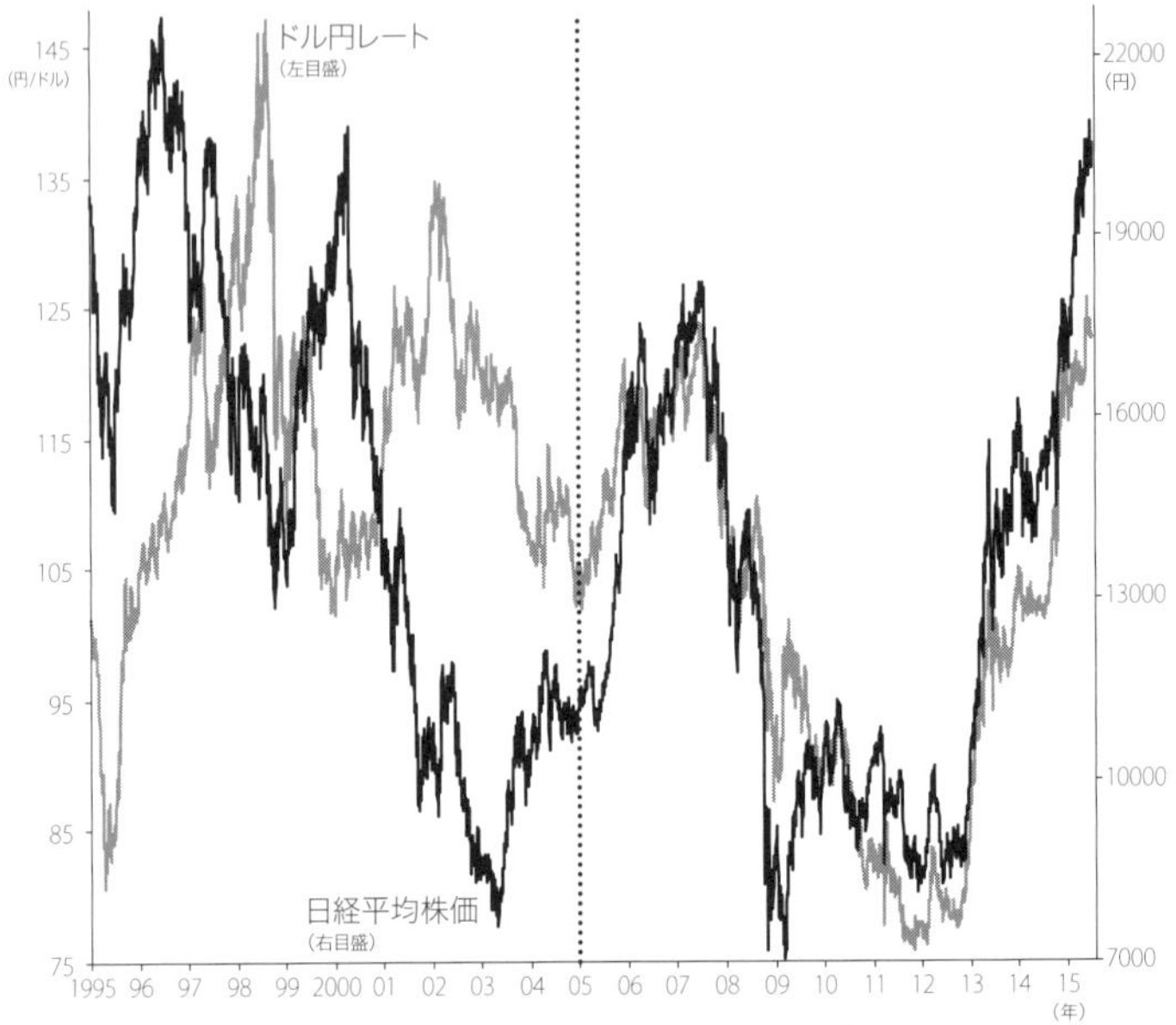

【95年1月〜04年12月末】

ドル円レートをx軸に、日経平均株価をy軸にとった相関図。弱いながらも逆相関関係

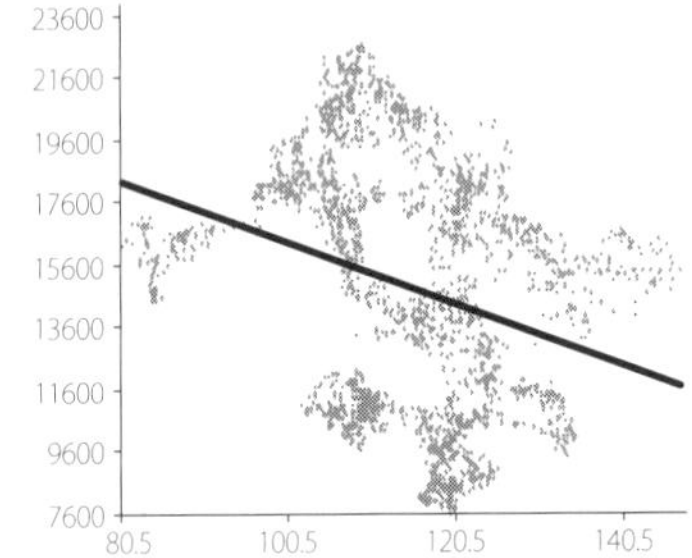

【05年1月〜15年7月7日】

05年以降は明らかな正相関に。

決定係数は0.77（相関係数0.88）という高水準

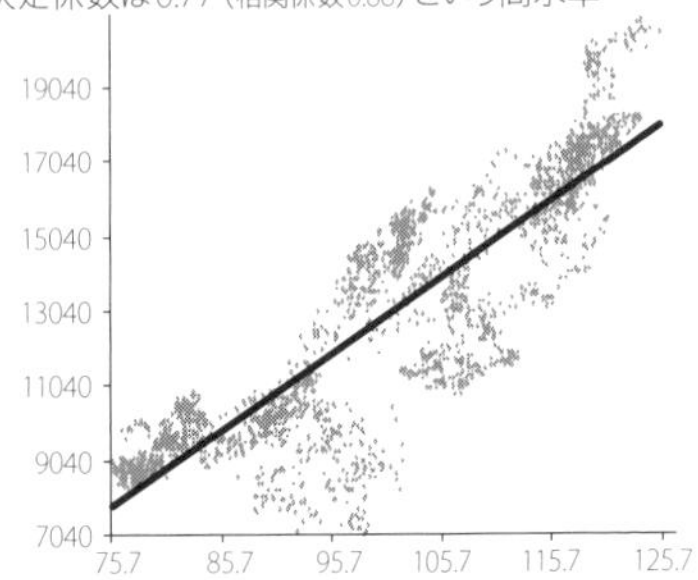

ば株価は安い」という状況です。実際、ドル円と日経平均株価の相関関係を調べてみると、95年から04年までは弱いながらも逆相関。05年以降は強い正相関となっています。

景気動向指数が急上昇した09年3月以降、ドルの対円レートは着々と下降トレンドを続け、11年後半には70円台にまで下げています。これだけ円高ドル安が急伸すれば、輸出関連銘柄は売られやすくならざるを得ません。それは、当然ながら株式市場全体の重石になります。たとえば、日経平均株価・TOPIXいずれに対しても寄与度の高いトヨタ自動車は11年11月、国内景気の拡大局面のさなかに、〝リーマン・ショック〟の安値を割り込む安値をつけています。

12年2月からドルは80円台を回復しましたが、それも束の間。4月以降、再び70円台に値下がりしています。これと軌を一にして、いったんは上昇ムードを見せた日経平均株価も急落。そうした中にありながらも、日経平均株価が09年3月の安値を下回らなかったのは、ファーストリテイリングやソフトバンク、JTなど、寄与度の高い内需系（に括られやすい）銘柄が値持ちしていたことが一因でしょう。

再び70円台に突入したドルは、12年9月に下げ止まり、そして、12年11月、ドルのトレンドの大反転が鮮明になりました。これとやはり軌を一にして、日経平均株価が極めて強い上昇トレンドに大転換しています。

日本のＧＤＰに占める輸出の割合は１割程度ですが、株式市場において輸出関連銘柄には存在感があります。第１章で日経平均株価に対する寄与度の高い上位25銘柄を紹介しましたが、そのうち、海外比率が６割以上の銘柄は14銘柄。寄与度の合計は24・５％です。15年３月期時点での海外比率が58％の京セラを加えると、15銘柄の寄与度合計は27％を超えます。しかも、先に見たとおり、日経平均株価とドルの対円レートの関係は非常に密接化しています。日経平均株価のトレンドを捉えるうえでは、景気もさることながら、為替のトレンドを意識しておくことが極めて重要です。

ちなみに、日経平均株価から為替の影

図2-2-6　外国人投資家のパフォーマンスがわかる「ドル換算の日経平均株価」
（02年1月～15年7月7日）

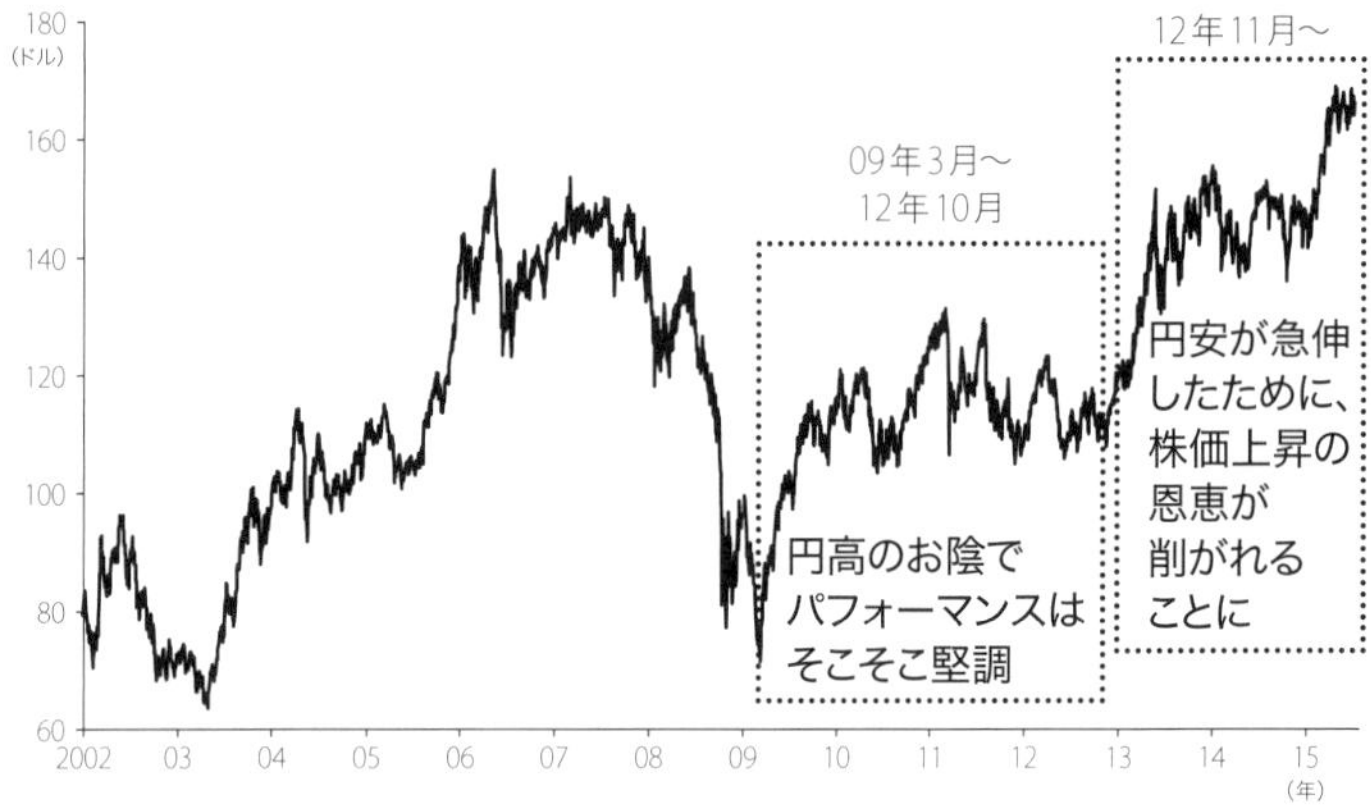

響を割り引いてみると、また違った日経平均株価の姿が現れます。**図2－2－6**は、日経平均株価をその時々のドル円レートで割って算出した「ドル換算の日経平均株価」です。09年以降の推移は、円ベースの日経平均株価よりも、こちらのほうが景気の動きに近い感じがするのではないでしょうか。

このドル換算日経平均株価は、ドルを円に換えて日本市場に投資している外国人投資家の〝懐具合〟でもあります。09年3月以降、株価が上がらなくとも、円高ドル安になったお陰でパフォーマンスはそこそこ良好。逆に、13年以降は、円安ドル高が急伸したことから、株価上昇の恩恵が削がれてしまい、円ベースの日経平均株価よりもかなりパフォーマンスは低くなっています。日経平均株価にとってのネガティブ材料の円高ドル安は、外国人投資家からすればウェルカム材料、円安ドル高がネガティブ材料です。

米国の株式市場とともに見ておきたい米国の金利動向

日経平均株価、というよりも日本市場全体のトレンドに大きく影響する要因としては、海外の市場動向、とりわけ米国の株式市場の動向もまた思いつくところでしょう。

図2－2－7は、95年以降の日経平均株価と米国のＳ＆Ｐ５００です。日本で金融機関

が次々と破綻した97年から98年にかけては、日米の株価は逆行する動きでしたが、ITバブルの99年以降は、天底の時期はややズレてはいるものの、大きなトレンドはほぼ一致しています。

ところが、これまた09年3月から12年11月にかけて、日米の動きに乖離が生じています。S&P500は09年3月から一貫した上昇トレンド。一方、日経平均株価は、先述のとおり、弱々しく上げ下げを繰り返す動きに終始しています。

この時期を詳細に見ると、双方の値動きの乖離がはっきりし始めたのは10年半ば辺りからです。

この乖離を説明するひとつとしては、米国の金融政策とそれを反映した金利動

図2-2-7　日米の株式市場の関係を見る
（日経平均株価・S&P500：95年1月〜15年7月7日）

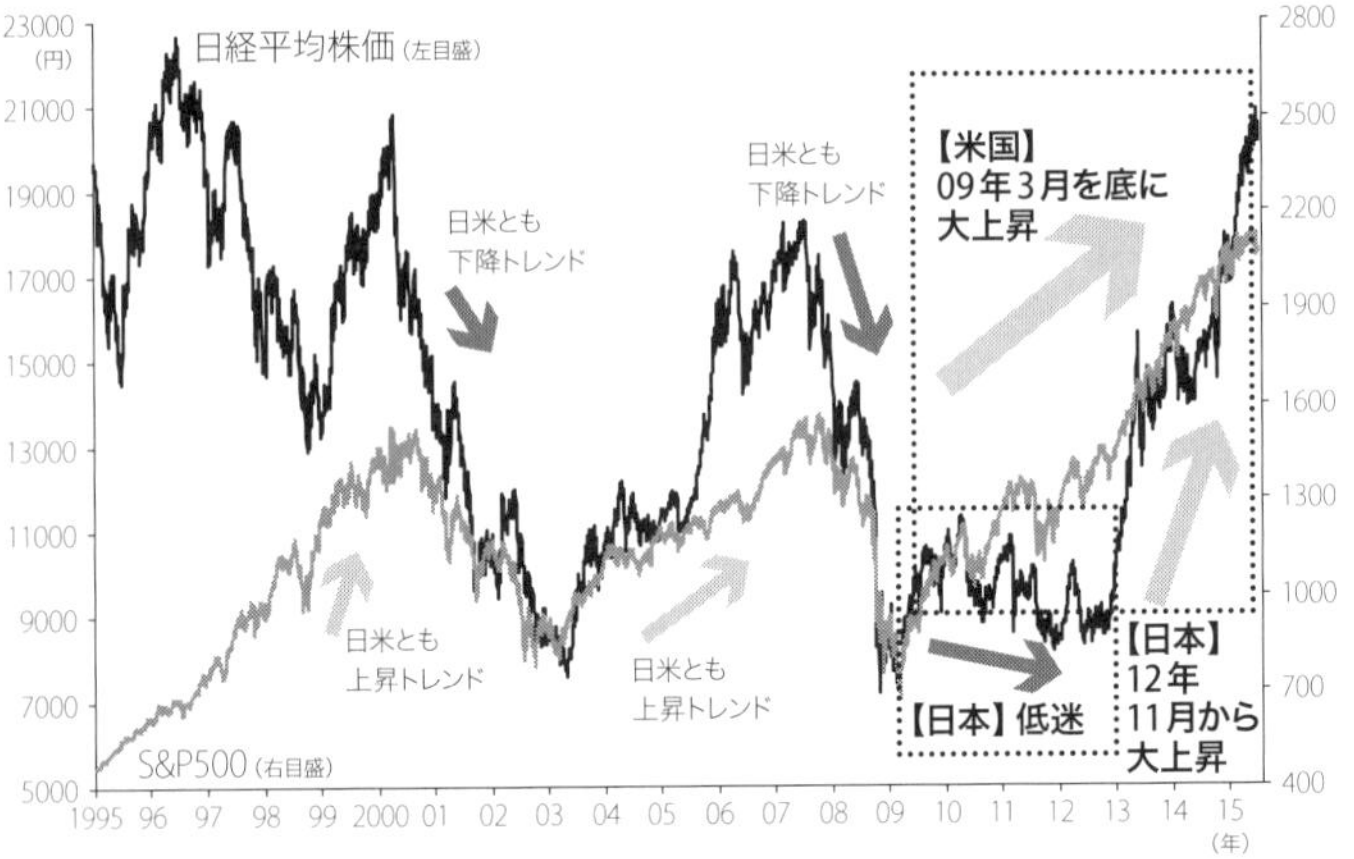

向があります。

図2−2−8①は、04年以降の米国の長期金利（10年債利回り）とS&P500の推移です。10年半ばまで、株価の上昇局面では金利は上昇傾向、株価がピークをつけて落ち始めると金利は低下傾向になっています。これは、「景気がよい（＝株価上昇）ときには、金融政策は『引き締め』、金利は上昇」「景気が悪化（＝株価下落）すると、金融政策は『緩和』、金利は低下」という、いわば教科書通りの状況です。

米国の金利上昇は「日米の金利差拡大↓ドルが買われる」という、ドル高（円安）要因。米国の金利低下は「日米の金利差縮小↓ドルが売られる」というドル安（円高）要因になります。**図2−2−8②**は、04年以降のドル円の推移ですが、確かに、04年から07年半ばまでの株価上昇局面では、金利は上昇局面、為替は円安ドル高基調、サブプライムローン問題から〝リーマン・ショック〟に至る時期の株価急落局面は、金利は低下局面、為替は円高ドル安が急伸しています。

教科書通りの姿であれば、米国の株式市場は09年3月を底に回復していますから、金利は上昇局面となるはずなのですが、いったんは上昇したかに見えた金利のトレンドはその後も右肩下がりを描き続けています。

これは、ギリシャの経済危機が表面化したことなどによる景気失速懸念を払拭するため、

図2-2-8①　米国の株式市場と金利の逆行現象に注目

（S&P500・米国10年債利回り：04年1月〜15年7月13日）

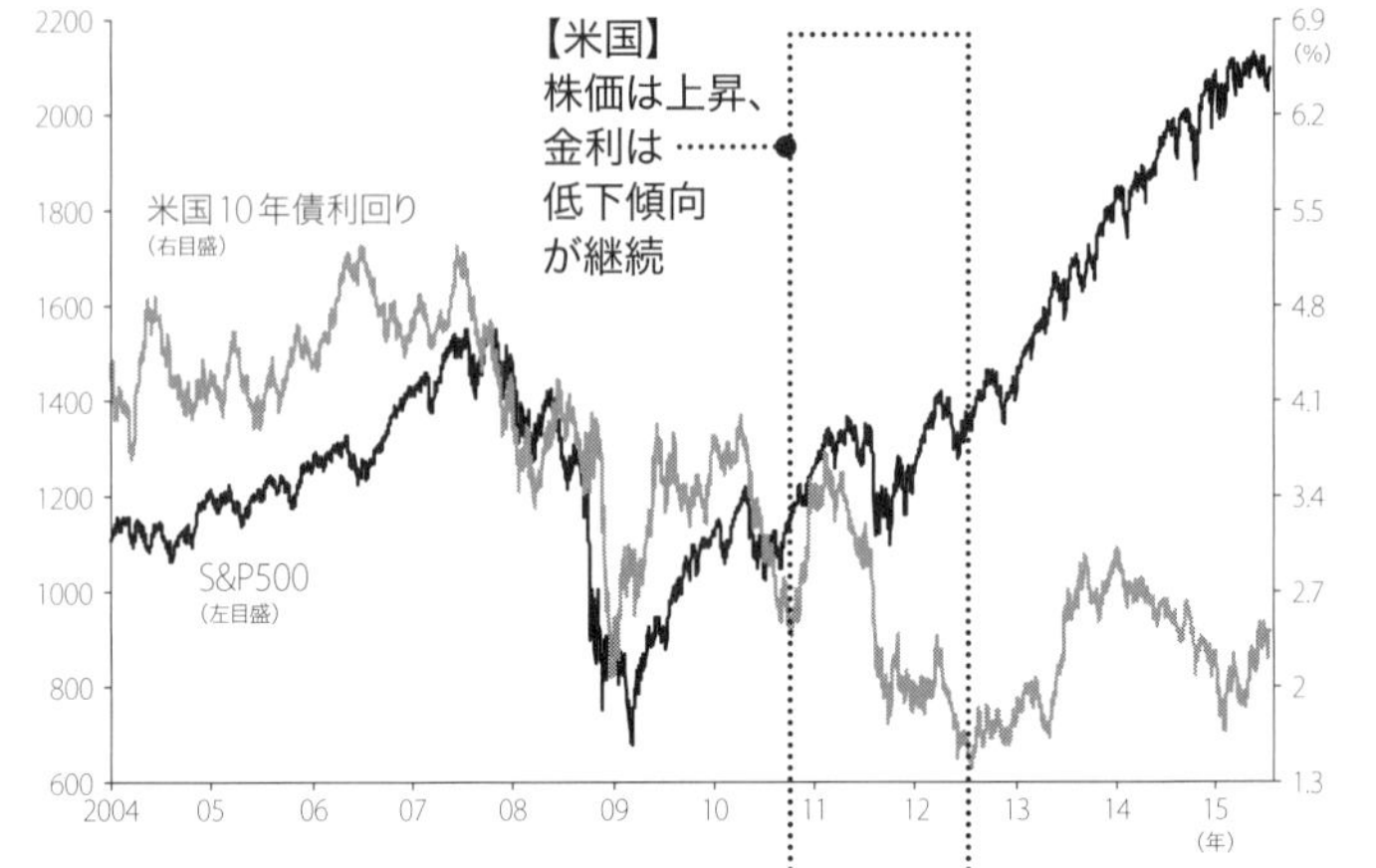

図2-2-8②　そのとき為替と日本株は…

（日経平均株価・ドル円レート）

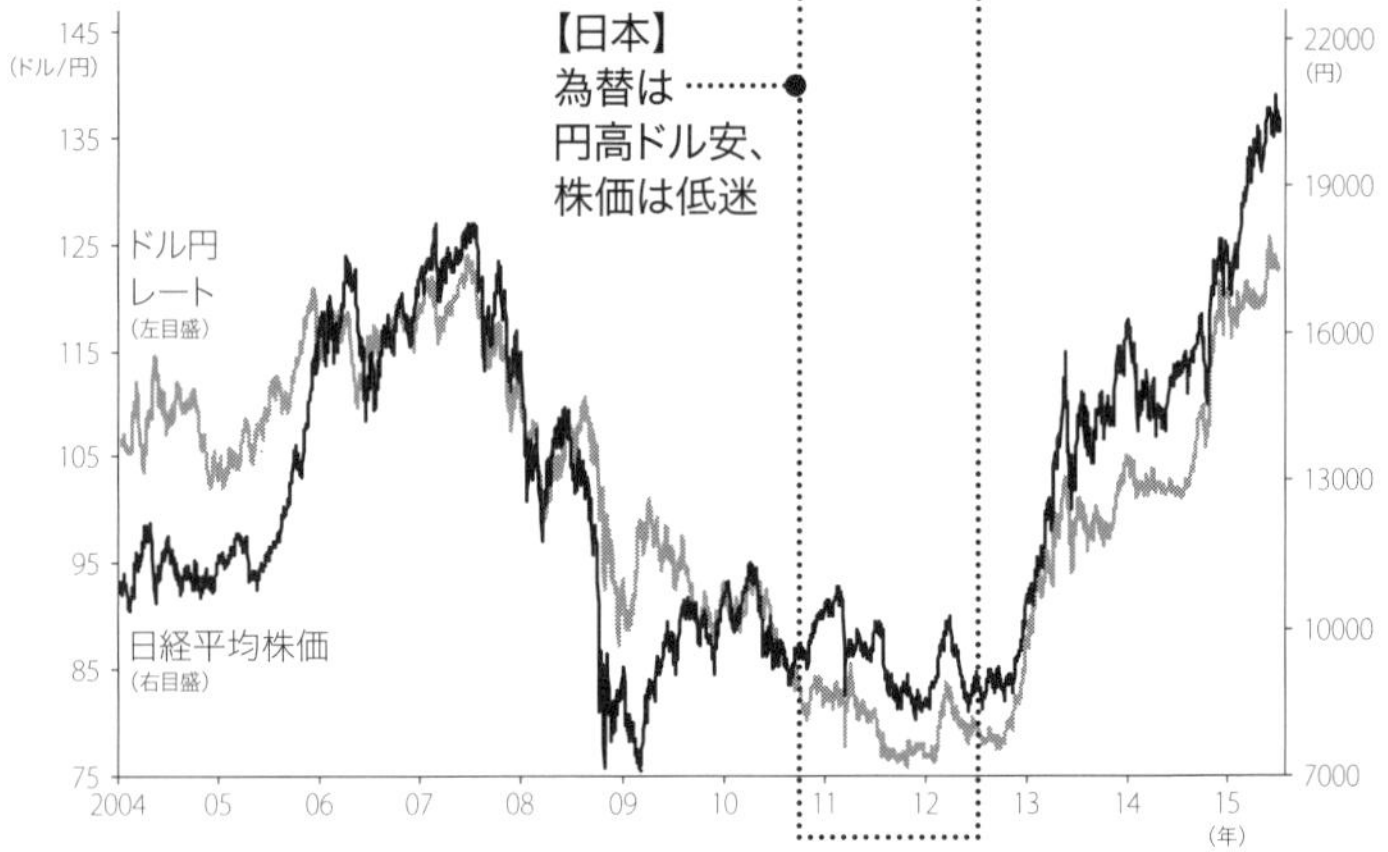

金融当局が極めて強い姿勢で量的緩和策、ゼロ金利政策を採ったことによります。その結果、ゼロ金利を嫌う資金が米国の株式市場に流入して株価は右肩上がり。他方、米国のゼロ金利政策はドル売りを誘って、ドル安は止まらない。そのドル安のお陰で、日経平均株価はまるで上がらない。本来ならば、国内景気の拡大によって日経平均株価が上昇してしかるべき部分が、あたかも米国市場に持っていかれたような格好です。

13年以降の動きを見ると、ドルの対円レートは（日経平均株価も）強い上昇トレンドとなっています。米国の金利は、上昇傾向に転換した兆しが見えないわけではありませんが、このデータの最終地点（15年7月）ではまだ「転換した」とは断定はできません。ただ、米国の金融当局は、金利をノーマルな水準に戻す意向で動いているのは確かです。

米国の金利上昇傾向がはっきりすれば、それはドル高円安要因ですから、日経平均株価にとってプラスです。しかし、米国の景気失速と株式市場の下降トレンド転換が懸念される状況になれば、米国の金利上昇はストップし、再びドル安円高基調となって、日経平均株価にマイナス作用をもたらす可能性があります。

よって、米国の株式市場の動きももちろんですが、米国の金利動向についても、日経平均株価のトレンドに関係する要因として注意して見ておく必要があります。米国の10年債利回りは、アメリカの『YAHOO! FINANCE』で見ることができます。

もちろん日本の金融政策と金利動向にも目配りが必要

米国の金利動向に加えて、もちろん日本の金融政策および金利動向と日経平均株価の関係も押さえておきたいポイントです。

図2-2-9は95年以降の長期金利（10年国債の利回り）と日経平均株価です。95年には4%台後半の水準だった金利は20年にもわたって下降トレンドを続け、15年1月には、0・2%台まで落ちています。

とはいえ、超長期的なトレンドとしては下がりっぱなしの金利ではありますが、一時的に上昇した時期はあります。96年から97年にかけて、98年末から2000年にかけて、そして03年から07年にかけてです。これらの局面では、日経平均株価も上昇しています。「好景気＝株価上昇＝金利上昇」というわけで、これは教科書通りの姿と言えます。

しかし、12年11月以降、日経平均株価は大上昇していながら、金利は13年4月から5月にかけて短期的に上昇しただけで低下傾向を続けているという、教科書通りではない姿になっています。先に見た米国もそうでしたが、こちらの金利低下も日銀によるデフレ脱却を目指す極めて強い姿勢の量的緩和政策の効果です。この日銀の強い姿勢の一方で、米国の金利は、上昇傾向になりそうな兆しも見せています。「日米金利差拡大↓円安ドル高要因」で、これが12年11月以降の日経平均株価の極めて強い上昇の大きな背景と考えることができます。

異次元緩和と称される金融緩和政策をいつまで続けるのかは、もちろんわかりません。日銀および政府では、現状、物価上昇率2％を目標とするデフレ脱却を実現するまで続ける意向を示していますが、無期限・無制限に続けることは考えられません。仮に、デフレが収束した兆しを示すような統計が出て、好景気の恩恵が国内に及んでいると見られる状況に

図2-2-9　教科書通りなら「株高＝金利上昇」だが…

（日経平均株価・10年国債利回り：95年1月〜15年7月7日）

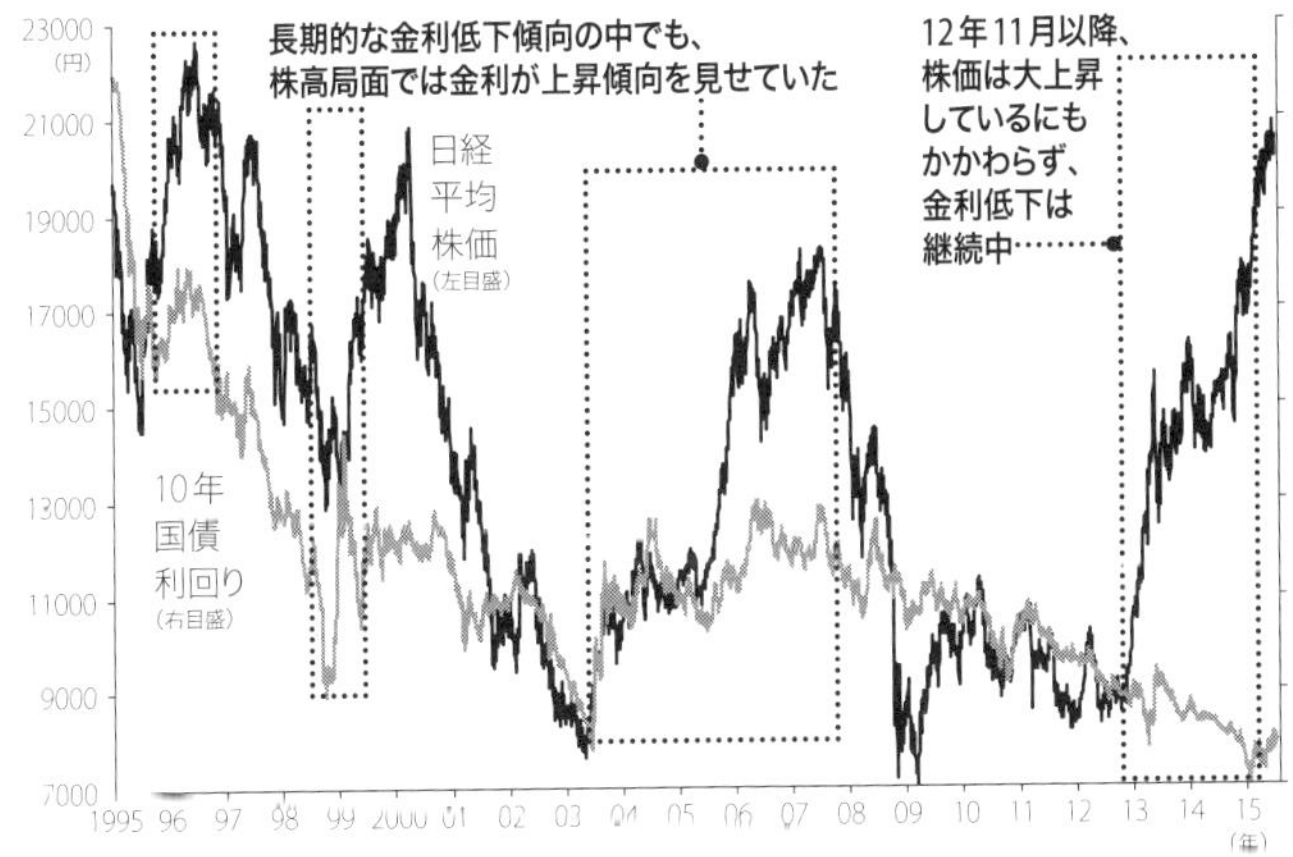

なれば、量的緩和策の縮小という形で、政策のスタンスが見直される可能性はあります。
また、米国の政策が利上げの方向に転換すれば、日本の金融政策もその方向に歩調を合わせるかもしれません。

金融政策のスタンスの変更に対しては、市場は敏感に反応します。というのは、いったん変更された金融政策の方向性は、そう簡単には変わらないからです。

これまで日銀が行ってきた国債の買い入れ、ＥＴＦやＲＥＩＴ（不動産投信）の買い入れが縮小されれば、その先は、量的緩和策の停止、ゼロ金利解除だろうという思惑が働いてもおかしくありません。その思惑から債券市場で金利が上昇傾向となるとすれば、仮に米国の金利が上昇傾向になっていても、為替は円安ドル高にはならない。状況によっては、円高ドル安に向かう可能性も考えられます。

金融政策と金利の動向が、日経平均株価のトレンドに影響を与える可能性のある点は、十分踏まえておきたいところです。長期金利の動向はなかなか見る機会がないかもしれませんが、たとえば個人向け国債の発行時期に、その金利水準を定期的にチェックしておくだけでも役立つと思います。

§2-3 売買のスタンスはトレンドの局面に応じて決める

「日経平均株価2万円台回復」が示す歴史的大転換の可能性

日経平均株価の大きなトレンドに影響するいくつかの要因を見たところで、今度は、実際に日経平均株価連動型のＥＴＦを売買する際に、どういうスタンスで臨むのがよいのかを考えていきましょう。

まず、改めて90年以降の日経平均株価の推移を見てください。実は、この中に、歴史的と言って差し支えないほどの重大な変化が現れています。

80年代バブルの崩壊からスタートした１９９０年。以後、最安値となった09年3月までの19年間、**図2−3−1**のように下降トレンドと上昇トレンドが交互に現れていますが、上昇トレンドになっても、前回の上昇トレンドの高値を超えられずに下降トレンドに転換する。その下降トレンドは、前回の下降トレンドの安値を更新した後に上昇トレンドに転換しています。その結果、高値・安値ともに切り下がるという、この19年間をひとくくりにして捉えれば、超長期の大下降トレンドです。

ところが、12年11月にスタートした上昇トレンドはどうでしょう。このデータの最終地点までの日経平均株価の最高値（終値ベース）は、15年6月24日の2万868円。07年7月につけた前回の上昇トレンドの高値を超え、その前の上昇トレンドの高値、2000年4月12日の2万833円に並ぶ水準にきているではありませんか。

90年以降の超長期の下降トレンドが継

図2-3-1　重大な歴史的出来事が株式市場に起きた
（日経平均株価：90年1月〜15年7月7日）

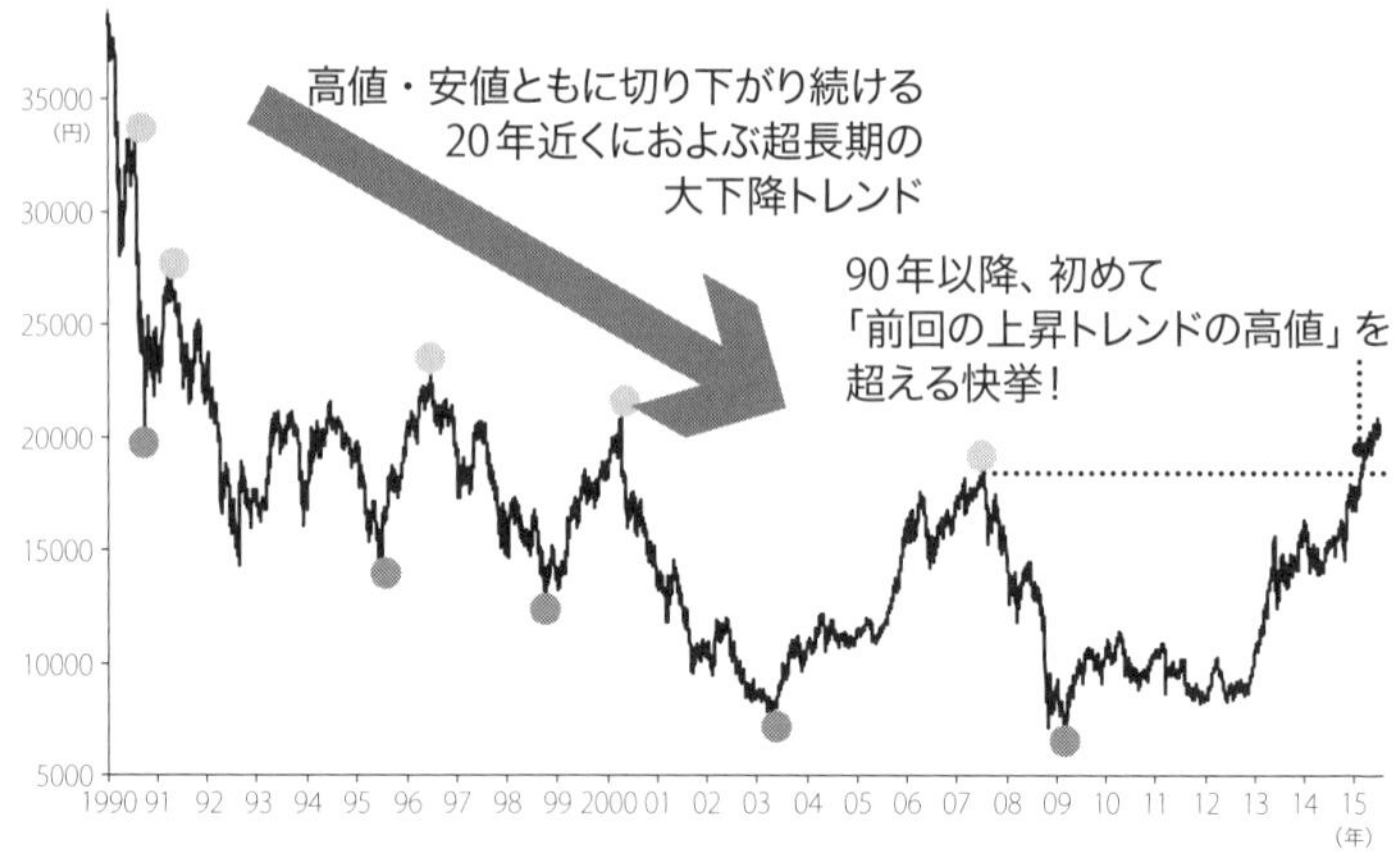

続するとすれば、「前回の上昇トレンドの高値を上回ることはできずに、下降トレンドに転換する」という予測になります。しかし、その予測は外れたことが確定しました。ということは、20年近くも続いてきた超長期の大下降トレンドが大転換した可能性があるということです。

　この可能性が現実になっていくためには、**図2―3―2**のように、第一に、この上昇トレンドの後に訪れる下降トレンドが、09年3月の安値よりも高い株価水準で下げ止まって再び上昇トレンドに転換すること。第二に、新たな上昇トレンドの高値が、12年11月からの上昇トレンドの高値を上回ることが必要条件になります。それが確認されるまでは、「可能性

図2-3-2　超長期の大トレンドが上昇トレンドに転換するとしたら…
（日経平均株価：98年1月〜15年7月7日）

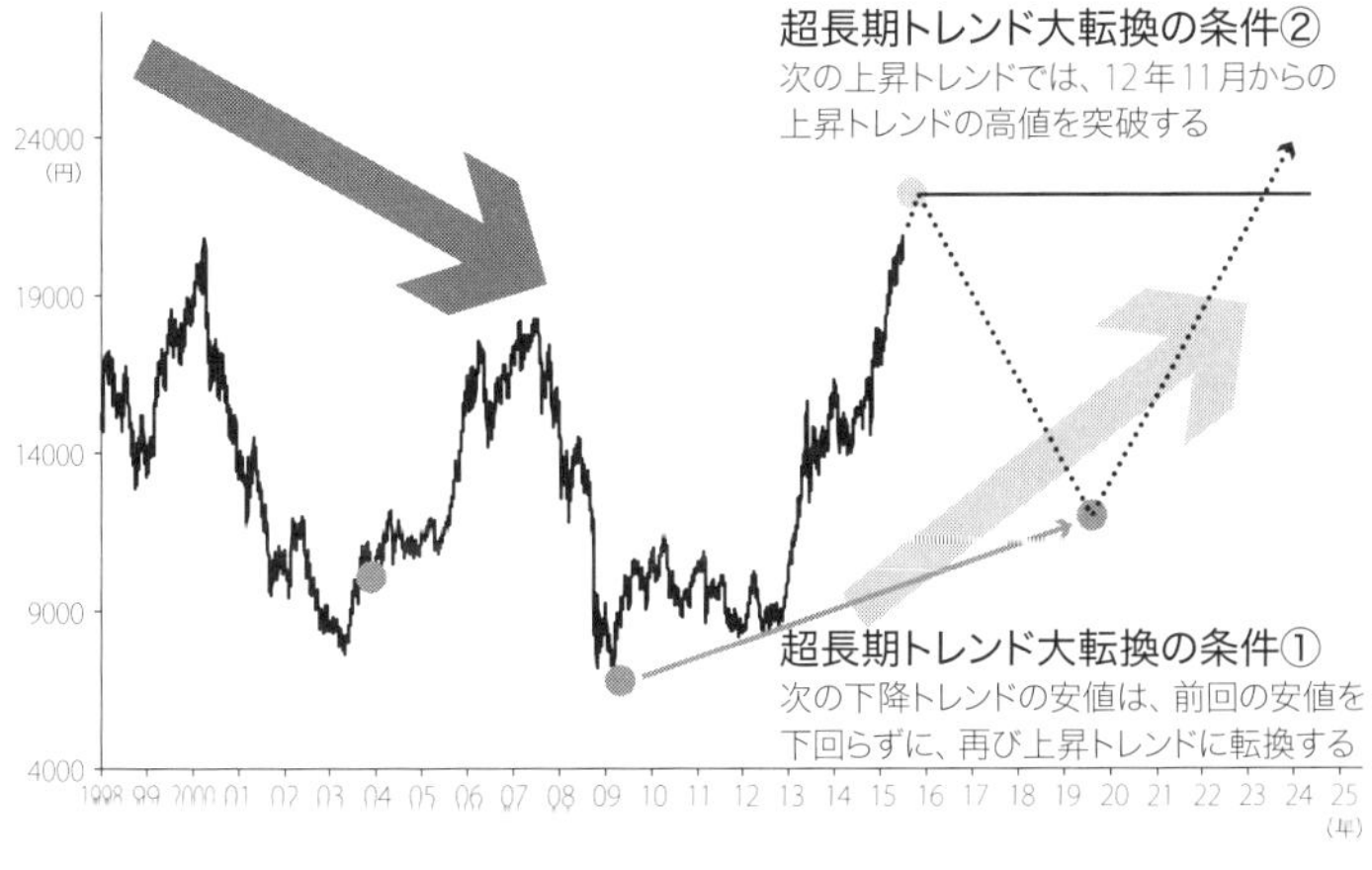

超長期トレンド大転換の条件②
次の上昇トレンドでは、12年11月からの上昇トレンドの高値を突破する
超長期トレンド大転換の条件①
次の下降トレンドの安値は、前回の安値を下回らずに、再び上昇トレンドに転換する
24000
(円)
19000
14000
9000
4000
1998 99 2000 01 02 03 04 05 06 07 08 09 10 11 12 13 14 15 16 17 18 19 20 21 22 23 24 25
(年)

が示唆されたにすぎませんが、言い換えれば、超長期の上昇トレンドに大転換したならば、日経平均株価はこの必要条件を満たす動きになる、という長期予測ができます。

すでに上昇トレンドにある局面で「長期保有前提」の投資は危険

12年11月からの上昇トレンドが高値をつけるのがいつで、いくらなのかは、15年7月の段階ではわかりません。しかし、日経平均株価の超長期のトレンドが上昇トレンドに大転換したという予測に基づくならば、いつ、いくらで高値をつけて下降トレンドになったとしても、その次にやってくる上昇トレンドでは、最高値が更新されることになります。ということは、12年11月からの上昇トレンドがいつ終わるにしても、とにかく日経平均連動型のETFを買って長く持ち続けていれば、いずれは利益になる、との見通しを持つこともできます。

それなら早く買ったほうがいい、という気になるかもしれませんが、それはあまりに拙速すぎます。

これまで見てきたように、株価は下降トレンドと上昇トレンドを繰り返して推移しています。そのトレンドのどの位置で買ったかによって、結果は大きく違います。

たとえば、15年6月末時点で日経平均株価は過去15年来の高値圏にありますから、過去15年間のいつ買っても利益は出ていることになります。しかし、たとえば07年7月に買った人と、09年から12年までの間に、日経平均株価が1万円割れの水準だったときに買った人とでは、利益の額に何倍もの差が出ます。

先に紹介した「アクティブ運用のほとんどはベンチマークのインデックスに勝てない」という理論を一般に広めたバートン・G・マルキールは、株価指数を保有し続ける「バイ・アンド・ホールド」を提唱し、実際に、そのやり方は長期的に大きな成果をあげています。ただし、それは米国の株式市場が超長期的な上昇トレンドを続けているからです。日経平均株価を89年の大納会の大引けに3万8915円で買ったとすれば、その後の25年間、わずか1日どころか、1秒たりとも利益を拝めた瞬間はありません。なぜかと言えば、90年以降、日経平均株価は超長期の下降トレンドを続けていたからにほかなりません。アクティブ運用のファンドに比べればパフォーマンスはよくても、市場全体が超長期の下降トレンドを続けていれば、バイ・アンド・長期ホールドは、資産額を減らす投資にならざるを得ないのです。

日経平均株価が前回の上昇トレンドの高値を超えたことで、その超長期の下降トレンドは上昇トレンドに転換した可能性が示唆はされました。しかし、それが現実になるかどうかは、この先、何年もかけて確認されていくことです。「実は超長期の上昇トレンドには転換していなかった」となる可能性もまだ残っています。

投資のリスクとは、将来の不確実性です。株を保有する期間が長くなるほど、現時点から遠い将来までの不確実性は増します。その不確実性、すなわちリスクに耐えうる長期投資の方法として考えられるのは、長期的に見てできうる限り有利な値段で買うことです。時間をかけてその機会を捉えることが、長期保有を見据える投資にとって最大の要所と言ってよいでしょう。

よって、日経平均連動型のＥＴＦを買うときには、まず、数年単位で転換する日経平均株価のトレンドがどちらの方向を向いているのか。そのトレンドはスタートしてからどのくらい経っているのかを確認することが第一です。

そのとき、すでに上昇トレンドの中にあると判断されるならば、長期保有は前提とせずに、「買ったら、売る」という短めのスタンスが堅実な方法と言えます。

その上昇トレンドはいつまで続くのか、その時点ではわかりません。不幸にして、買ったときの株価が高値圏だった場合、保有を続けていれば、利益を見るのは短期間、その後は数年継続する下降トレンドの中で含み損を見続けなければなりません。

買ったら売る、というスタンスの場合、上昇トレンドが継続するならば、その間、利益をあげるチャンスは何度も訪れるはずです。他方、上昇トレンドが下降トレンドに転換した後に、資産が減り続ける状態も回避できます。

もし、買おうと思ったときに、日経平均株価が下降トレンドにあると判断される場合には、安値を切り下げる動きが続いている間は「買わない」に限ります。これは、より有利に買える時期に向けて、日経平均株価がまい進している状況ですから、安易に買ったりせずに、株価の動向をよく注意してウォッチしておくべき局面です。

長期保有を見据えた日経平均株価の絶好の買い時は、その後にやってきます。すなわち、下降トレンドが上昇トレンドに転換する前の大底局面です。

時間と資金を分散させる「大底圏狙い」の買い

「大底局面で買うのが長期的に見て最も有利だ」ということは、あまりに当たり前すぎる話ですが、これを実践するのは容易なことではありません。株価の天井や大底は、後々の値動きによってでしか判定できないからです。

日々の日経平均株価の動きを見ていれば、「いま下降トレンドの途中にある」ということはわかります。しかし、いつ下げ止まるのかはわかりません。過去の最高値からだいぶ株価が下がっていて、しかも、安値の更新も止まったかに見えても、それは下降トレンドの小休止状態で、しばらくすると下降トレンドが再開することもあります。この場合、安値の更新が止まって「大底だ」と判断して買えば、結果的に、将来から見てまったく有利でない値段だった、ともなりかねません。

こうした買うタイミングのリスクを減らす有効な手立てとなるのは、資金と時間を分散させて買うことです。第一弾を買った後、しばらく時間をおいて第二弾、さらに第三弾、という買い方で、これならば、第一弾の後に株価が下がっても、第二弾、第三弾によって平均の買い単価を下げることができます。

図2-3-3　定額買付のほうが定数買付よりも平均買付単価は有利になる

	株価	20,000	21,000	19,500	18,500	19,200	19,700	<累計>
1万円ずつ定額買付	買付額	10,000	10,000	10,000	10,000	10,000	10,000	60,000
	買付口数	0.500	0.476	0.513	0.541	0.521	0.508	3.058
							平均買付単価＝	19,621
1口ずつ定数買付	買付額	20,000	21,000	19,500	18,500	19,200	19,700	117,900
	買付口数	1	1	1	1	1	1	6
							平均買付単価＝	19,650

下降トレンドから上昇トレンドに転換するまでには時間を要すのが通常で、安値は更新しないまでも、二番底をつけたり、底割れするかのような動きを繰り返したり、〝底練り〟の動きが続くことが珍しくありません。そうした中で、資金と時間を分散させて日経平均連動型のＥＴＦを買い足していけば、いずれ日経平均株価が上昇トレンドに転換した暁には、何もしなくとも、資産額はどんどん増えていく状態が実現します。

この資金と時間の分散買いをより効果的にする方法としては、積立貯金のように、定期的に定額ずつ買っていくやり方があります。

定期的に買うことには、その時々の主観を排除し、大きなトレンドの方向に沿って買い付けを行う効果があります。さらに、買い付ける金額を定額にすることによって、株価が高いときには買う株数が少なく、株価が安いときには買う株数を多くするという調整が自動的に行われます。その結果、買う株数を固定して買う定数買付よりも、平均の買い単価は有利にすることができます。この手法は、ドルコスト平均法と呼ばれます。

長期スタンスの積立投資にも〝始め時〟がある

先にもふれたように、日経平均株価を定期・定額の積立方式で買っていく場合には、インデックス型ファンドのほうがＥＴＦよりもメリットがあります。自動積立サービスを提供する金融機関も多く、また、毎月の積立額が決まっていますから「年間いくら積み立てる」という資金的な計画が立てやすいのも便利な点です。加えて、分配金が自動的に再投資されるため、複利的に増やせる効果もあります。

ただし、ひとつ注意したいのは、積立投資ならばいつ買い始めてもいい、とまでは言えない点です。

図２ー３ー４は、日経平均株価を毎月末に１万円ずつ買ったと想定した場合に、平均の買い単価がどう変化するかをシミュレーションした例です。積み立てのスタートとして、前回の上昇トレンドの最

図2-3-4　「いつ始めるか」で積み立ての成果に差がつく

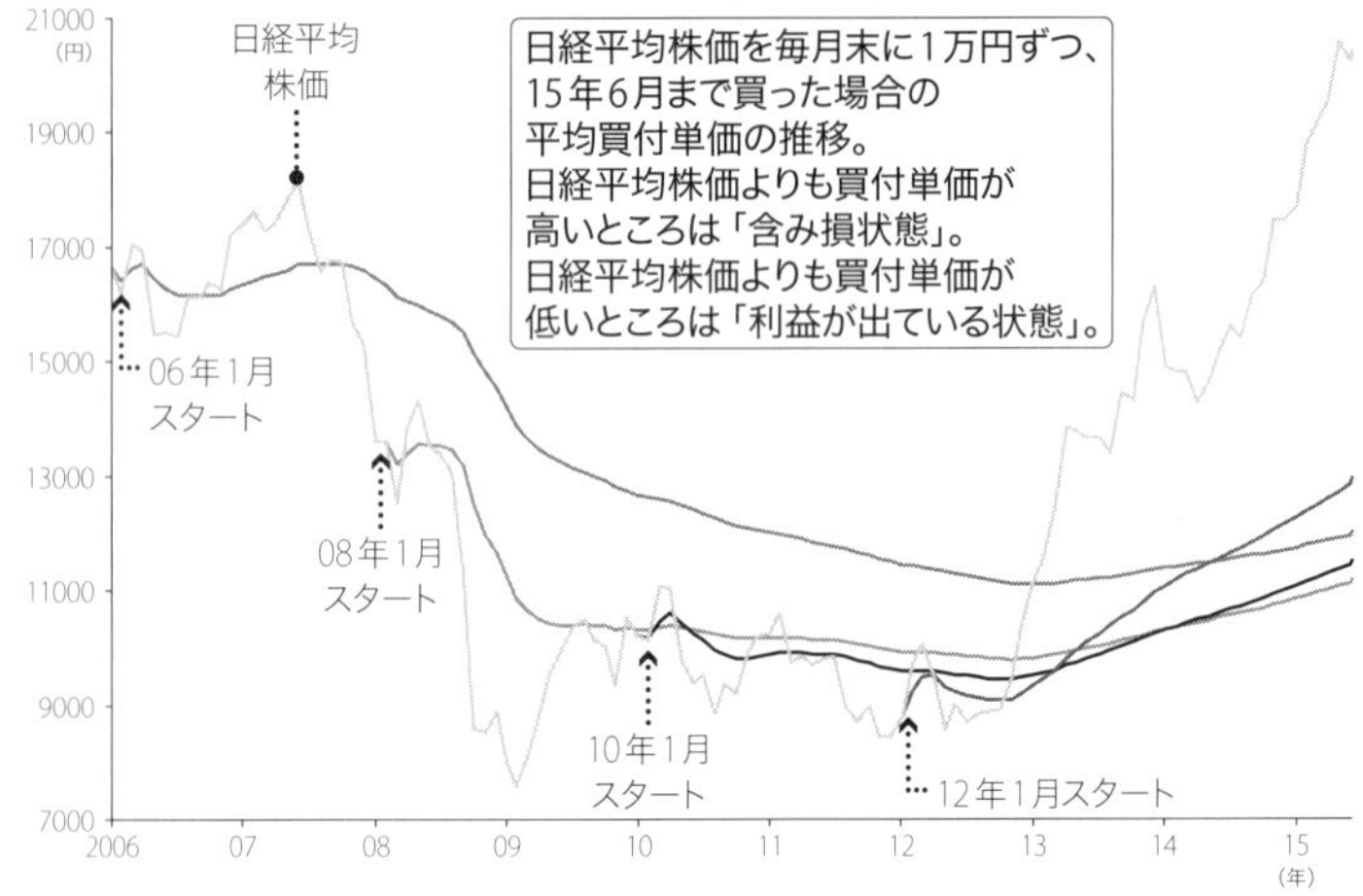

21000
(円)
19000
17000
15000
13000
11000
9000
7000
2006
07
08
09
10
11
12
13
14
15
(年)
日経平均
株価
日経平均株価を毎月末に1万円ずつ、
15年6月まで買った場合の
平均買付単価の推移。
日経平均株価よりも買付単価が
高いところは「含み損状態」。
日経平均株価よりも買付単価が
低いところは「利益が出ている状態」。
06年1月
スタート
08年1月
スタート
10年1月
スタート
12年1月スタート

終局面に近い06年1月、日経平均株価の急落が顕著だった08年1月、大底は打ったのではないかと目された10年1月、そして、久々に日経平均株価が強い上昇を見せた（結果としては短期間で終わりましたが）12年1月の4パターンを設定しています。

最もパフォーマンスが悪いのは、12年1月スタートです。これは、安値で買えた期間が短く、日経平均株価が上昇トレンドに転換して以降は買付単価が上昇し続けていることによります。「株価が高いときには買える株数が少なくなる」というのが定額買付のメリットではあるものの、上昇トレンドが継続している中では、買付単価は上昇し、買える株数も少なくなるという、資産を蓄積するうえでは有利とは言えない状況になってしまいます。

次にパフォーマンスが悪いのが06年1月スタートです。このパターンは、株価が下降トレンドになってから「安く、多くの株数」を買っているはずですが、高値圏で買った「少ない株数」の損失をカバーするのにかなり時間を要しています。

最もパフォーマンスがよいのは10年1月スタートのパターンですが、これは、〝底練り〟の期間が長かったことが大きいと見られます。先述したように、下降トレンドから上昇トレンドに転換するまでには時間を要するものですが、この09年から12年までの〝底練り〟期間は、通常考えられるよりも長いと見てよいでしょう。

この点を考慮すると、08年1月スタートのパターンが実践の選択肢として最も現実的と言えます。このパターンは、日経平均株価の上昇トレンドが下降トレンドに転換したことがほぼ確定した時期、最高値から5000円以上も日経平均株価が下がったところから積み立てを始めています。

このシミュレーション結果からわかることは、日経平均株価が上昇トレンドにある中では、積立投資の有効性が損なわれる可能性があること。逆から言えば、積立投資は、本来であれば投資にとって逆風の下降トレンドを有効活用できる手法だということです。そうすると、積立投資を始めるのであれば、上昇トレンドが下降トレンドに転換したことがはっきりしてからのほうがよい、という結論になります。

「今日、上昇トレンドが天井をつけて下降トレンドに転換した」ということはその時点ではわからなくとも、下降トレンドに転換して1年くらい経過すれば、「ここが天井で、現状は下降トレンドにある」ということはわかります。日経平均株価の積立投資は、その辺りを〝始め時〟と考えてはどうでしょうか。その時期から5年を想定すれば、日経平均株価が再び上昇トレンドに転換していることも期待できます。絶対に、とはもちろん言えませんが、少なくとも、下降トレンドに転換する前に、上昇トレンドの途中から積み立てを始めた場合より可能性が大きいのは確かです。

この〝始め時〟から少額投資非課税制度「NISA」口座で買っていれば、上昇トレンド転換後の利益は全部非課税になります。利益を出さなければ意味がない「ＮＩＳＡ」という制度を長期投資に活用するとすれば、こうした局面でこそ、です。

ＥＴＦを分散買いするなら「ミニ」も選択肢

日経平均連動型のＥＴＦも、自分でタイミングを見ながらその都度注文を出して買うのであれば、時間と資金を分散させる投資がもちろんできます。ただし、日経平均連動型ＥＴＦの最低取引金額は、概ね日経平均株価と同水準ですから、１回の買付額がよほど大きくない限り、インデックス型ファンドの自動積立投資のような定額買付はできません。

もし、定額買付のドルコスト平均法の効果を得たいのであれば、１口の価格が一桁低い「上場インデックスファンド日経２２５（ミニ）」（１５７８）が選択肢になります。

たとえば、積立額を「毎月２万円」とした場合、このＥＴＦの15年7月17日の終値１６６０円（日経平均株価の終値は２万６５０円）で買うとしたら12口。価格が１２００円ならば17口。１０００円のときには20口、といった具合に、その時々の価格に応じて買い付ける口数を調整することが可能です。

なお、このＥＴＦは流動性にやや難があるため、多少のまとまった注文が入っただけで場中に価格が極端な動きをすることがあります。その極端な値動きによって不利な約定になることがないよう、買う場合には、日本取引所グループのサイトで理論価格（インディカティブNAV）を確認したうえで指値を入れておくようにしてください。毎月1回買う計画であれば、買う日としては、月末や月初は株価が高いことも多いので、月の半ば、第3週目辺りがよいと思います。

§2-4

逆連動型、2倍逆連動・逆連動型ETFをどう使うか

日経平均株価のトレンドによる各ETFの値動きの違い

74ページで紹介したように、日経平均株価を対象とするETFには、ベーシックな連動型のほかに、日経平均株価の値動きに逆連動するタイプ、日経平均株価の値動きの2倍に連動・逆連動するタイプがあります。

理論上の価格で言うと、たとえば日経平均株価が3％上昇したとすると、逆連動型のETFの価格は3％下がり、2倍逆連動型ETFの価格は6％上がる、2倍逆連動型ETFの価格は6％下がる。反対に、日経平均株価が3％下落した場合には、逆連動型は3％上がり、2倍連動型は6％下がる、2倍逆連動型は6％上がることになります。

図2−4−1は、日経平均株価が638・95円（前日比3・14％安）の下落となった15

年7月8日の各ETFの価格の前日比上昇下落率です。若干ずれてはいますが、概ね理論通りの上昇下落率となっています。

この日に限らず、日々の価格の変化はほとんど理論通りなのですが、ある程度の期間をおいて見ると、たとえば、その間に日経平均株価が30%上昇していたら、逆連動型は30%値下がりしている、2倍連動型は60%上昇している、2倍逆連動型は60%下落している、とはなりません。

図2－4－2は、08年の年初の日経平均株価1万4691円を100として、その後15年7月14日までの日経平均株価の推移から、逆連動（日経平均株価の上昇下落率×（-1））、2倍連動（日経平均株価の上昇

図2-4-1　逆連動型、2倍連動・2倍逆連動型ETFの値動き

日経平均株価　15年7月8日終値：1万9737.64円（前日比-638.95円・▼3.14%）

【同日の各ETFの上昇下落率】

タイプ	銘柄名	前日比
逆連動型	日経平均インバース上場投信（1571）	3.16%
2倍連動型	日経平均レバレッジ上場投信（1570）	-5.91%
2倍逆連動型	日経ダブルインバース上場投信（1357）	5.95%

下落率×2）、2倍逆連動（日経平均株価の上昇下落率×（-2））を試算してみた結果です。

日経平均株価は13年5月10日に1万4608円と、ほぼスタート地点と同水準（当初の99・4）まで戻しましたが、それぞれの試算値は、逆連動＝65・7、2倍連動＝64・0、2倍逆連動＝28・1という水準までしか戻していません。

こうした結果になるのは、「株価が同じ上昇下落率で上げ下げを繰り返すと株価は下がる」という計算上のしくみによります。たとえば、100だった株価が5％上昇して105になったところで5％下落すると、株価は99・75と100よりも下がります。100だった株価が5％下落して95になったところで5％上

図2-4-2　日経平均株価から試算した各価格の推移
（08年1月4日～15年7月14日）

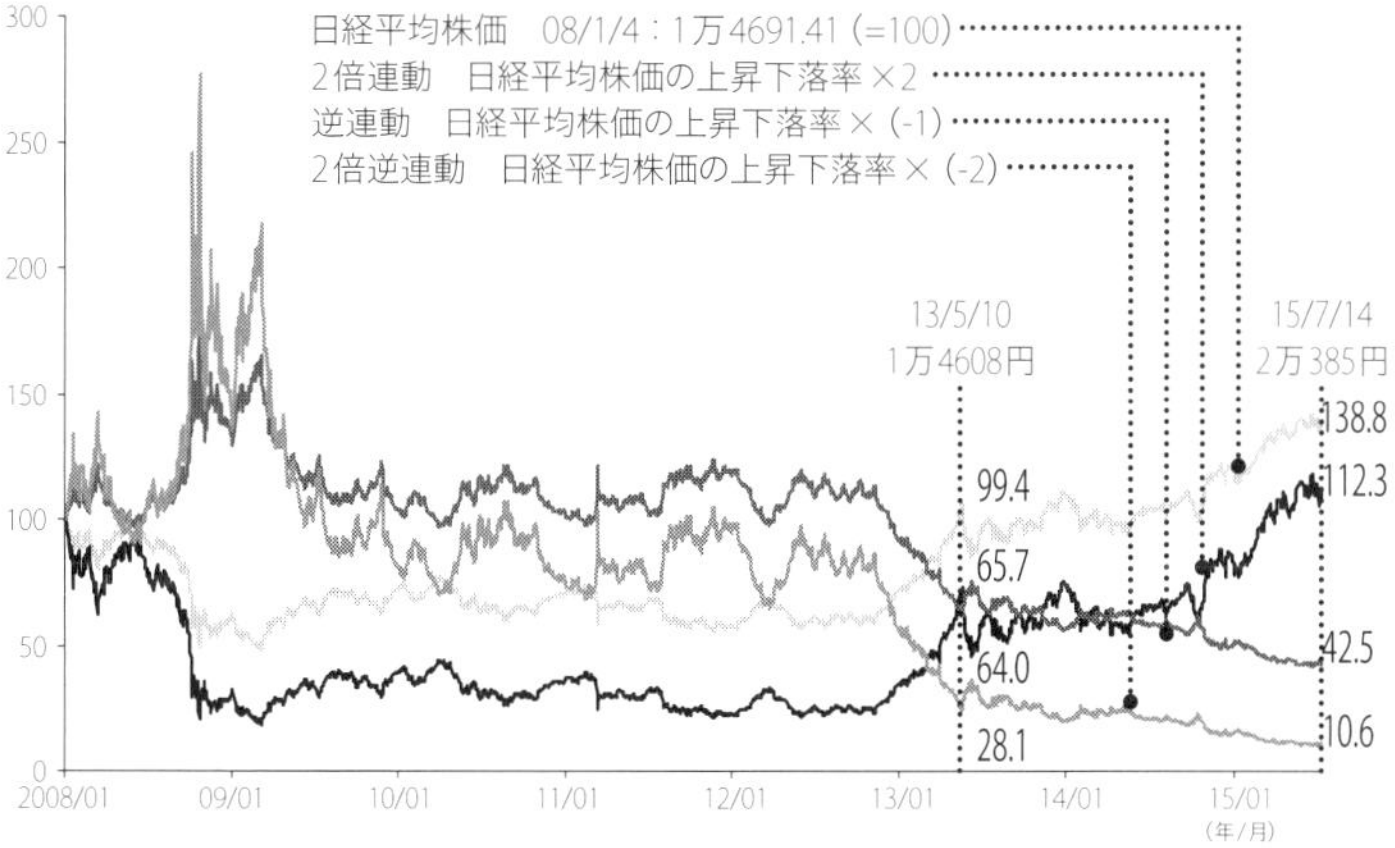

昇しても、やはり99・75で、100には戻りません。つまり、日々の上昇下落率からすれば理論通りでも、ある程度の期間を通じて捉えた場合には、その期間中の上昇率合計が下落率合計よりも上回っていなければ、もとの株価には戻らないということです。

日経平均株価が上昇トレンドにあるときには、上昇率合計は下落率合計を上回り、下降トレンドにあるときには、下落率合計が上昇率合計を上回ります。逆連動型の値動きは、その逆になりますから、日経平均株価が下降トレンドにあるときには上昇率合計が下落率合計を上回ることになります。そのため、日経平均株価が上昇トレンドに転換する12年11月より前の時点では、日経平均株価が当初の水準まで戻っていないのに、試算値は100から120の間で推移しています。

ところが、12年11月以降、日経平均株価が強い上昇トレンドになった後は、逆連動型の値動きは、下落率合計が上昇率合計を大きく上回ることになります。その結果が、日経平均株価が当初の水準まで戻ったとき、「65・7までしか戻っていない」という状態です。

上げ下げを繰り返すと価格が劣化していく2倍型

2倍連動型が、12年11月以降の強い上昇トレンドの後に、なぜ「64・0」までしか戻っていないのかというと、これは、その前に株価が上げ下げを繰り返しながら弱いトレンドを続けていた時期に大きな原因があります。

たとえば、日経平均株価が10％下落した場合、11・11％上昇すればもとの株価に戻りますが、値動きが2倍の大きさで連動すると、20％値下がりした価格は、25％値上がりしなければもとには戻りません。日経平均株価が11・11％上昇した場合、2倍連動型の上昇率は22・22％ですから、100には戻らないのです。これが繰り返されると、価格は劣化していくことになります。

12年11月以降は、強い上昇トレンドに転換したのを反映して試算値も急上昇してはいますが、日経平均株価がもとの水準まで戻った時点では、まだ、12年11月以前までのダメージを回復するには至らなかった、ということです。

その後、上昇トレンドが加速した14年10月以降、2倍連動型の試算値は日経平均株価の値に近づいていっています。このような強い上昇局面になると、2倍連動型の価格の伸び方が顕著に現れます。

一方、2倍逆連動型も上げ下げの繰り返しで価格が劣化する点は同じです。さらに、日経平均株価が強い上昇トレンドに転換すれば、2倍逆連動の価格の下落率合計が上昇率合計を大幅に上回る状況になります。よって、日経平均株価がもとの100の水準に戻ったときには、28・1になってしまっています。さらに、その後も上昇トレンドが継続したことから、15年7月14日時点の試算値は、実に10・6という水準です。

2倍型は一方的な方向の値動きが続いた場合に威力を発揮する

2倍型が上げ下げの繰り返しに弱いというのは、長期的な話に限りません。

図2―4―3は、日経平均株価が1万4608円だった13年5月10日を100として、株価が上げ下げを繰り返していた14年10月17日までの各試算値の推移です。この最終地点の日経平均株価は1万4532・50円と、スタート地点とほぼ同水準（99・49）ですが、2倍連動型の試算値は91・38、2倍逆連動型の試算値は80・12となっています。2倍逆連動型のほうがより低い水準になっているのは、14年5月後半から9月末にかけて、日経平均株価が上げ下げを繰り返しながらも方向性としては上向きだった、すなわち、2倍逆連動の価格で言えば、下落率合計が上昇率合計を上回る状況になっていたことが響いていると見られます。

こうした逆連動・2倍連動・2倍逆連動の価格の動きの性格を考えると、それぞれのETFの特性が活かされるのは、日経平均株価がどんな状況にあるときかがわかります。

まず、逆連動型の特性が活かされるのは、言うまでもなく、日経平均株価が下降トレンドになっている局面です。下降トレンドの途中で上げ下げを繰り返す動きになっても、価格の劣化を心配する必要はまずありません。

他方、上げ下げの動きに弱い2倍型が得意とするのは、一方向の強い動きが出た局面です。

図2-4-3の期間で言うと、たとえば13年5月22日から6月13日まで、日経平均株価は20%以上もの下落となっています。この間、2倍逆連動型の試算値の上昇率は48・9%と、日経平均株価そのものの上昇率の2倍以上です。

逆に、一方向の強い上昇局面では、2

図2-4-3　比較的短い期間でも、2倍連動・逆連動の「上げ下げに弱い」欠点が出る
（13年5月10日〜14年10月17日）

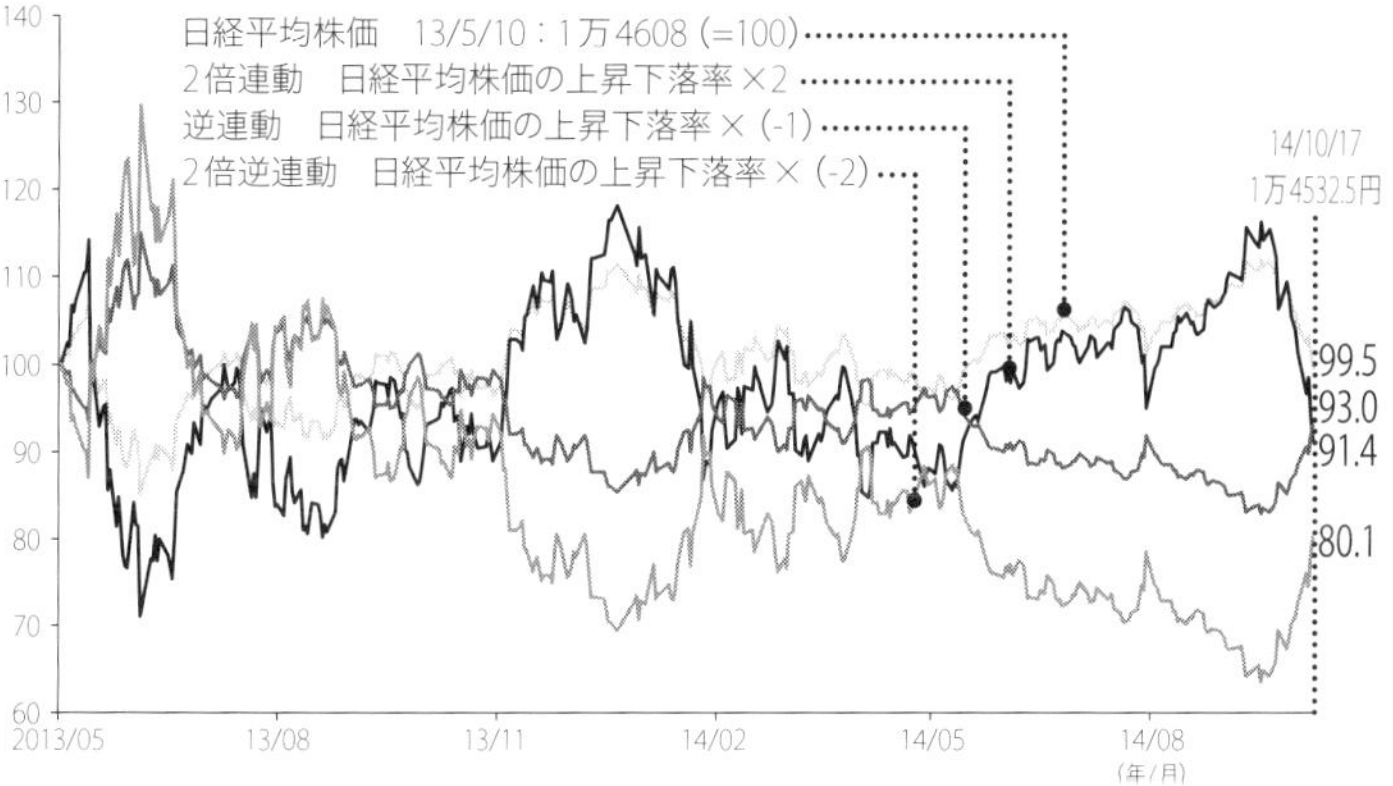

倍連動型が日経平均株価の2倍以上の値動きとなることが期待できます。

図2－4－4は、14年10月17日から15年5月29日までの日経平均株価と、逆連動および2倍連動・2倍逆連動の試算値の推移です。日銀が〝サプライズ〟の追加緩和策を発表したのを機に、日経平均株価はこの間41・5％の上昇となっていますが、2倍連動型の試算値は96・23％の上昇です。実際、2倍連動型の日経平均レバレッジ上場投信（1570）の価格を見ると、10月17日の終値が9250円、5月29日の終値は1万8230円で、この間の上昇率は97・08％と、確かに、理論値に近い値上がりとなっています。

このように、日経平均株価の一方的な

図2-4-4　一方的な上昇・下落が継続すると「2倍型」は2倍以上の威力を発揮

（14年10月17日～15年5月29日）

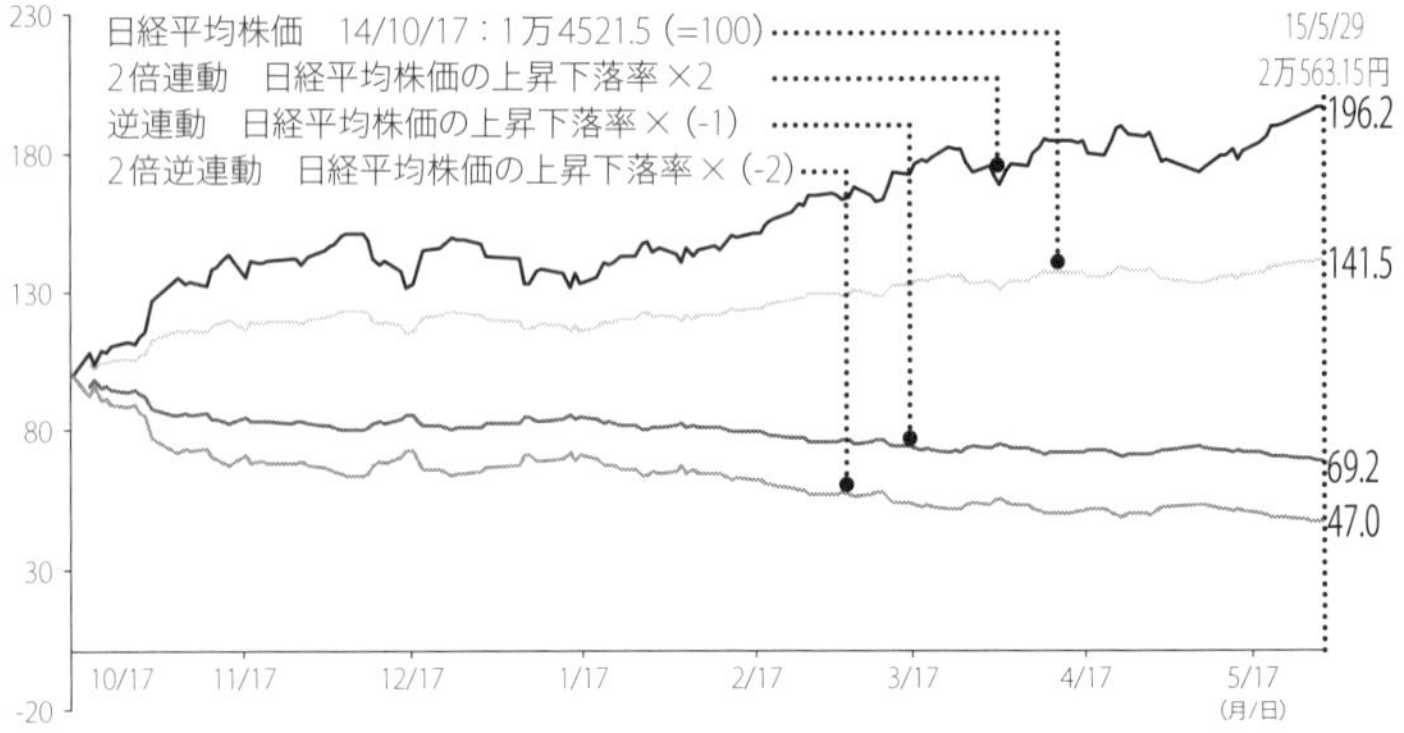

上昇・下降が「継続する」という点が、2倍型ＥＴＦを活用するうえでの非常に大きなポイントです。一方的な「継続」の後に、株価が上げ下げする状況になると、価格が劣化する要因になってしまいます。よって、2倍型は、一方向の強い動きが継続する短期間の勝負に向いています。

価格が劣化するという性質を踏まえるならば、たとえば、日経平均株価が上げ下げをしながらも方向性としては上向きに推移する局面では、2倍逆連動型ＥＴＦを信用取引で売る（空売り）する方法が考えられます。日経平均株価が上向きに推移することも、上げ下げを繰り返すこともＥＴＦの価格を下げる要因ですから、「売り」にとってはプラスです。

逆に、日経平均株価が上げ下げを繰り返しながらも、方向性としては下向きに推移する軟調な局面であれば、2倍連動型を信用取引で売る策が使えます。

なお、信用取引では、「買い」には金利、「売り」には貸し株料という、現物取引にはないコストが日々かかります。また、信用売りの残高が増加した場合には、「売り」に逆日歩というコストが発生することもあります。そのほか、ポジションを1か月継続しているごとにかかる管理料や、権利付き売買最終日をはさんでポジションを持っていた場合に一口ごとにかかる権利処理手数料といったコストもあります。コストが嵩んで利益激減、とならないよう、十分に注意してください。

APPENDIX
1

日経平均先物・ミニ先物で「日本市場全体」を売買する

日経平均株価を売買する方法としては、日経平均連動型ＥＴＦのほかに、日経平均先物と、その10分の1サイズの取引ができる日経平均ミニ先物という選択肢があります。中長期的な投資には向きませんが、比較的短期の売買ならば、ＥＴＦよりも便利な点がいろいろあります。

第1章でもふれたように、日経平均先物市場は、日経平均株価に、さらには日本株市場全体に大きな影響力を持っています。その意味で言えば、日経平均先物取引こそが、日本市場全体の売買だと言うこともできます。

また、実際に取引をしなくとも、日本株に関わる売買をするうえで、今日、日経平均先物取引についての理解は必要不可欠です。

ここで、「基本の『き』」の概要だけですが、まとめて紹介しておきましょう。

証拠金は取引金額の5％程度、レバレッジは20倍

日経平均先物とは、予め決めた期日に、日経平均株価を、いま取引している価格で「買い取る」「売り渡す」約束だけをしておく取引です。

期日は、毎年3月・6月・9月・12月の第2金曜日で、これらの月を「限月」といい、各限月の先物が、株式市場の個別銘柄のように、それぞれ取引されています。銘柄名は、たとえば15年9月を限月とする日経平均先物ならば「15年9月限（ぎり）」という言い方をします。その時点で、最も早く期日が到来する限月の先物は「期近物」、それ以降の限月の先物は「期先物」と呼ばれます。

取引は「枚」単位で行われます。1枚の取引金額は「先物価格×１０００」。先物価格が2万円のときに1枚買ったとすると、「期日に、日経平均株価を１０００単位、２０００万円で買い取る」という約束をしたことになります。

２０００万円とはいかにも大きい金額ですが、先物を取引した時点では、買い取る・売り渡す約束をしただけで、現金の受け渡しはありません。取引をする際に必要となる資金は、取引する枚数に応じた証拠金と、売買手数料のみです。

必要証拠金額は、日本証券クリアリング機構が採用する「ＳＰＡＮ証拠金」に、各証券会社が設定する掛け目を掛けた金額になります。たとえば、15年7月24日ま

でのSPAN証拠金は1枚あたり81万円。証券会社が設定する掛け目が1・1ならば、先物を1枚売買するときに必要な証拠金は89万1000円です。先物価格が2万円の場合、取引金額は2000万円ですから、レバレッジ効果は20倍以上です。

ミニ先物は、1枚の取引金額が10分の1の「ミニ先物価格×100」。ミニ先物価格が2万円ならば、取引金額は200万円となります。必要証拠金額も、やはり10分の1で、SPAN証拠金が81万円、証券会社の掛け目が1・1ならば、1枚取引をする際に必要と

図2-5-1　日経平均先物とミニ先物

	日経平均先物	日経平均ミニ先物
取引金額	価格×1000	価格×100
呼値	10円	5円
SPAN証拠金 (15年7月24日時点)	810000円	81000円
決済の方法	期日前日大引けまでの反対売買 または、期日の清算値との差金決済	
取引時間	●日中立合：9：00~15：15 ●夜間立合：16：30~翌3：00	

なる証拠金額は8万9100円です。(ミニ先物の限月は毎月（期日は第2金曜日）です)

日経平均先物・ミニ先物の取引を始めるにあたっては、まず、先物・オプション専用の口座を開設する必要があります。ネット証券ならば、口座開設の申し込みはすべて画面上で行うことができます。申し込んだ後、証券会社内の審査をクリアすれば、口座が開設されます。証拠金は、実際に売買をするときに必要額以上が口座に入っていればOKです。

期日前の反対売買、または、期日の清算値で決済する

日経平均先物・ミニ先物の売買の仕方は、株の売買注文とほとんど変わりません。「限月」を選んで「買う」「売る」を指定し、売買する枚数、指値か成行か、指値ならば売買したい価格を入力して注文を出します。

注文が約定した後は、期日前日の大引けまで、市場で反対売買をして決済し、取引を終了させることができます。先物を買った人は、価格が値上がりしたところで売却すれば差額分が利益、先物を売った人は、価格が値下がりしたところで買い戻せば差額分が利益です。これもまた、株の売買と同じような感覚ですが、先物は「約束」だけの取引で、株のように有価証券の現物と現金の受け渡しはなされませ

ん。決済は、買値と売値の差額のやり取りだけを行う差金決済となります。

期日の前日までに反対売買で決済しなかった場合は、期日の日経平均採用２２５銘柄の始値をもとに算出される特別清算指数（ＳＱ値）と、売買した先物価格との差額によって決済します。

期日の特別清算指数が先物を売買した価格よりも高ければ、先物を買った人は差額分を利益として受け取る、先物を売った人は、差額の損失分を支払います。たとえば、期日の特別清算指数が２万３５０円の場合、先物を２万円で１

図2-5-2　日経平均先物のしくみ

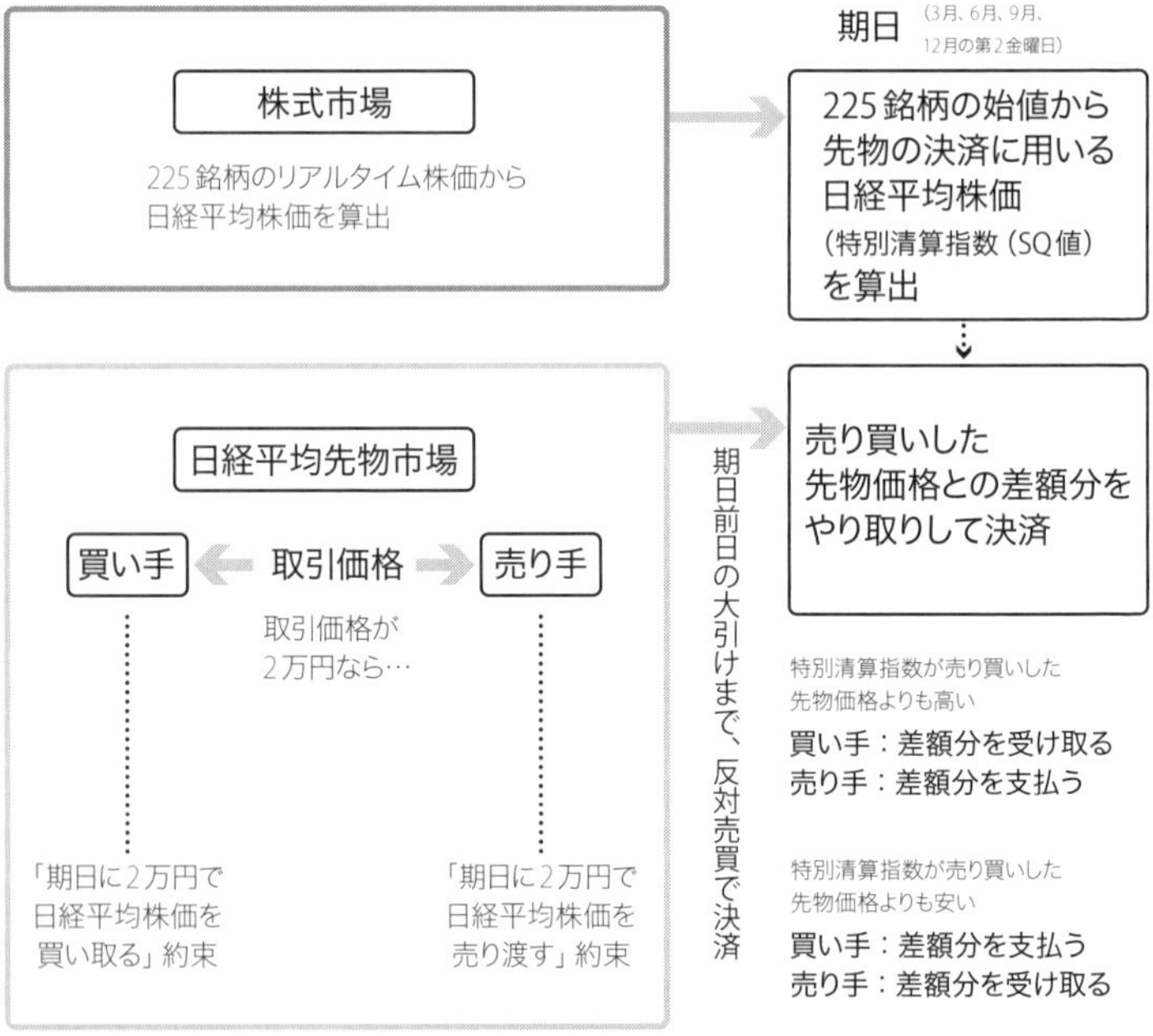
株式市場
225銘柄のリアルタイム株価から
日経平均株価を算出
期日
(3月、6月、9月、
12月の第2金曜日)
225銘柄の始値から
先物の決済に用いる
日経平均株価
(特別清算指数(SQ値)
を算出
日経平均先物市場
買い手
取引価格
売り手
取引価格が
2万円なら…
「期日に2万円で
日経平均株価を
買い取る」約束
「期日に2万円で
日経平均株価を
売り渡す」約束
期日前日の大引けまで、反対売買で決済
売り買いした
先物価格との差額分を
やり取りして決済
特別清算指数が売り買いした
先物価格よりも高い
買い手：差額分を受け取る
売り手：差額分を支払う
特別清算指数が売り買いした
先物価格よりも安い
買い手：差額分を支払う
売り手：差額分を受け取る

枚買った人は「350円×1000」で35万円の利益を受け取る。先物を2万円で1枚売った人は、同額の損失で35万円支払うといった具合です。

逆に、期日の特別清算指数が先物を売買した価格よりも安ければ、先物を買った人は損失分を支払い、先物を売った人は利益分を受け取ります。

レバレッジのほかにもある日経平均先物のメリット

日経平均先物・ミニ先物は、期日が決まっていることを除けば、日経平均連動型ETFを信用取引で売買するのと意味としては大きな違いはありません。前章でも述べたように、最低取引金額の大きさでは、日経平均連動型ETFのほうが売買しやすいと言えますが、その一方で、日経平均先物・ミニ先物にはETFを上回る利点もあります。

そのひとつは、必要証拠金に対する取引金額の大きさ、レバレッジ効果です。ETFを含め、個別銘柄の信用取引では、取引可能額は差し入れた委託保証金の約3倍までですが、先物・ミニ先物は、先述のとおり、証拠金額の20倍もの大きさの取引ができます（証拠金額はその時々の市場動向によって見直されます。証拠金額が引き上げられると、レバレッジの倍率は低下します）。

また、信用取引では、決済するまでの間、金利や貸し株料などのコストがかかりますが、先物・ミニ先物ではそうしたコストも発生しません。

売買手数料も、取引金額からすれば格安と言ってもよいでしょう。証券会社によっても異なりますが、ネット証券の場合、日経平均先物は1枚あたり300～500円程度、ミニ先物は1枚あたり40～50円程度というのが相場のようです。

加えて、株式市場が引けた後、16時30分から翌3時までの夜間立合（ナイト・セッション）で売買することができます。欧米市場で大きな動きがあったときに備えて、とりあえず口座だけ開設しておくのも悪くありません（取引をしなければ、証拠金を入れる必要もありません）。

高レバレッジであるがゆえの要注意ポイント

「先物取引」というと、特殊な取引のようなイメージがあるかもしれませんが、実際に売買してみると、株と大して変わらない、意外と簡単、という印象を持つのではないかと思います。

ただ、まずもって肝に銘じておきたいのは、先物が一方向に、極めて早く、大きく動く事態が起きる可能性があることです。先物価格が前日比で500円、600

円上昇・下落することは、あっても不思議ではない、と考えておいてください。

日経平均先物が500円動けば、1枚あたり「500円×1000」で50万円損益が動きます。10分の1サイズのミニ先物でも、損益は5万円変動します。

それによって評価損が出た場合には、差し入れている証拠金からその評価損分がマイナスされます。その結果、必要証拠金額に不足が生じた場合には、各証券会社が設定している期限（「翌営業日の11時30分」など）までに反対売買をして損失確定するか、ポジションを持ち続けたければ期限までに追加で証拠金を差し入れなければなりません。どちらもしなかった場合には、証券会社が強制的に反対売買を行って決済されます（強制決済の場合、非常に高い手数料を取られます）。

たとえば、証拠金として20万円を入れて、ミニ先物を1枚買ったとします。必要証拠金が9万円とすると、11万円以上の評価損が出ると証拠金不足となります。11万円の損失が出るのは、先物価格が1100円下がった場合です。先物価格が2万円とすれば5・5%の下落ですから、2、3日もあれば、あっておかしくない動きでしょう。

また、必要証拠金額のもとになるSPAN証拠金は、市場の変動状況によって毎週見直しが行われ、翌週適用する証拠金額が公表されます。状況によっては、週の途中でも翌週適用予定の証拠金額が変更されることもあります。証拠金額が引き上げられて、すでに差し入れてある証拠金で不足する場合には、新たな証拠金額が適用される前に反対売買で手仕舞うか、もしくは、やはり追加で証拠金を差し入れなければなりません。

第1章でも述べたように、高速取引による市場参加者の存在感は着実に増していきます。動き始めると、あっという間もなく評価損が拡大することにもなりかねません。そうした動きが激しくなる局面では、証拠金が大幅に引き上げられる可能性もあります。

当初は「数万円証拠金を追加で入れておけば何とかなるだろう」と思っていたところが、一方向の動きが激しさを増し、想像をはるかに超えた評価損になってしまうこともないとは言えません。取引金額が大きいだけに、損益管理には株の売買以上に細心の注意を払うことが鉄則です。

第3章

「日経平均株価」を使った個別株売買のアイデア

§3-1

日経平均株価の動きを個別銘柄の売買出動の判断に使う

日経平均株価の中トレンドが下降局面なら大抵の個別銘柄もダメ

株で収益をあげたい人の中には、「日経平均株価」も悪くはないけど、やはり個別銘柄の売買に興味がある、という人もいると思います。あるいは、日経平均株価連動型のETFを核にするとして、プラスαの個別銘柄をどう売買するかが気になる人もいるでしょう。

第1章で述べたように、大抵の個別銘柄は市場全体の影響を受けます。ですから、個別銘柄の売買でも、市場全体の動向を意識することは不可欠ですし、さらには、市場全体の動きを個別銘柄の売買タイミングを捉える指標として活用することもできます。この「個別銘柄の売買に活用する」というのが、日経平均株価で収益をあげる方法の2つ目です。

個別銘柄の売買に日経平均株価を活用する最も基本的な方法は、足元の日経平均株価が上下どちらの方向に動いているかによって、買い出動する・しないを判断するやり方です。

たとえば、**図3－1－1**のように、日経平均株価は12年11月から上昇トレンドにあり、15年7月時点までそのトレンドは継続しています。とはいえ、この間、延々と値上がりを続けたわけではありません。この上昇トレンドは、より期間の短い中小の上昇トレンド・下降トレンドの重ね合わせによって構成されています。その中に、3週間から6週間程度、大きく下げている局面が3回出現しています。13年5月23日から6月13日まで、14年1月初めから2月4日まで、そして、14年9月26日から10月17日までです。

図3-1-1　上昇トレンドの中にある数週間続く「中トレンドの下降局面」
（日経平均株価：12年11月～15年7月7日）

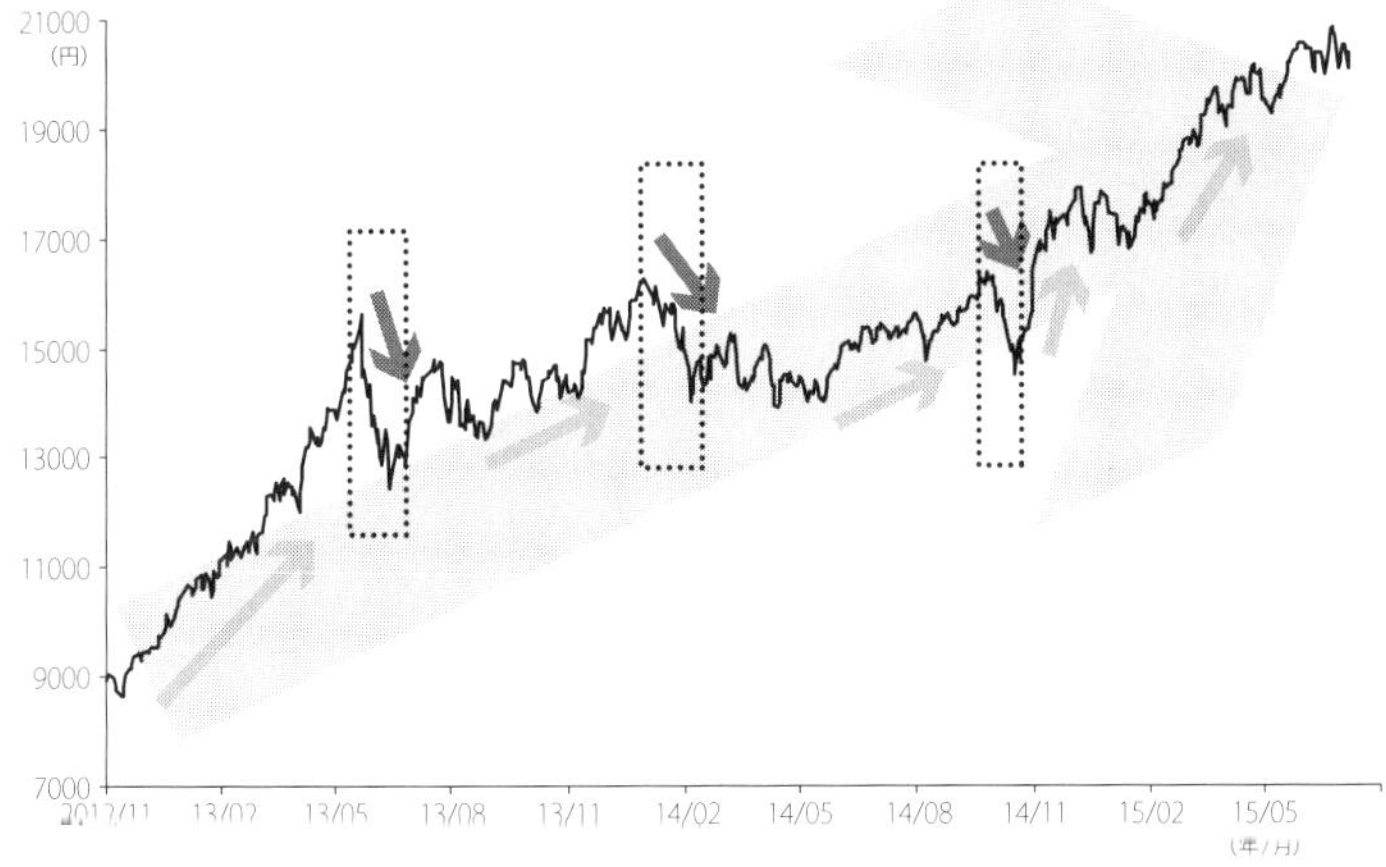

日経平均株価がこのような状況にある局面（これを、「中トレンドの下降局面」と呼ぶことにします）では、大方の銘柄も下落を余儀なくされるのが通常です。

この3回の下降局面のうち、上昇軌道に戻るまでに最も時間を要した14年1月からの動きをクローズアップしてみましょう（**図3－1－2**）。

日経平均株価は2月4日にいったん下げ止まって反転していますが、上値は伸びずに再度反落。以後、上値・下値を切り下げて、4月半ばには1万4000円割れの水準まで落ちています。そのあとも、上がったかと思えば下がる弱い動きが1か月以上続き、ようやく5月21日を境に上値を切り上げる動きに転換してい

図3-1-2　本格反転上昇の兆しが出るまでに約6か月を要した
（日経平均株価：日足14年1月〜6月30日）

16500
(円)
16000
15500
15000
14500
14000
13500
2014/1/6
14/2/10
14/3/17
14/5/28
(年/月/日)
3月7日をピークに
再び大きく下落
上値は
伸びずに
再下落
上値はさらに
切り下がる
2月4日
下げ止まって反転上昇
ムードになるが…
前回の安値より
上で止まって
再び上昇するが…
4月11日
2月4日の安値を若干
下回って再上昇したが…
5月21日
ようやく本格反転の
兆しが現れる

図3-1-3　そのとき個別銘柄も惨憺たる状況に
（14年1月～6月30日）

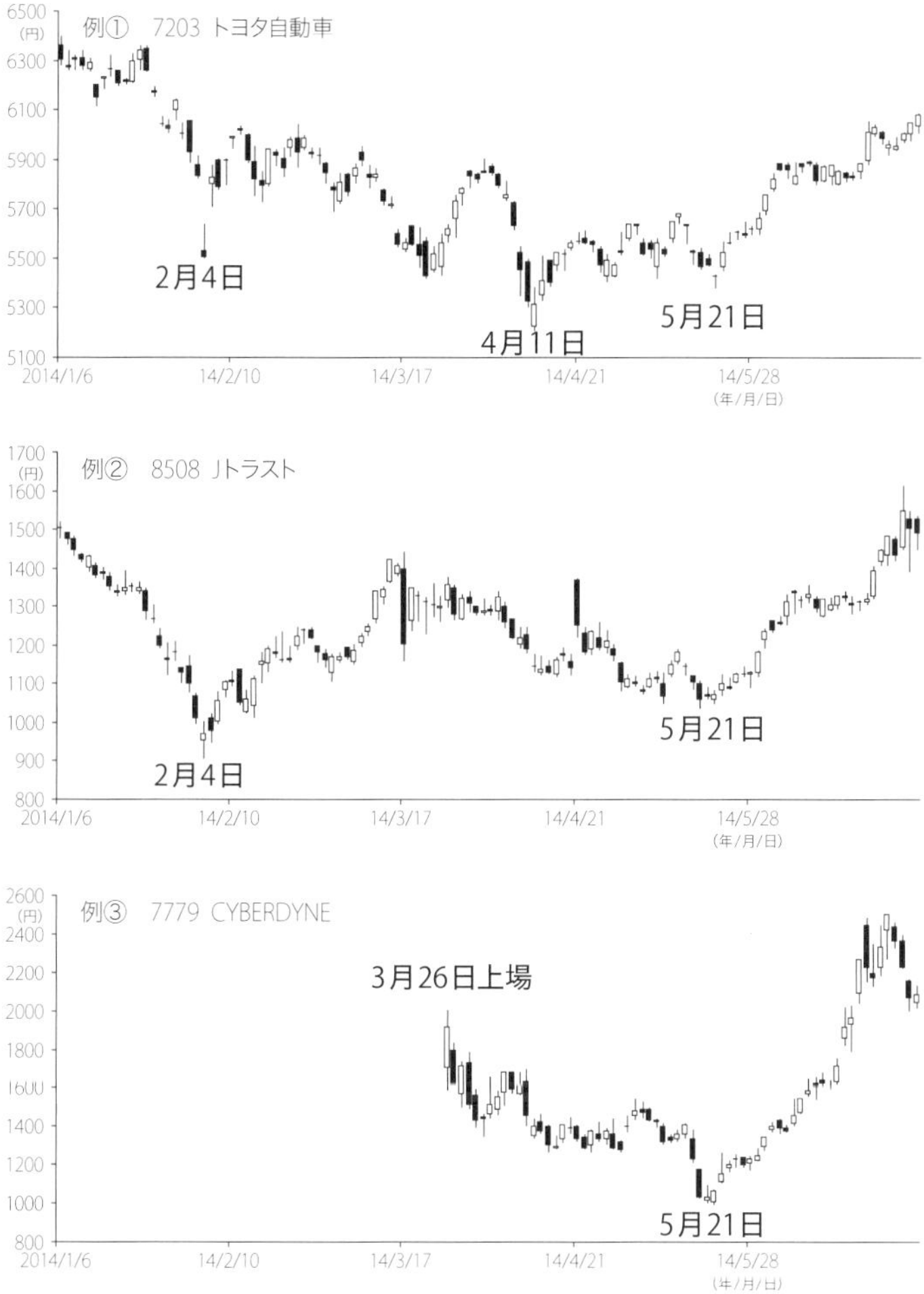

ます。

図3－1－3①②③はこの時期の個別株の例です。東証1部、2部、および新興市場の中から時価総額と1日平均の売買代金の大きさから選んだ3銘柄ですが、225採用銘柄で寄与度も高いトヨタ自動車（7203）はもちろんのこと、3月に新規上場したCYBERDYNE（7779）でさえも、軟調な市場全体に抗しきれずに低迷、日経平均株価と同じ5月21日からようやく反転上昇する動きになっています。

個別銘柄の〝買いシグナル〟よりも日経平均株価の中トレンドを優先する

個別銘柄を買うタイミングの捉え方としては、株価チャートの解説書などに「買いシグナル」と称される値動きのパターンがいろいろ紹介されています。しかし、市場全体の中トレンドが下降局面にあるさなかでは、仮に、注目している銘柄に買いシグナルの動きが出たとしても、市場全体に引きずられて裏切られる可能性が高いと見たほうがよいでしょう。

とくに、好調に高値を更新してきた日経平均株価が強烈に下落したときは注意を要します。それまで買おうと思っても株価が上がりっぱなしでなかなか買えなかったともなれば、その強烈な下落は「絶好の押し目」に見えるかもしれません。その可能性もないわけではありませんが、その後数週間続く中トレンドの下降局面の始まりかもしれませんし、最悪の場合、大きな上昇トレンドが下降トレンドに大転換した初期段階の可能性もあります。

この3つのシナリオのうちどれになるか、もちろんその時点ではわかりません。ですから、たとえば下落の下値となるだろうと予測される株価水準に指値を入れて、〝絶好の押し目〟を狙うやり方もあって悪くありません。実際、中トレンド（あるいは大トレンドでも）の下落局面の最終段階では「日経平均株価は強烈な下げが続いているのに、大方の個別銘柄はもうさほど下がらなくなっている」という現象が起きることがあります。この日経平均株価と市場全体の地合いとの乖離現象については第4章で改めて取り上げますが、この場合、〝絶好の押し目〟を狙う買い方は奏功するでしょう。ただ、それが本当に下落の最終段階なのかどうかは、事前には誰にも断定できません。そこで下げ止まらないことも想定し、その場合には潔く損失処理する覚悟が必要です。

もし、期待したとおりの「絶好の押し目」となったとすれば、それは市場全体の地合いが強かったから、という結果論にすぎません。大きく下げたところで買うことは、リスクの大きい、賭けの要素が強い買い方です。それが結果としてうまくいったとしても、自分の買い方は正しい、下落したときこそ買いなのだ、などと自信を深めたりはせず、市場全体の強さのお陰で助かった、と謙虚に受け止めたいところです。

手堅い方法を採るならば、やはり、日経平均株価の下げ止まりを確認してから買い出動するに限ります。数年単位の大きなトレンドの大底形成と同じように、中トレンドの下降局面からの反転もスパッとV字型にはならないケースが多く観測されます。市場全体を驚かす極めて強い材料が出れば別ですが、多くは、いったん下げ止まって上昇しても上値は伸びずに再度下落する、といった動きがしばらく続きます。そうした動きの後、それまでの懸念材料が払拭されて強い上昇となったところが、個別銘柄の買い出動を判断する目安になります。

§3-2

個別銘柄の売買シグナルとしての日経平均株価

日経平均株価が上がると翌日値上がりしやすい銘柄

日経平均株価や日経平均先物、あるいは日経平均連動型ETFと、個別銘柄の株価データを調べてみると、「日経平均株価がこういう値動きをしたときには、その銘柄は上昇する傾向がある」「日経平均株価がこういう値動きをすると、その銘柄は値下がりする傾向がある」という、日経平均株価と個別銘柄の値動きとの間に何らかの関係が確認されることがあります。その値動きの関係は、個別銘柄の売買出動のタイミングをより具体的に捉える、売買シグナルとして使うことが可能です。

たとえば、**図3－2－1①②**は、三菱ケミカルホールディングス（4188）とハイレックスコーポレーション（7279）について、「日経225連動ETF（日経225連動投信 1

図3-2-1　日経225連動ETFの値動きを売買シグナルにする
（データ期間：11年4月1日～15年7月31日）

日経225連動ETFが前日比上昇＝買い
日経225連動ETFが前日比下落＝売り

売買想定価格はその日の終値
いずれも翌日大引けに手仕舞い

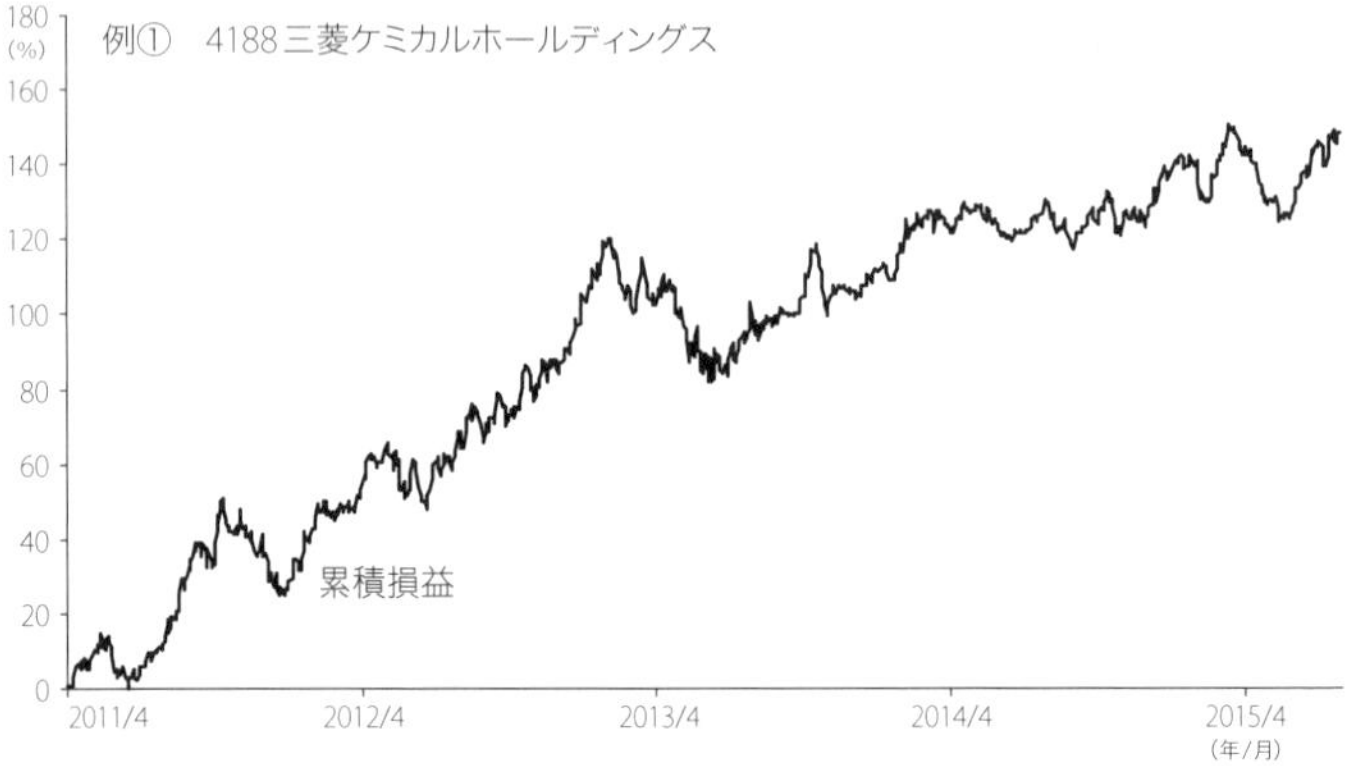

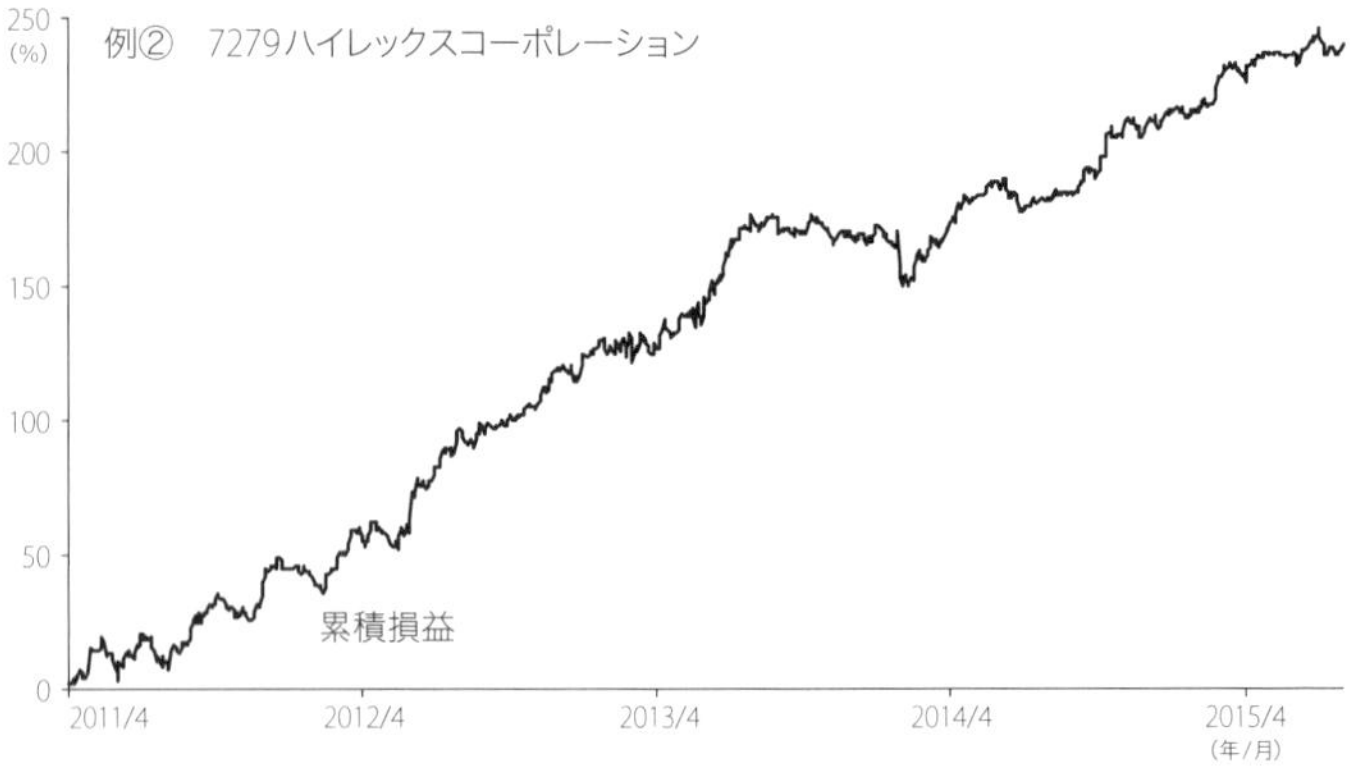

321）が前日比上昇ならば、その銘柄をその日の大引けで買う」「日経225連動ETFが前日比下落ならば、その銘柄をその日の大引けで売る（空売りする）」（いずれも、翌日大引けで手仕舞う）という想定売買を検証した結果です。どちらも累積損益のグラフは右肩上がりを描いています。ここではETFのデータを使っていますが、日経平均株価でも日経平均先物でも、やはり同じような右肩上がりになります。つまり、これらの銘柄は、日経平均株価が値上がりした翌日に値上がりしやすい、日経平均株価が値下がりした翌日は値下がりしやすい、という傾向があるということです。

こうした傾向が確認される銘柄であれば、「買うならば、日経平均株価が値上がりした日のほうがよい」「売るならば、日経平均株価が値下がりした日のほうがよい」という、売買シグナルにすることができます。

トレンドは同方向でありながら日経平均株価と逆に動きやすい銘柄も

日経平均株価と先の2銘柄の株価の推移を比べると、トレンドは同方向になっています。「それなら、『日経平均株価が上がったら、これらの銘柄も上がりやすい』のは当然だろう」と思うかもしれません。

図3-2-2　株価のトレンドは確かに沿っている

（データ期間：11年4月～15年7月31日）

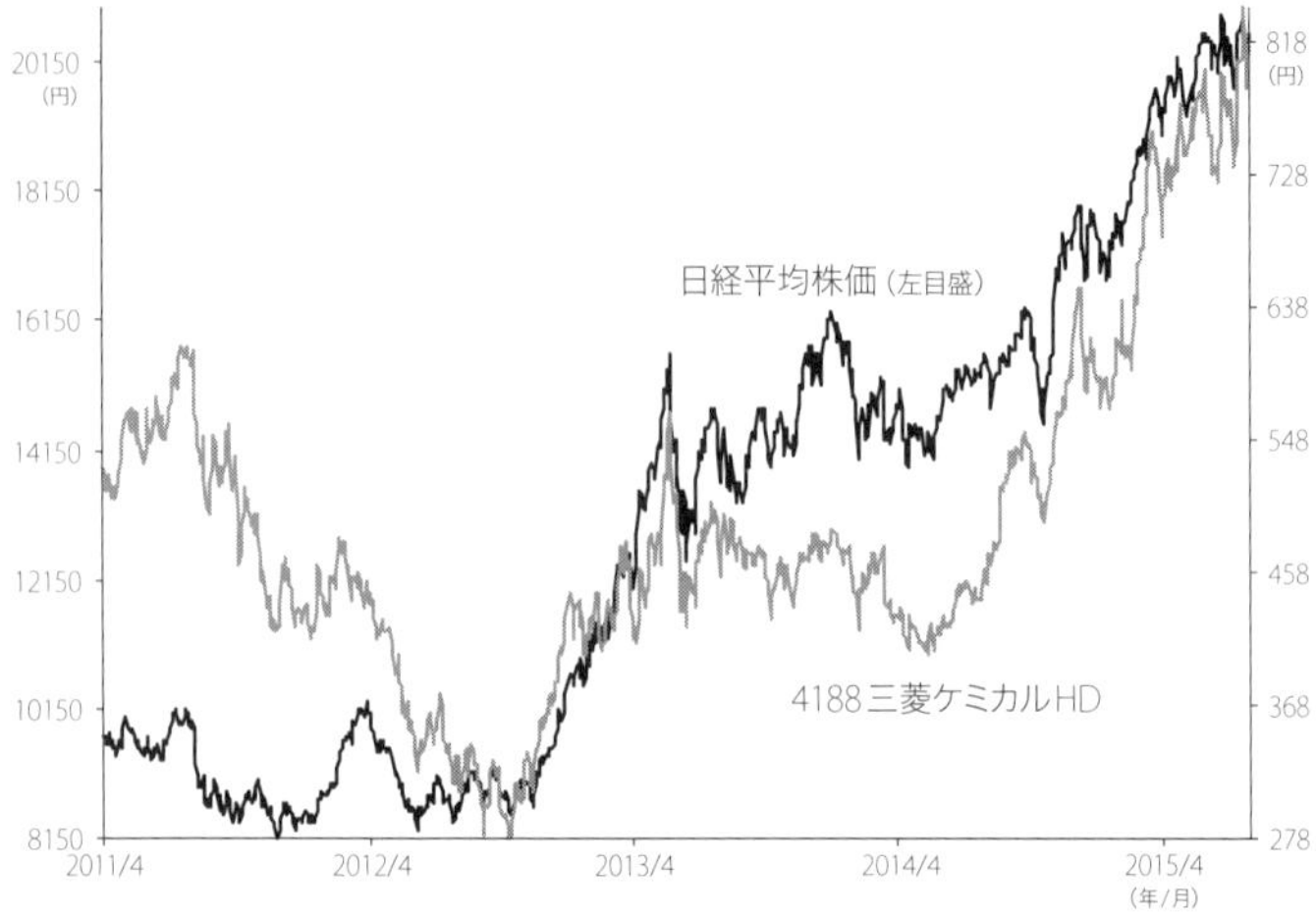

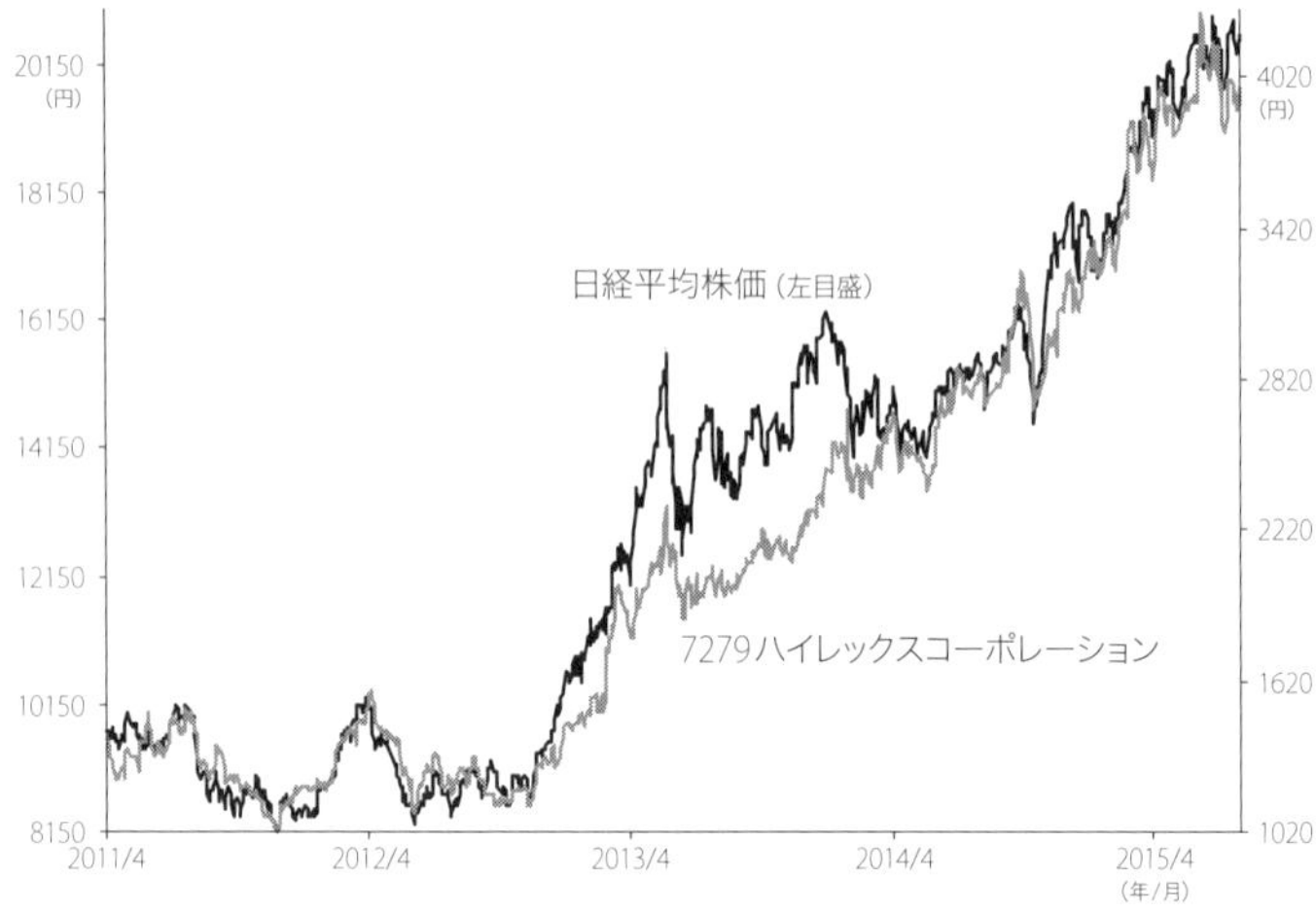

ところが、トレンドとしては日経平均株価と同じ方向でありながら、これらの銘柄とは逆に、「日経平均株価が値上がりすると、翌日値下がりしやすい」「日経平均株価が値下がりすると、翌日値上がりしやすい」という、日経平均株価の動きと逆方向に動く傾向が確認される銘柄もあります。

図3―2―3のヤマハ（7951）とトレンドマイクロ（4704）がその例です。先ほどと同じ「日経225連動ETFが前日比上昇ならば、その銘柄を大引けで買う」「日経225連動ETFが前日比下落ならば、その銘柄を大引けで売る」という売買を検証してみると、累積損益の推移は右肩下がり。どちらの銘柄も、とくに13年以降、上昇トレンドがはっきりしてからのほうが右肩下がり度合いが顕著です。

このシミュレーションの累積損益が右肩下がりになる、ということは、これとは逆の売買、「日経平均株価が値上がりした日に売る」「日経平均株価が値下がりした日に買う」という売買をすれば、累積損益は正反対の右肩上がりになることを意味します。となれば、先ほどの2銘柄とは逆に、「買うならば、日経平均株価が値下がりした日がよい」、「売るならば、日経平均株価が値上がりした日がよい」という判断になります。

注目している個別銘柄と日経平均株価の間にこのような関係があるかどうかは、マイクロソフト社の表計算ソフト「Excel」で調べることができます。用いるデータとして

図3-2-3　トレンドは沿っているのに累積損益が右肩下がりになる例
（データ期間：11年4月1日～15年7月27日）

日経225連動ETFが前日比上昇＝買い
日経225連動ETFが前日比下落＝売り

売買想定価格はその日の終値
いずれも翌日大引けに手仕舞い

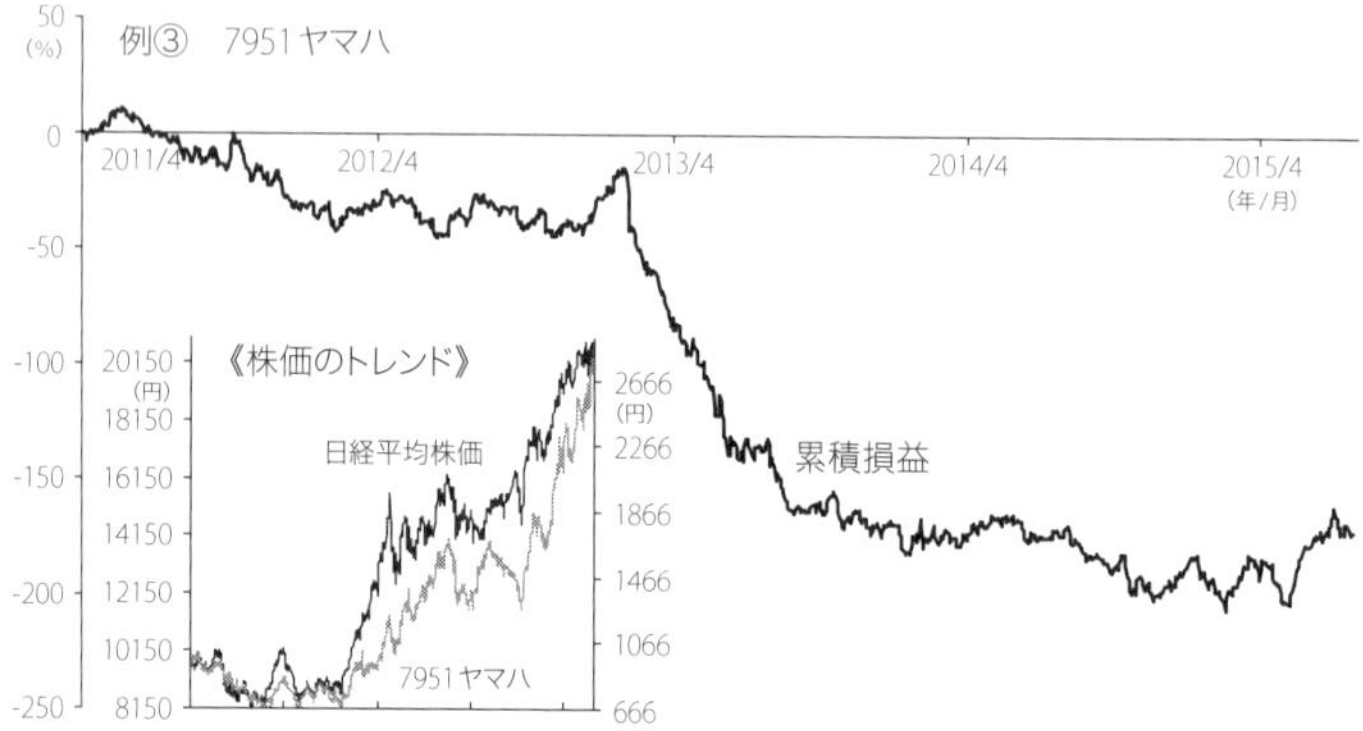

図3-2-4　その銘柄は日経平均株価に「1日遅れて動く」銘柄か？

《Excelを使った検証の手順》

(1) 日経225連動ETFの終値が前日比上昇の日は「1」、前日比下落の日は「-1」、変わらずの日は「0」を表示させる。(「sign関数」で「前日比」のセルを引数に指定するのが最も簡単)

	A	B	C	D
1	date	1321	(前日比)	sign
2	2015/3/11	19,140		
3	2015/3/12	19,400	260	1
4	2015/3/13	19,680	280	1
5	2015/3/16	19,670	-10	-1
6	2015/3/17	19,890	220	1

(2) 個別銘柄の「前日比上昇下落率(%)」に、前日の「1」「-1」「0」を掛けて、日々の損益を出す。

	A	B	C	D	E	F	G
1	date	1321	(前日比)	sign	7279	前日比%	日々損益
2	2015/3/11	19,140			3,655.00		
3	2015/3/12	19,400	260	1	3,710.00	1.50%	
4	2015/3/13	19,680	280	1	3,690.00	-0.54%	-0.54%
5	2015/3/16	19,670	-10	-1	3,755.00	1.76%	1.76%
6	2015/3/17	19,890	220	1	3,835.00	2.13%	-2.13%
7	2015/3/18	19,990	100	1	3,865.00	0.78%	0.78%

(3) 日々の損益を累積する。

	A	B	C	D	E	F	G	H	
1	date	1321	(前日比)	sign	7279	前日比%	日々損益	累積	
2	2015/3/11	19,140			3,655.00				
3	2015/3/12	19,400	260	1	3,710.00	1.50%		0	
4	2015/3/13	19,680	280	1	3,690.00	-0.54%	-0.54%	-0.54%	
5	2015/3/16	19,670	-10	-1	3,755.00	1.76%	1.76%	1.22%	←-0.54+1.76
6	2015/3/17	19,890	220	1	3,835.00	2.13%	-2.13%	-0.91%	←1.22-2.13
7	2015/3/18	19,990	100	1	3,865.00	0.78%	0.78%	-0.13%	←-0.91+0.78

(4) 日付をx軸に、「累積」をy軸にとってグラフ化する。

は、値刻みが10円単位でわかりやすく、また入手もしやすい日経225連動ETFがよいと思います。手順は**図3－2－4**のように、（1）日経225連動ETFが前日比上昇の日には「1」（買い）、日経225連動ETFが前日比下落の日には「-1」（売り）、前日比変わらずの日は「0」を表示させる。（2）個別銘柄の前日比上昇下落率に、前日の日経225連動ETFに表示した「1」「-1」「0」を掛けて、日々の損益を出す。（3）（2）で掛けた結果を足し込んで累積する。（4）累積した結果をグラフ化する、という流れです。

寄与度の高い銘柄が「日経平均株価につれて動く」とは限らない

ところで、第1章で日経平均株価に対する寄与度についてふれましたが、寄与度の高い銘柄ならば「日経平均株価が上がった翌日は上がりやすい」「日経平均株価が下がった翌日は下がりやすい」という傾向がはっきり出てきそうにも思えます。

そこで、寄与度がダントツのファーストリテイリングについて、先ほどと同じ売買を検証してみたところ、意外なことに、累積損益のグラフは右肩下がりを描きます（**図3－2－5**）。実は、ヤマハやトレンドマイクロも、日経平均株価に対する寄与度は比較的高く、

15年6月末時点の株価で言うと、ヤマハは寄与度51位、トレンドマイクロは32位です。

株価のトレンドは日経平均株価に沿っている寄与度の高い銘柄が、翌日の値動きは日経平均株価の上げ下げと逆になりやすいのはなぜか。その理由としては、そうした銘柄は、日経平均株価の動きを見ながら同時的に売買がなされている可能性が考えられます。

まず、日経平均株価そのものに「値上がりした日の翌日は上がりやすい」「値下がりした日の翌日は下がりやすい」という傾向があるのかを調べてみると、そうした傾向はうかがえません。

図3－2－6は、先ほどのシミュレー

図3-2-5　高寄与度銘柄が「日経平均株価につれて動きやすい」わけではない

（9983ファーストリテイリング：11年4月～15年7月27日）

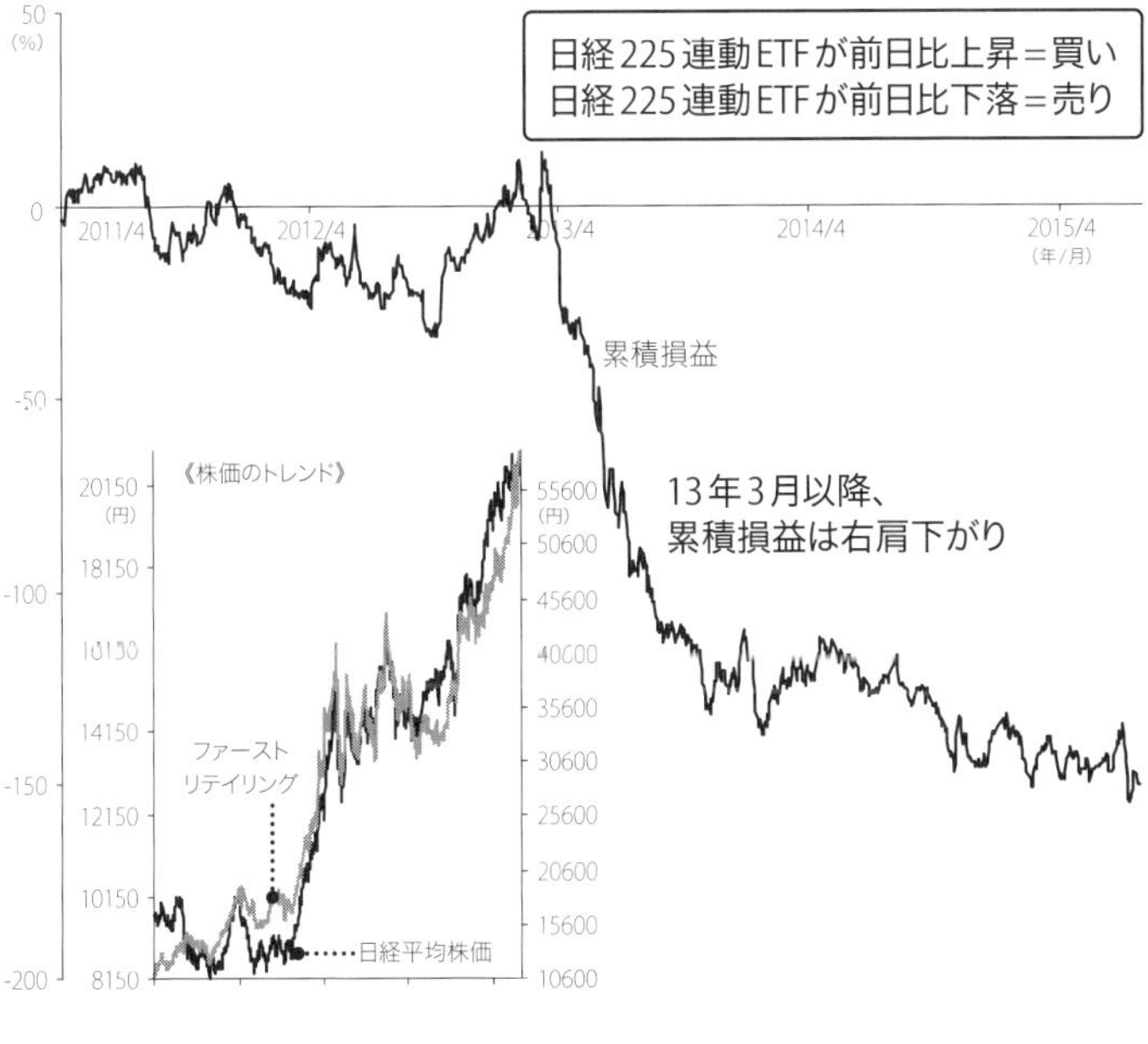

ションと同じ期間について、日経平均株価の2日間の上げ下げの関係を調べた結果です。12年11月以降、株価が上昇トレンドになっていることから、「上げ・上げ」の2日連続上昇の日数が最も多くなってはいますが、「上げ・下げ」「下げ・上げ」と前日と値動きが逆となっている日数は、合計すると全体の51・6%。2日連続で同じ方向に動く「上げ・上げ」「下げ・下げ」の合計日数よりも、わずかですが上回っています。つまり、日経平均株価は、上昇トレンドの中にあっても「上がった翌日は下がる」「下がった翌日は上がる」という傾向のほうが若干ながらも強いと考えられます。

その個別銘柄が日経平均株価と同時的

図3-2-6　日経平均株価の前日・本日の「上げ」「下げ」
（データ期間：11年4月〜15年7月27日）

○：前日比上昇　　●：前日比下落　　期間中日数：1059日

前日	本日	日数	全日数に対する割合
○	○	295	48.4%
●	●	218	
○	●	273	51.6%
●	○	273	

データ期間中の連続する2日について前日比上昇・前日比下落を集計。2日連続で上昇または下落する日よりも、わずかながら、前日とは逆の動きになる日数のほうが多い。

に動いているとすれば、この日経平均株価の値動きの性質と同じように、「上がった日の翌日は、どちらかと言えば売られやすい」「下がった日の翌日は、どちらかと言えば買われやすい」という傾向が現れるでしょう。さらに、たとえば日経平均株価が値上がりしたときに、ヘッジのために売る対象となりやすい銘柄などは、その傾向がより鮮明に現れるはずです。

先ほどのシミュレーションで累積損益が右肩上がりを描く銘柄は、日経平均株価の上昇・下落に1日遅れてついてくる傾向がある、と解釈できます。他方、累積損益が右肩下がりを描く銘柄は、日経平均株価の上昇・下落に1日遅れて逆の値動きをする傾向がある銘柄です。どちらの方向にしても、「遅れて動く」というところが売買シグナルとして使ううえでの重要ポイントのひとつです。

§3-3

日経平均先物の値動きをシグナルに使う工夫

現実には使うのが難しい「日経平均先物の前日比上昇・下落」シグナル

前節で紹介した例は、日経２２５連動ＥＴＦの値動きをシグナルにした売買シミュレーションでしたが、累積損益の推移の様子は同じながら、日経平均先物の値動きを用いたシミュレーションのほうが高いパフォーマンスが出ます。ですから、日経平均先物の前日比上昇・下落を個別銘柄の売買シグナルにしたほうがより有効なのですが、残念なことに、日経平均先物の大引けは15時15分。個別銘柄の大引け15時の段階では、先物の終値がいくらになるのかがわかりません。

かつて、東証と大証が経営統合する以前、東証上場の個別銘柄の大引けは15時、大証の日経平均先物、および日経２２５連動ＥＴＦなど大証上場の個別銘柄の大引けは15時10分でした。このときは、10分の時間差があったとはいえ、15時に確定する日経平均株価の前日比上昇・下落と、15時10分に確定する日経平均先物の前日比上昇・下落が逆になる、という例はそう多くはなかったと思います（以前ざっくり調べたところ、8割以上は前日比上昇・下落は一致していました）。

ところが、大証の日経平均先物の大引けが15時15分となり、また、大証上場のETFがすべて東証上場となって以降、東証が引けた後に日経平均先物が独自に動くケースが目立つようになっている印象があります。東証が引ける15時の段階では前日比で上昇していたものの、15時以降に売られて、15分後、前日比下落で引けている、ということもあります。こうした動きになると、東証の大引け時点では、日経平均先物が前日比上昇していたから「買い」と判断したところが、先物が引けてみたら実は「売り」だったという、売買シグナルと実際の売買ポジションが逆になる事態が生じてしまいます。

日経平均先物の値動きによる売買シグナルは有効と見られるものの、東証の大引け段階では前日比上昇で引けるか、前日比下落で引けるか、判定が難しい。この難点に対応する策のひとつとして、日経平均先物の移動平均に注目する方法が考えられます。

予め決めた期間の終値の平均を取る移動平均は、終値そのものの推移よりも遅れて動きます。その基本的な解釈は、「移動平均が右肩上がりで推移していて、終値が移動平均よりも上にあれば上昇トレンド」「移動平均が右肩下がりで推移していて、終値が移動平均よりも下にあれば下降トレンド」。この解釈に従って「終値が移動平均よりも上にある局面は『買い』」「終値が移動平均より下にある局面は『売り』」というのが、トレンドをフォローする順張りの売買シグナルの基本とされます。

「日経平均先物が前日比上昇した翌日に値上がりしやすい」「日経平均先物が前日比下落した翌日に値下がりしやすい」個別銘柄は、要は、日経平均先物のトレンドに少し遅れてついていく傾向があると推測されます。であれば、日経平均先物が移動平均よりも高ければ個別銘柄の「買い」シグナル、移動平均よりも

図3-3-1　日経平均先物と5日移動平均
（15年7月7日～7月31日・ナイトセッションを除いたデータを使用）

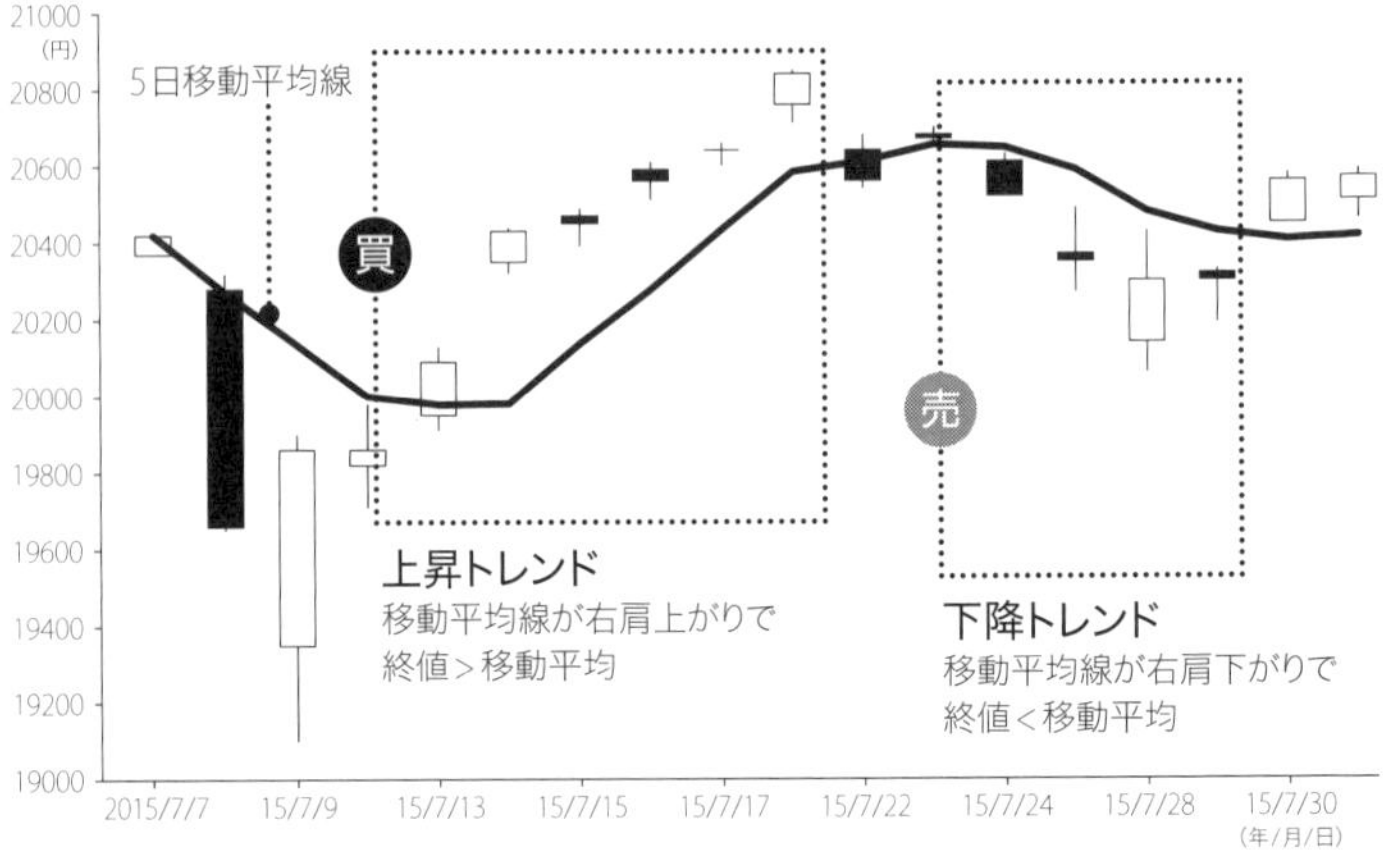

安ければ個別銘柄の「売り」シグナルにするというやり方でも成果は見込めるはずです。

日経平均先物の引け値が移動平均より高いか、安いかは、これも15時15分の大引けを待たなければ判定はできませんが、前日比上昇か、前日比下落かの判定に比べれば、東証の大引け段階と日経平均先物の大引け段階とで売買シグナルが逆転する回数を減らせる効果は期待できます。また、前日比上昇・下落をシグナルとするよりも、移動平均をシグナルにしたほうが売買する回数自体を抑えられます。

日経平均株価の動きに「より遅れる」銘柄は先物の移動平均シグナルが有効

図3－3－2は、パナソニック（6752）の売買シグナルに日経平均先物の5日移動平均を用いたシミュレーションの累積損益です。日経平均先物の終値が5日移動平均よりも高ければ、この銘柄を「買い」。日経平均先物が5日移動平均を上回っている間は「買い継続」。日経平均先物が5日移動平均を下回ったところで「買い」を手仕舞って、「売り（空売り）」にポジション転換。5日移動平均を下回っている間は、「売り継続」としています。13年後半から14年にかけてはパフォーマンスを落としていますが、右肩上がりの推移は維持されています。この売買シグナルは「概ね有効」と評価してよいでしょう。

この銘柄は225採用銘柄ですが、日経平均株価の算出に関係のない、中小型株や新興系の銘柄でも、先物の移動平均のシグナルが有効なケースがあります。

図3－3－3の①は第一精工（6640）の売買シグナルに日経平均先物の3日移動平均を用いたシミュレーション、②はクボテック（7709）の売買シグナルに日経平均先物の10日移動平均を用いたシミュレーションの結果です。クボテックの場合、この銘柄が急騰した局面でのパフォーマンス急伸が大きく影響していますが、さほど値動きが大きくなかった時期でもパフォーマンスは右肩上がりの推移を続けています。これだけ高い累積損益は〝たまたま〟だとしても、この

図3-3-2　日経平均先物の5日移動平均を売買シグナルに用いた例
(6752パナソニック：11年4月～15年7月27日)

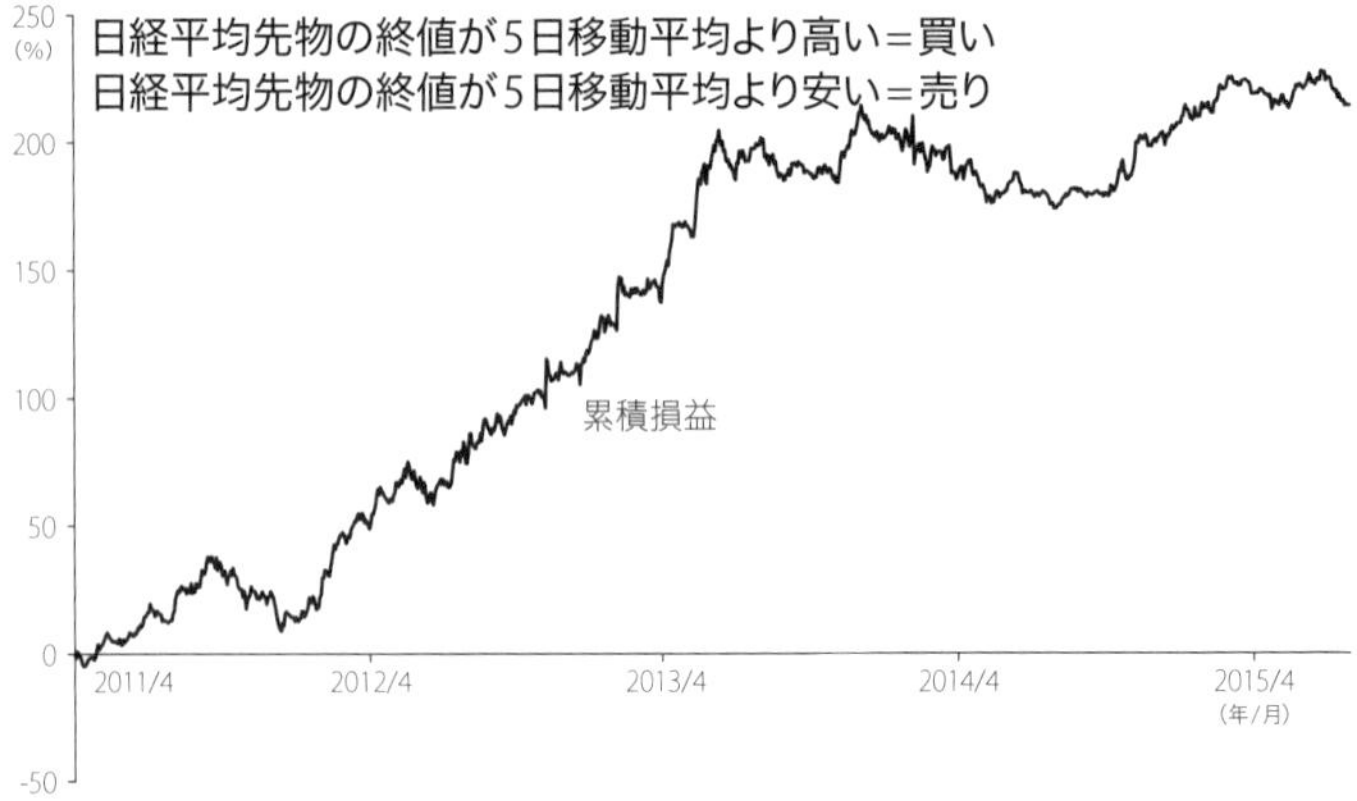

図3-3-3　中小型・新興系銘柄で「先物の移動平均」シグナルが有効な例

（データ期間：11年4月〜15年7月31日）

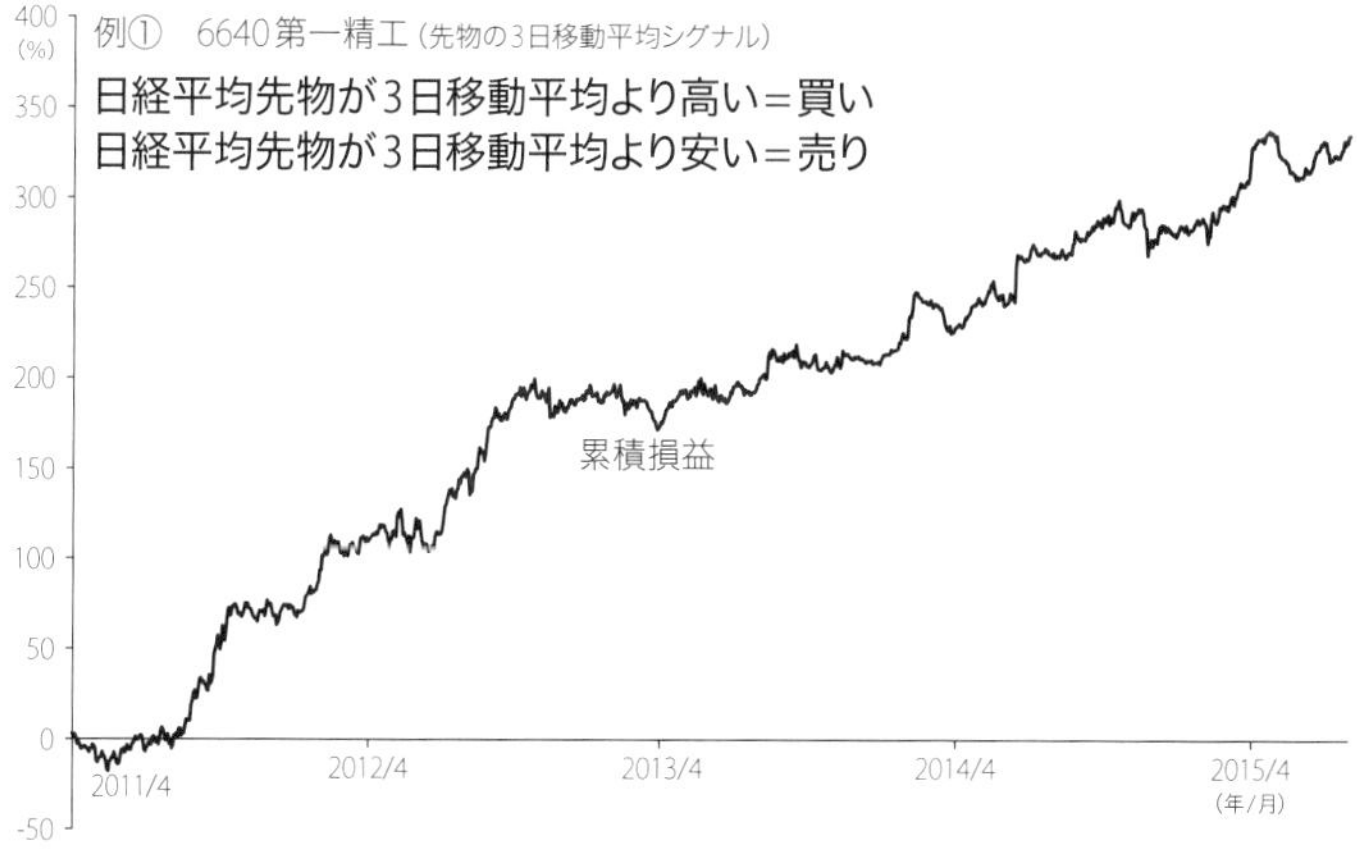

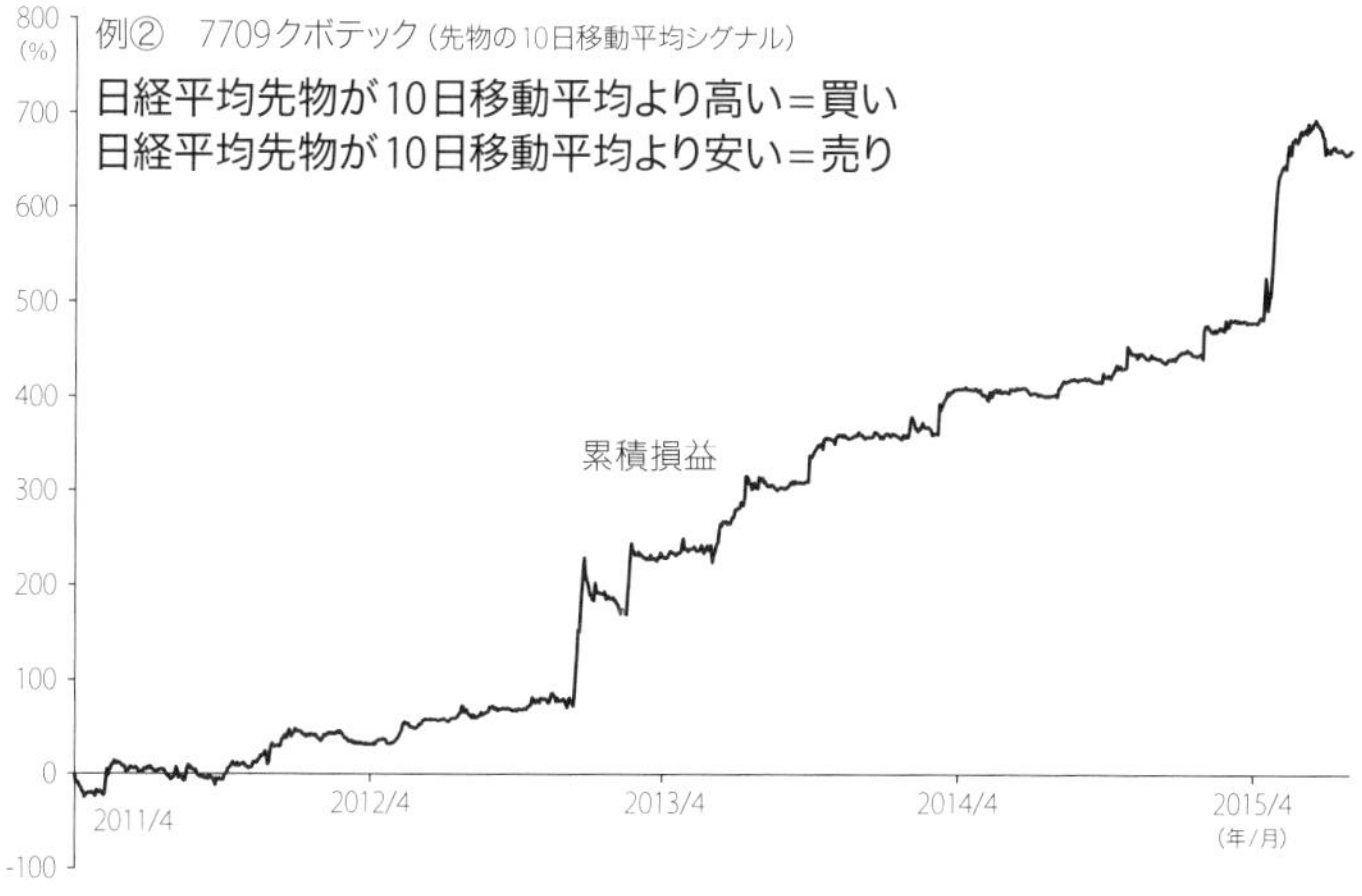

検証結果は十分注目に値します。

先に見た「前日比上昇・下落」の売買シグナルは、日経平均株価よりも「1日遅れて動く」傾向を捉えるものでしたが、この移動平均のシグナルは、より遅れて動く傾向を捉えるものと言えます。たとえば、日経平均先物が5日移動平均を上回る動きが「買いシグナル」として有効だとすれば、その個別銘柄は、日経平均先物が5日移動平均を上回る頃から上昇し始める傾向があると解釈できます。イメージとして言えば、移動平均を取る日数の半分程度の日数分遅れて動く、5日移動平均であれば「日経平均先物よりも2、3日遅れて動く」、10日移動平均ならば「日経平均先物よりも5日（1週間）程度遅れて動く」といった感じです。

日経平均先物（および日経平均株価）の動きに対する遅れ方が大きい銘柄は、売買シグナルとして有効と見られる移動平均の期間も長くなります。そうした銘柄ならば、東証引け後15分間の〝先物独自の値動き〟の影響はかなり抑えられるでしょう。たとえば、日経平均先物に1か月程度遅れて動く銘柄を探したい場合は、先物の50日移動平均を用いた売買を検証してみるとよいと思います。

日経平均先物の移動平均を個別銘柄の売買出動のシグナルに使う方法は、要するに、個別銘柄そのものの値動きやトレンドではなく、日経平均先物、すなわち市場全体のトレンドによって売買を判断するという考え方です。個別銘柄の値動きがどうであれ、日経平均先物が移動平均を下回るという、市場全体の足元のトレンドが下方に転換したと目される状況になったときには「売り」、日経平均先物が移動平均を上回って、市場全体の改善が見られる状況になれば「買い」。市場全体の良好なトレンドが続いていれば自ずと「買い継続」となります。これならば、市場全体の中トレンドが下降局面にあるときに個別銘柄を買ってしまうようなことは起きません。

注目している銘柄、よく売買対象にしている銘柄があったら、是非、先物の移動平均をシグナルにする想定売買を検証してみてください。

検証の方法は、先に見た「日経225連動ETFの前日比上昇・下落」をシグナルにする売買とほとんど同じです。用意するデータは、日経平均先物の終値と個別銘柄の終値で、（1）日経平均先物の移動平均を計算する、（2）先物の終値が移動平均の値よりも高ければ「1」を、安ければ「-1」を表示させる、（3）個別銘柄の前日比上昇・下落率に、前日時点の「1」「-1」を掛ける、（4）日々の（3）の結果を累積し、グラフ化する、という手順です。

日経平均先物の「寄り付き方」に着目する方法もある

日経平均先物の値動きを個別銘柄の売買シグナルにする方法としては、ここまで紹介してきたやり方とはまったく視点の異なるアイデアもあります。9時の先物の寄付が、前日15時15分の終値よりも高いか、安いかを、個別銘柄の「寄付出動、大引け手仕舞い」の売買シグナルにする方法です。

具体例を先に紹介しましょう。**図3-3-4**は、三菱UFJフィナンシャル・グループ（8306）について、「日経平均先物の始値が前日の終値より高ければ、この銘柄を寄付で『売り』」、「日経平均

図3-3-4　「先物の9時の寄付が、前日終値より高いか、安いか」シグナル

（8306三菱UFJフィナンシャル・グループ：11年4月～15年7月27日）

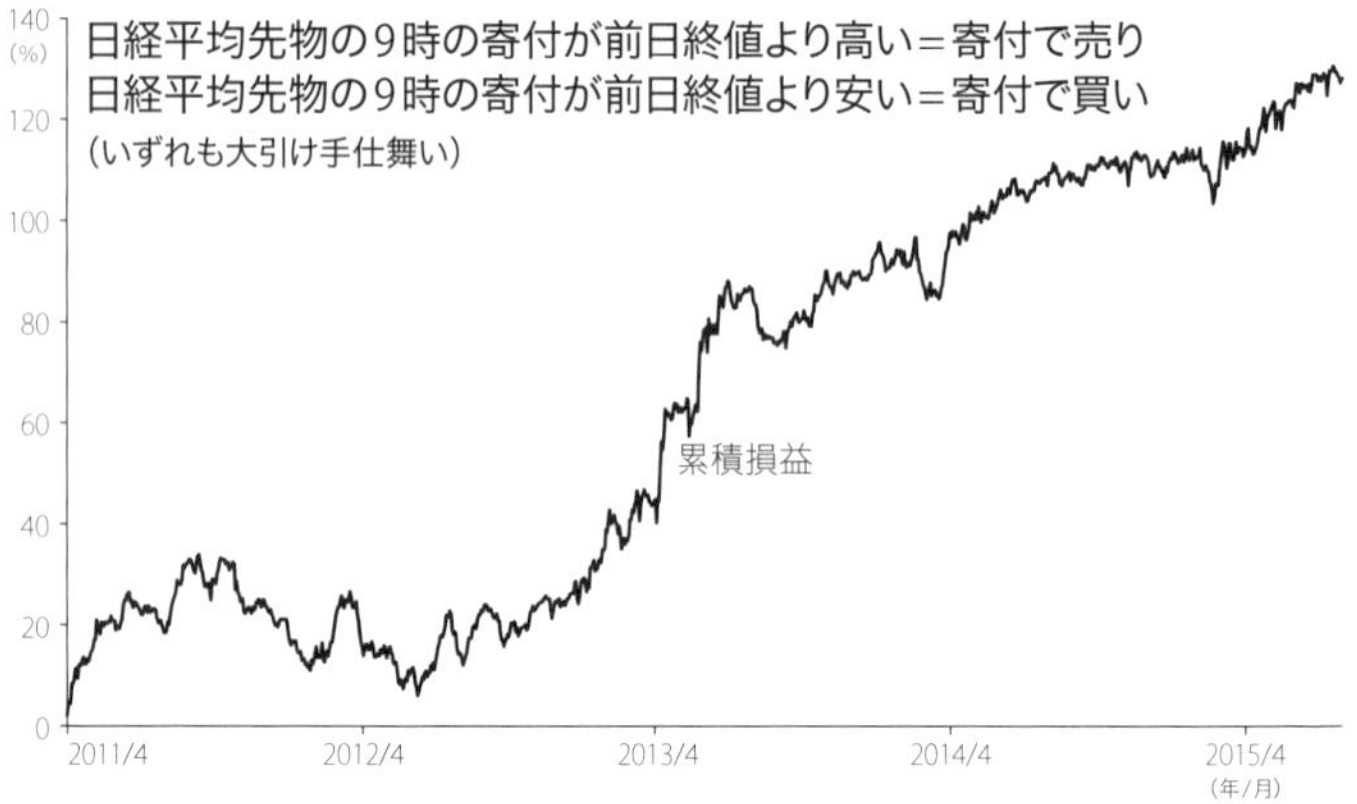

先物の始値が前日の終値より安ければ、この銘柄を寄付で『買い』」という、先物が前日終値に対して寄り付いた方向とは逆のポジションを取る売買のシミュレーション結果です。右肩上がりの累積損益グラフは、この銘柄は「先物が高く寄り付くと場中売られやすい」「先物が安く寄り付くと場中買われやすい」という傾向があることを示しています。この傾向がはっきりしている銘柄であれば、「買うならば、先物が安く寄り付きそうな日の寄付出動がよい」「売るならば、先物が高く寄り付きそうな日の寄付出動がよい」という売買判断ができます。

いろいろな銘柄を調べてみると、このような傾向が確認される銘柄が意外と少なくありません。先物が高く寄り付くと売られる、安く寄り付くと買われるという、この値動きはどういった背景によるものなのかというと、どうも、日本時間の早朝に引ける米国市場の動向に一因がありそうです。

図3－3－5は、三菱UFJフィナンシャル・グループについて、「(日本時間の早朝に確定する) 米国S&P500が前日比上昇ならば、この銘柄を寄付で『売り』」「S&P500が前日比下落ならば、この銘柄を寄付で『買い』」という売買を検証してみた結果です。累積損益の推移の傾向は似ています。

第1章でもふれたように、米国市場が値上がりして引けていれば日経平均先物も高く寄り付く、米国市場が値下がりして引けていれば日経平均先物も安く寄り付く、というのは、日常茶飯事的な光景です。それに引きずられる格好で高く寄り付いたり、安く寄り付いたりする個別銘柄も多いであろうことは想像するに難くありません。しかし、事業内容からすると、米国の動向は買い材料でもなければ、売り材料でもない、という銘柄が結構あるものです。そのことに寄り付いた後にハタと気付くというわけではないと思いますが、それが、高く寄り付けば売り物が出てくる、安く寄り付くと買いが入ってくる、という動きになるのではないでしょうか。実際、米国の動向に関係のなさそうな低位株や新興系の銘柄の中に、この

図3-3-5　米国市場の上昇・下落がその日の値動きに影響を与えている可能性あり

(8306三菱UFJフィナンシャルグループ：11年4月〜15年7月27日)

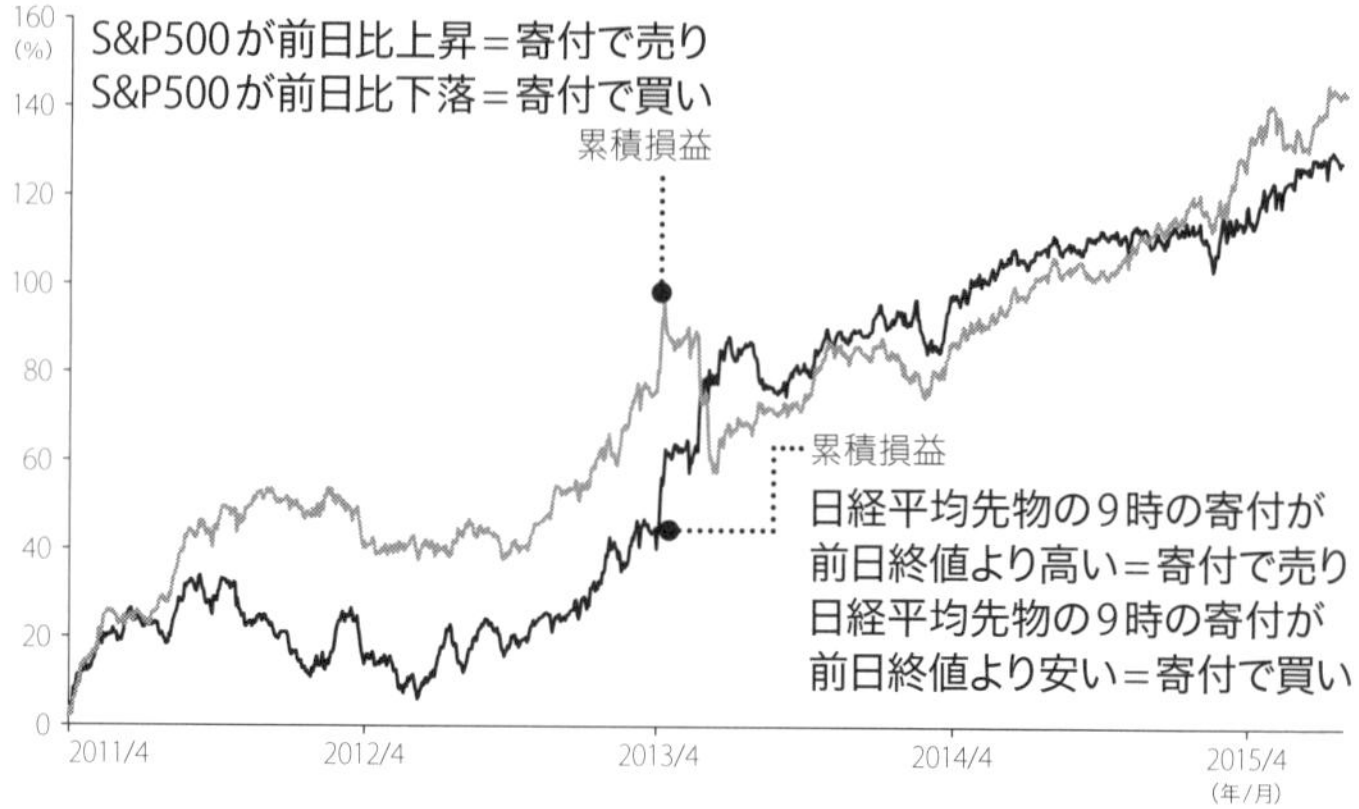

値動きの傾向が現れる銘柄が多いようです。**図3－3－6①②**はその例です。

この売買は、9時の寄付で売買出動を判断しますから、先述した東証引け後15分の〝先物独自の値動き〟に影響されることがありません。前日終値より高く寄り付きそうか、安く寄り付きそうかの予測も、日本時間より15分早く始まっているシンガポールの先物市場や、日本の寄付前の気配状況を見れば、大方は外さないでしょう。また、大引けの売買は、ザラ場引けとなった場合には成立しませんが、寄付ならば終日ストップでない限りは売買が成立します。想定に近い売買が実践しやすいというのが、この「先物の寄り付き方」シグナルの利点です。

注目している銘柄にこの売買シグナルが有効か否かを調べる場合には、日経平均先物の終値と9時の寄付の株価データを用います。ネット証券などで入手できる日経平均先物のデータの始値は、16時30分のナイトセッションの寄付の株価であることが多いのですが、その場合には、日経225連動ETFの始値と終値のデータを代用しても構いません。

事前準備としては、個別銘柄の始値に対してその日の「終値－始値」の値幅が何％にあたるか、寄り引け間の上昇下落率を計算しておきます。あとは、（1）先物の9時の寄付（または日経225連動ETFの始値）が前日終値よりも高い日は「-1」（売り）、前日終値よりも安い日は「1」（買い）、同値の場合は「0」を表示させる、（2）個別銘柄の始値に対する

図3-3-6　こんな銘柄が米国市場と「先物の寄り付き方」に逆反応する傾向がある

（データ期間：11年4月～15年7月31日）

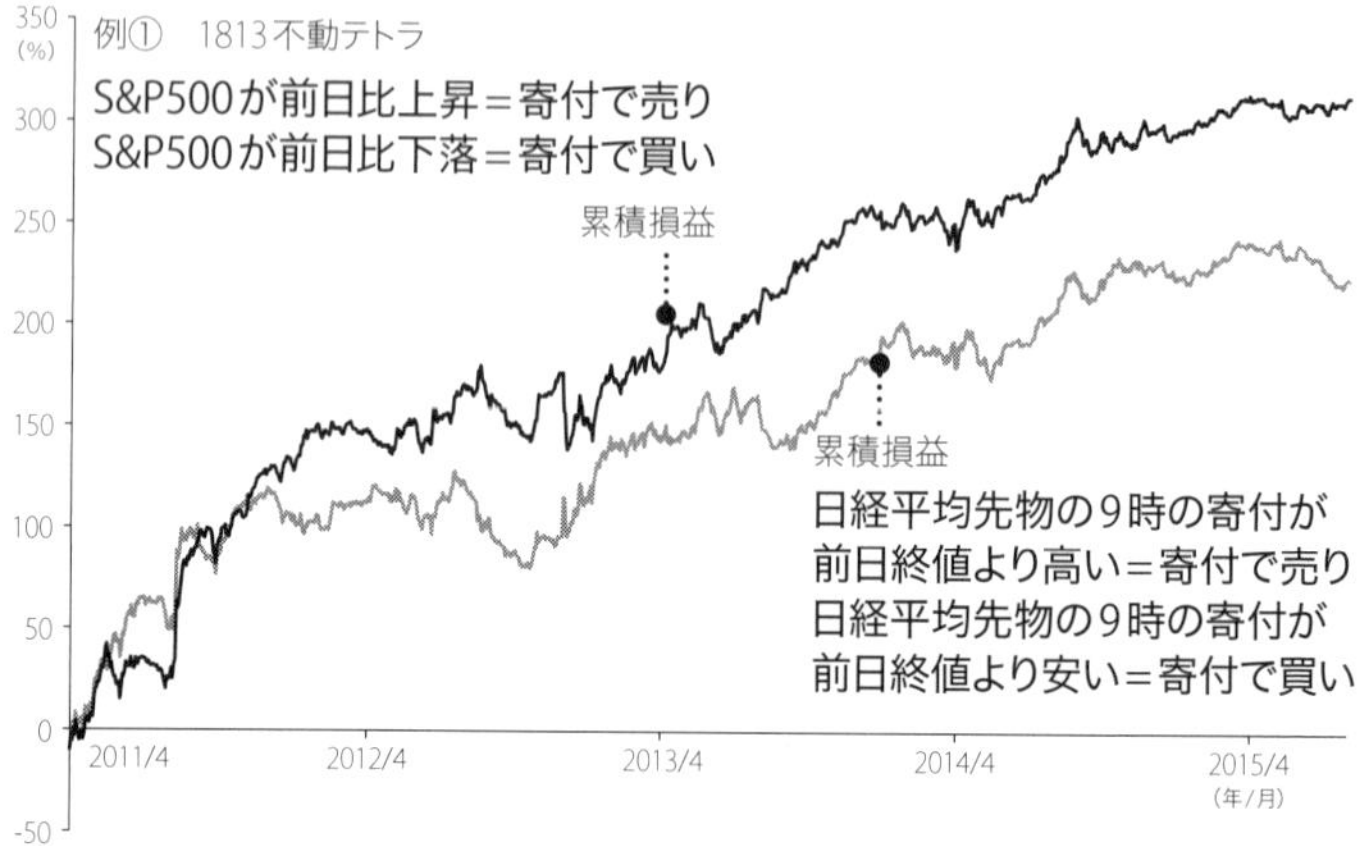

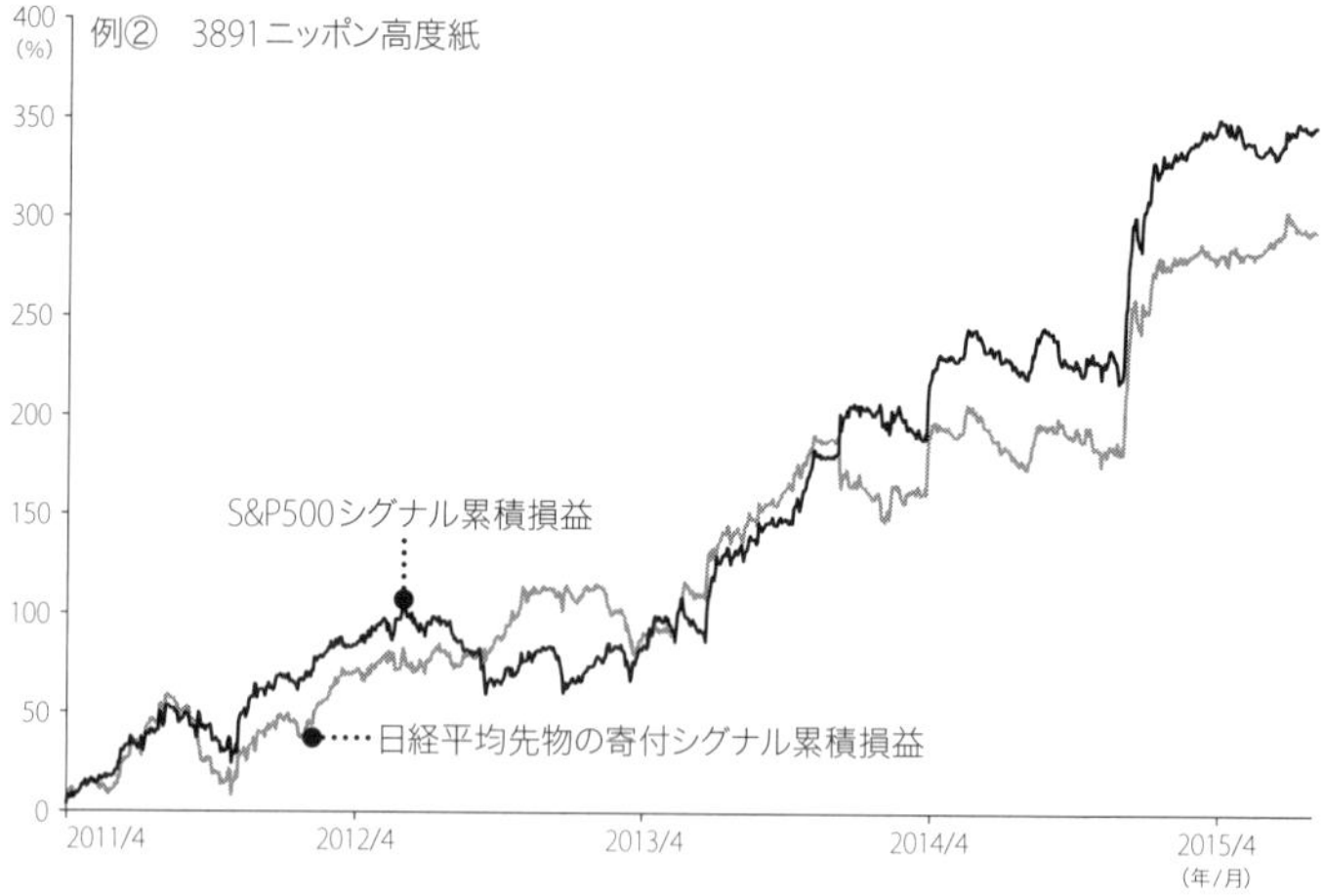

「終値－始値」の値幅の上昇下落率に「-1」「1」「0」を掛ける、（3）日々の損益を累積してグラフにする、という手順で検証ができます。

なお、この章、および次章でも、いくつかの売買シミュレーションを紹介していますが、過去のデータによる検証の結果からすれば有効な売買シグナルでも、未来永劫それが有効であり続けるわけではありません。何らかのきっかけで個別銘柄の値動きの性質が変化すれば、それまで有効だった売買シグナルも有効に機能しなくなる、場合によっては、まったく逆効果になることもあります。

そうした変化の兆候をつかむためにも、折りに触れてデータの検証をするようにしてください。また、過去の日経平均株価の値動きのどういった局面で、その売買シグナルが特に効果的だったのか、どんな局面でパフォーマンスを落としたのかを詳細にチェックしておくことも大切です。それによって、日経平均株価の値動きを個別銘柄の売買により有効に活用することができると思います。

COLUMN
1

日経平均株価以外の株価指数に「1日遅れて動く」銘柄もある

第3章では、日経平均株価の動きに遅れてついていく傾向のある銘柄、遅れて逆方向に動きやすい銘柄の例を紹介しましたが、データ検証してみても、そうした傾向がはっきりしない銘柄もあります。

その場合、日経平均株価以外の株価指数を売買シグナルに用いて検証してみると、意外や意外に良好な結果が出てくることがあります。

図3－4－1のグルメ杵屋（9850）はその一例です。「日経平均先物が前日比上昇ならば『買い』」「日経平均先物が前日比下落ならば『売り』」という想定売買では、累積損益は右肩上がりではあるものの、パフォーマンスの水準自体は高くありません。ところが、日経平均先物を東証2部指数に替えて同じ売買を検証してみると、はっきりした右肩上がりを描きます。

また、**図3－4－2**の平田機工（6258）のように、日経平均先物の前日比上昇・下落をシグナルにした売買で有効性がうかがえる銘柄でも、他の株価指数を用

図3-4-1　2部指数が有効シグナルとみられる例

（9850グルメ杵屋：11年4月～15年7月31日）

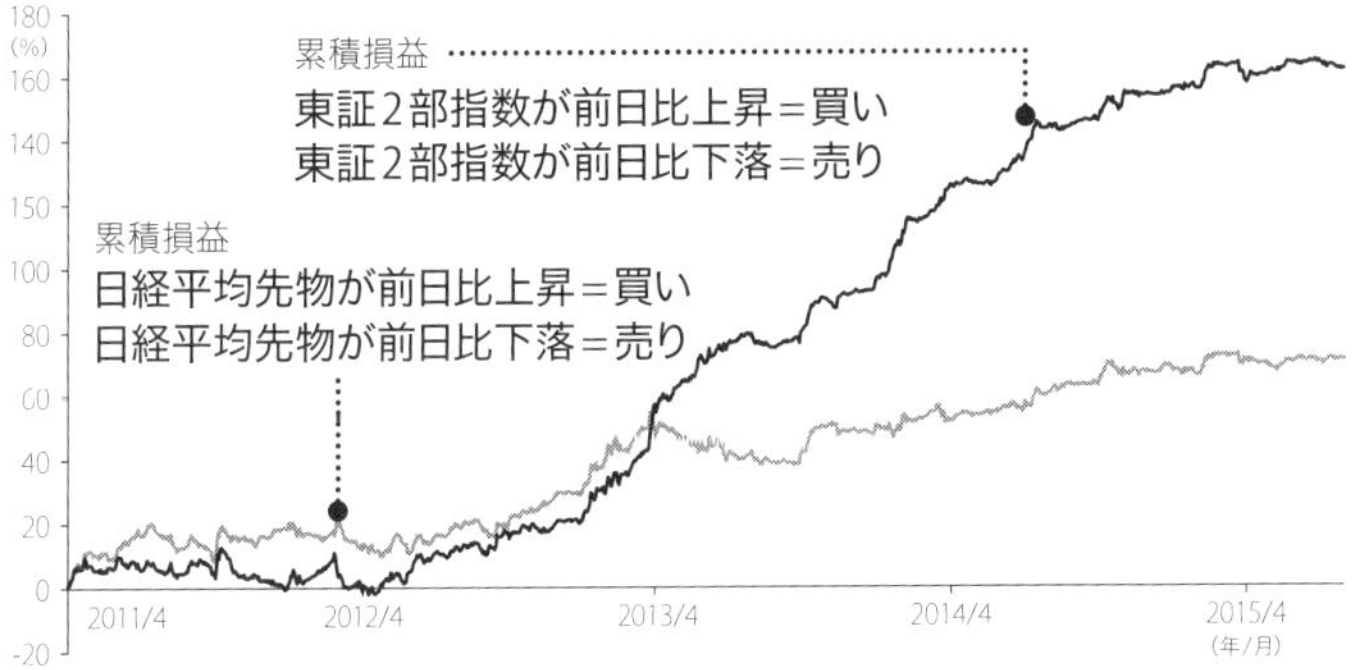

図3-4-2　2部指数に先物を上回る有効性が観測される例

（6258平田機工：14年4月～15年7月31日）

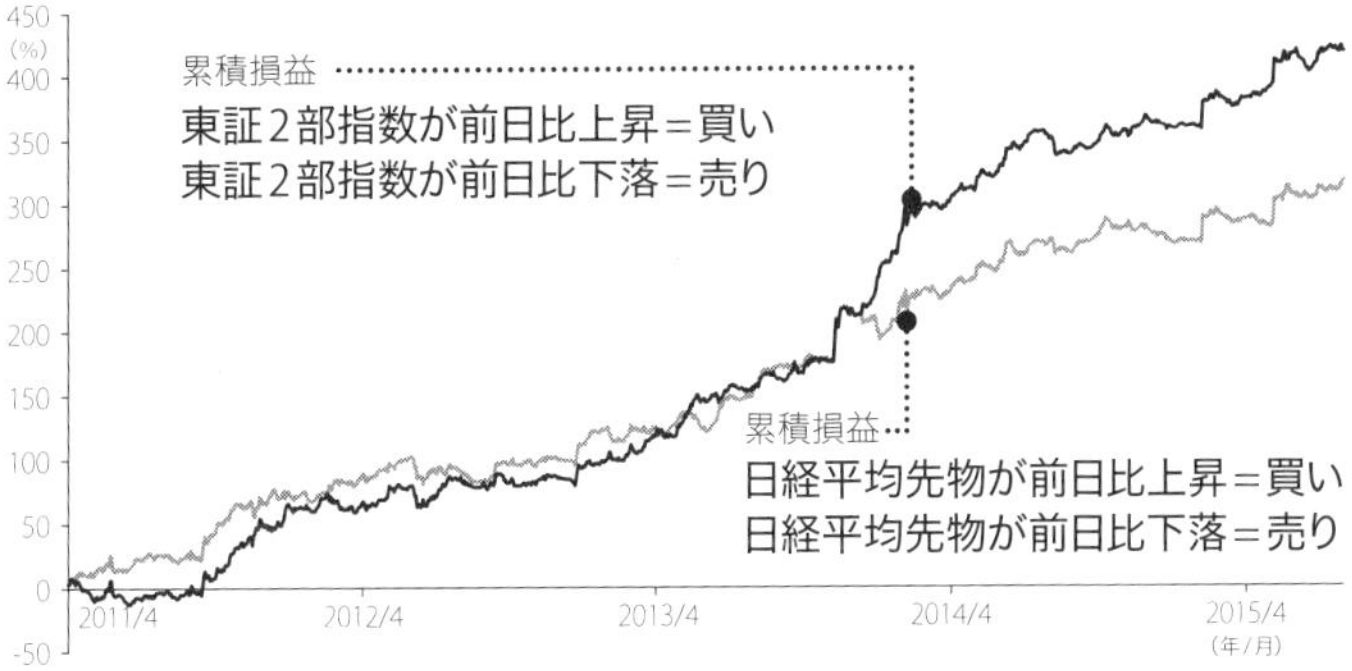

いると、より高い有効性が現れる例もあります。

これらの銘柄は東証2部上場ではありませんし、また、この銘柄を売買している参加者が東証2部指数の動向を見ながら取引しているとも思えないのですが、理由はともかく、こうした値動きの傾向は、実践の売買で間違いなく役立ちます。

株価データの入手が容易になっていることでもありますし、日経平均先物や日経225連動ETFだけでなく、東証2部指数やTOPIX、東証マザーズ指数など、その他の株価指数を用いたシミュレーションも試してみることをお勧めします。

第4章

日経平均株価と個別株を組み合わせて売買する

§4-1

日経平均株価を使って「市場全体のリスク」を排除する

日経平均株価と個別銘柄の値動きとの関係を調べる方法

前章で、日経平均連動型ＥＴＦや日経平均先物の値動きをシグナルにした個別銘柄の売買例をいくつか見ましたが、そもそも、日経平均株価の値動きは、個別銘柄の日々の値動きにどのくらい影響を与えているものなのでしょうか。

大きなトレンドを見比べれば、大方の個別銘柄は日経平均株価の方向性に沿っています。ただ、前章で紹介した、たとえば「日経２２５連動ＥＴＦが前日比上昇＝買い」「日経２２５連動ＥＴＦが前日比下落＝売り」という売買シグナルで成果が出る銘柄もあれば、まるで成果が出ない銘柄もあります。ということは、日々の値動きについて言えば、日経平均株価の影響度合いは、銘柄によって少なからぬ違いがあると考えられます。

日経平均株価と個別銘柄の日々の値動きの関係を調べる方法としては、統計学で使われる決定係数という数値があります。この数値は、2つのデータの相関係数を2乗した値で、一方の数値の動きが、もう一方の数値の動きのどれくらいを説明できるのかを見る尺度とされます。その意味で、「説明係数」や「寄与率」などとも呼ばれます。値の取る範囲は0から1までで、決定係数0は「2つの値の動きは無関係」、0・5ならば「一方の動きで、もう一方の動きの50％が説明できる」。決定係数1は「一方の動きが、もう一方の動きのすべてを説明する」となります。

日経平均株価、あるいは日経平均先物の値動きと個別銘柄の値動きの決定係数は、日々の前日比上昇下落率のデータがあれば調べることができます。「Ｅｘｃｅｌ」のグラフ機能を使えば、視覚的にも関係がわかりやすく、決定係数を求めるのも簡単です。

手順は、（1）日経平均株価や日経平均先物の日々の上昇下落率をx軸に、個別銘柄の上昇下落率をy軸にとって、対応する日の各点をプロットした散布図（相関図）を表示させる。（2）プロットした点のどれかを右クリックすると現れるメニューの中から「近似曲線の追加」を選択。（3）「オプション」のタグを選び、「グラフに数式を表示する」と「グラフにR－2乗値を表示する」にチェックを入れて「ＯＫ」をクリックする。以上です。

この作業によって直線と数式がグラフ上に表示されます。直線は、各点からの距離の2乗の和が最小となるように引かれているもので、回帰直線と呼ばれます。各点の散らばりを集約すれば、こういう直線になる、といった意味です。各点がこの直線の近傍に密集しているほど、相関性が高いことを示します。数式は、この直線を表す日経平均株価の前日比上昇下落率と個別銘柄の前日比上昇下落率の関係式で、同時に表示されるR2乗の値が決定係数です。

例として、時価総額が最も大きいトヨタ自動車（7203）と日経平均先物の前日比上昇下落率を用いて、相関図をつくってみました。決定係数は0・6226。「トヨタ自動車の値動きの62％は日経平均株価の値動きで説明できる」ということになります。相関係数はその平方根の0・79ですから、相関性は非常に高いと言えます。

y＝0・9411x＋0・0202の式のxの係数は、この直線の傾きであり、日経平均先物の値動き「1」に対して、トヨタ自動車はどのくらい動くのかを表します。この値はベータ値と呼ばれ、決定係数とともに見ておきたい数値です。「0・9411」というトヨタ自動車のベータ値は、日経平均先物の値動きに極めて近い動きをすることを示しています。

図4-1-1　日経平均先物とトヨタ自動車の値動きの関係を調べる

（データ期間：11年4月～15年8月7日）

①日経平均先物の日々の前日比上昇下落率をx軸に、トヨタ自動車の前日比上昇下落率をy軸に取って、各対応する点をプロットした散布図（相関図）を表示させる。

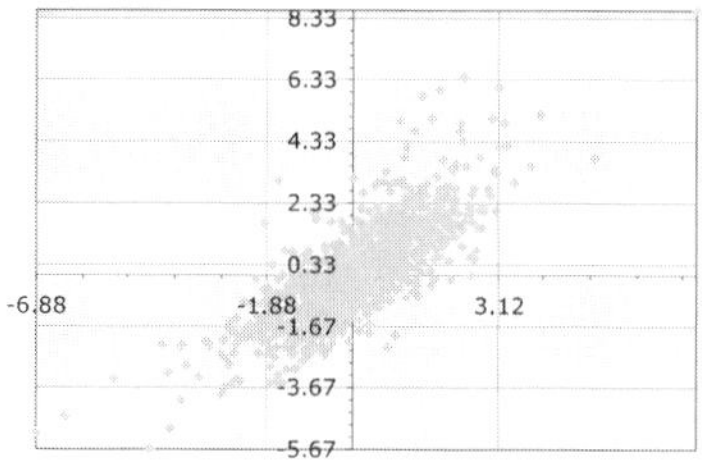

②いずれかの点を右クリックすると現れるメニューから「近似曲線の追加」を選択。

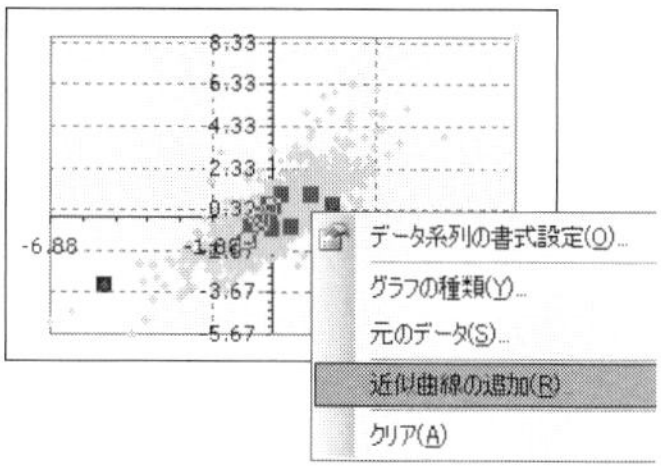

③「オプション」の中にある「グラフに数式を表示する」と「グラフにR-2乗値を表示する」にチェックを入れて「OK」。

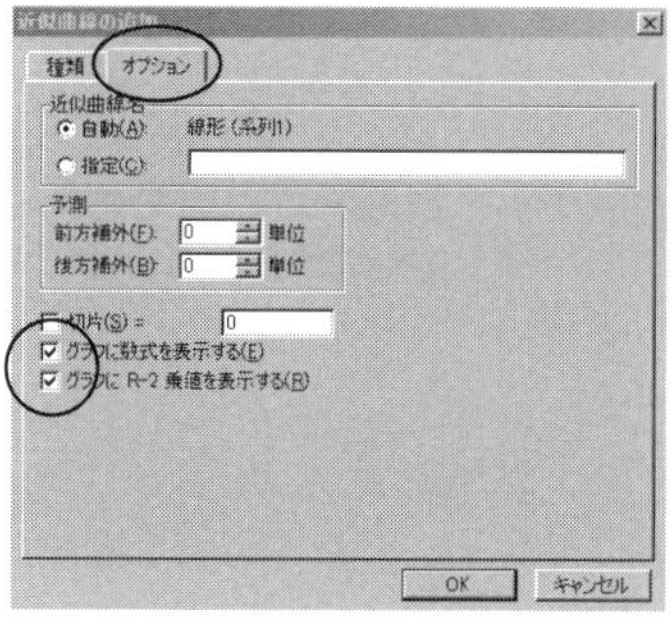

④出来上がり

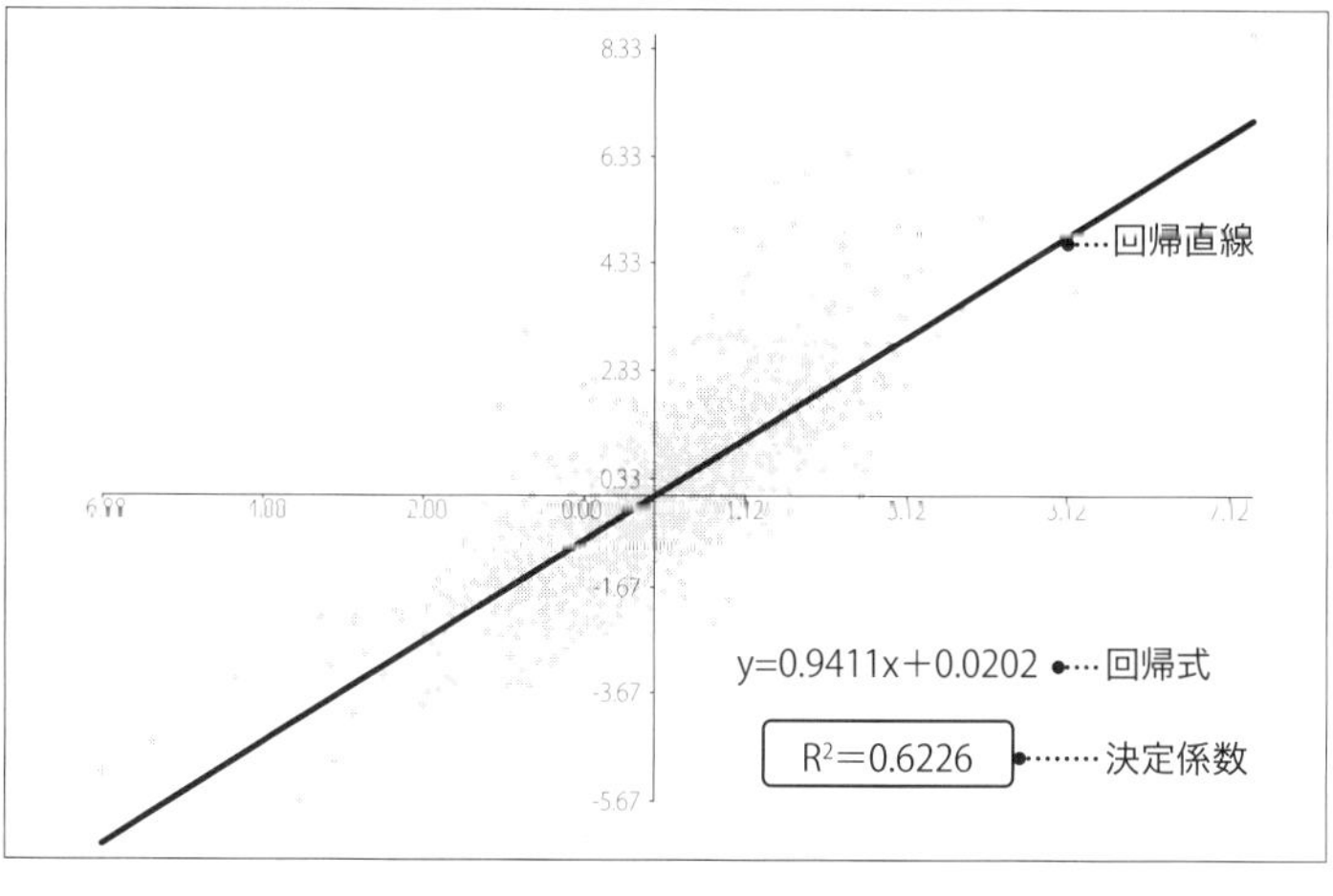

日経平均先物の日々の値動きとの関係の強さは「銘柄によりけり」

11年4月以降のデータをもとに、全上場銘柄について対日経平均先物の決定係数を調べてみたところ、銘柄によって数値にかなり差があります。

日経平均株価の採用銘柄ならば数値が高い、というわけではありません。たとえば、東京電力（9501）は日経平均採用銘柄でありながら、決定係数は0・07と、0・1にも届きません（**図4－1－2**）。全上場銘柄の中には、この銘柄のように決定係数が0・1未満という銘柄が半数程度あります。統計学上の解釈からすれば、これらの銘柄の日々の値動

図4-1-2　日経平均採用銘柄でも決定係数は0.1未満
（日経平均先物・9501東京電力：11年4月～15年8月7日）

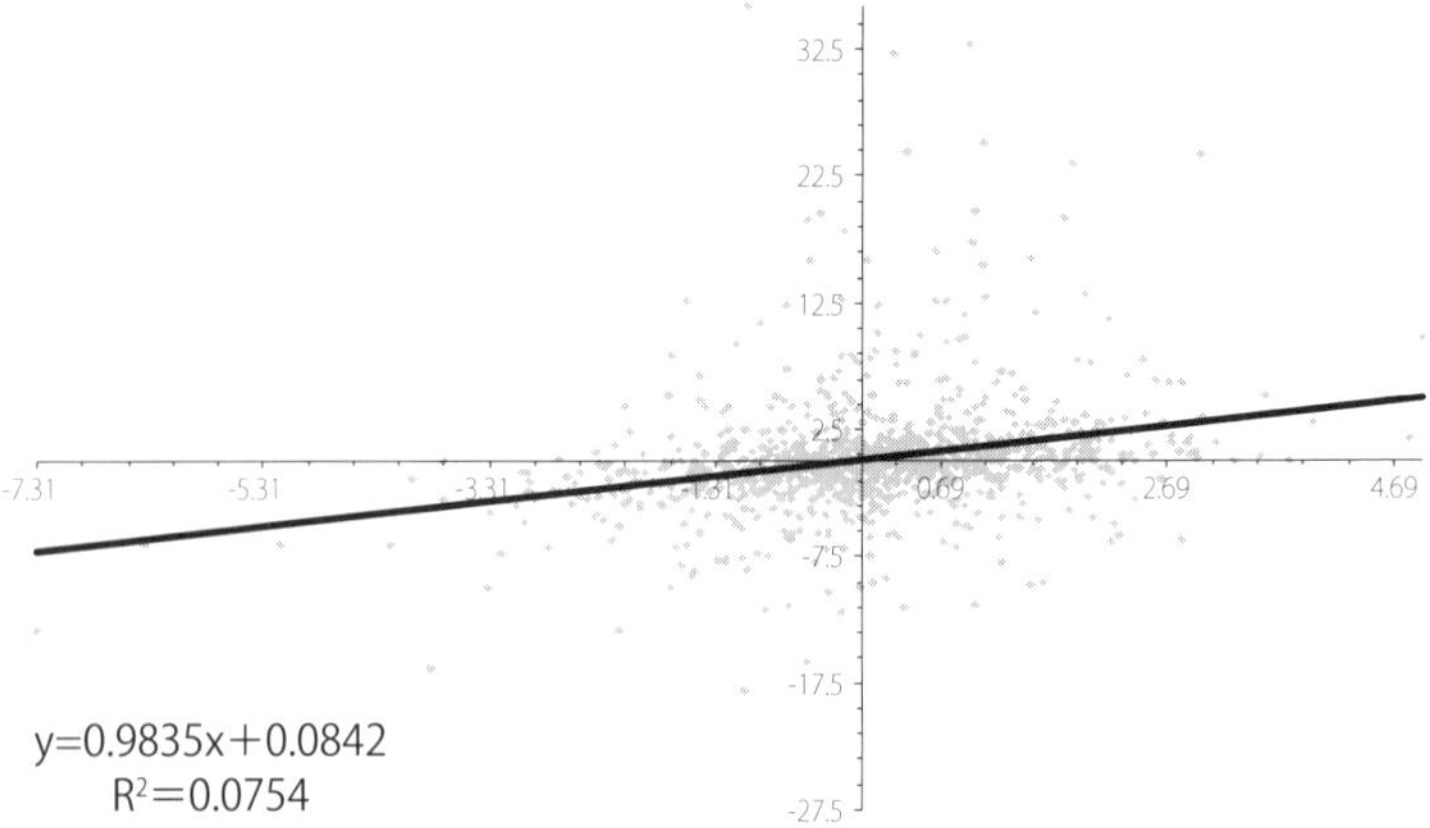

きに関しては「日経平均先物の値動きでは1割も説明できない」ということになります。

その一方で、決定係数が非常に高い銘柄もあります。**図4－1－3**は、決定係数の高い上位20銘柄で、いずれも0・5を超えています。「日経平均先物の値動きによって、その銘柄の値動きの5割以上を説明できる」という銘柄です。

この20銘柄ほどではなくても、決定係数がある程度高い銘柄、目安としては0・2以上（相関係数0・45程度）の銘柄ならば、前章で紹介した個別銘柄の売買に、日経平均先物やETFの売買を組み合わせる方法が功を奏す可能性がありま す。具体的には、個別銘柄を買うならば、

図4-1-3　日経平均先物との相関性の高い上位20銘柄
（データ期間：11年4月～15年8月7日）

コード	銘柄名	決定係数	日経平均株価に対する寄与順位
5901	東洋製罐グループホールディングス	0.66	64
6971	京セラ	0.62	5
7203	トヨタ自動車	0.62	11
8628	松井証券	0.61	109
8015	豊田通商	0.60	39
9301	三菱倉庫	0.60	79
6201	豊田自動織機	0.59	非採用
6471	日本精工	0.58	68
4021	日産化学工業	0.57	44
6902	デンソー	0.57	17
6473	ジェイテクト	0.57	55
4272	日本化薬	0.56	59
4063	信越化学工業	0.56	15
7911	凸版印刷	0.55	113
8601	大和証券グループ本社	0.55	119
7912	大日本印刷	0.55	99
8306	三菱UFJフィナンシャル・グループ	0.54	122
3105	日清紡ホールディングス	0.54	92
7267	ホンダ	0.54	13
8316	三井住友フィナンシャルグループ	0.54	157

※寄与順位は15年6月末時点

先物やＥＴＦを売る。個別銘柄を売るときには、先物やＥＴＦを買うといった具合に、個別銘柄の売買に「日経平均株価」で逆の売買を組み合わせるやり方です。これによって、個別銘柄に内包されている市場全体の値動きの影響を排除することができます。これが、日経平均株価を使って収益をあげる３つ目の視点で、日経平均先物・日経平均株価の存在感が増す市場環境の中では、とくに大きな意義があります。

より高く、より安定的なパフォーマンスを可能にする効果あり

たとえば、個別銘柄を買い、その一方で、日経平均連動型のＥＴＦを売る（空売り）としましょう。市場全体が大きく下げる事態となって、個別銘柄も日経平均株価もともに値下がりした場合、個別銘柄の「買い」は損失を出しますが、ＥＴＦの「売り」は利益を出します。この利益によって個別銘柄の損失がカバーされます。カバーされた分が、「市場全体による値下がり部分」と考えることができます。

逆に、市場全体が良好で個別銘柄も日経平均株価もともに上昇した場合には、個別銘柄の「買い」の利益が、ＥＴＦの「売り」の損失によって縮小します。残った利益が、市場全体の値上がり部分を除いた個別銘柄の上昇分です。

日経平均連動型のＥＴＦや日経平均先物で個別銘柄の逆の売買をすることで期待される効果としては、市場全体の値動きの影響が排除される結果、損益が安定的になることがあげられます。個別株の売買成果が市場全体の動向に振り回されるのを抑える効果、つまり、市場全体のリスクをヘッジする効果と言ってもいいでしょう。

「リスクをヘッジする」「損益が安定的になる」と言うと、利益が減る、あるいは、売りと買いが相殺されて損益がゼロになる、というイメージを持つ人もいるかもしれません。確かに、銘柄によっては、単に利益を縮小させるだけになるケースもありますし、日経平均株価との相関性が低い銘柄の場合には、そもそも逆の売買を組み合わせても意味をなさないことにもなってしまいます。しかし、日経平均株価の値動きとの関連性がある程度強い銘柄では、個別銘柄を単独で売買するよりも、むしろ高いパフォーマンスが出るケースがあります。そのうえさらに、損益の変動が安定的になるとなれば、まさに願ったり叶ったり、ではないでしょうか。

この「より高く、より安定的なパフォーマンスを可能にする」というところが、個別銘柄の売買を「日経平均株価」でヘッジする組み合わせ売買の眼目です。

§4-2

「個別銘柄の売買＋『日経平均株価』の逆売買」の効果

「日経平均株価」でヘッジを付けると累積損益の推移が一変

「日経平均株価」のヘッジを付ける効果が非常にわかりやすい例として、まず、ＴＯＰＩＸ連動型ＥＴＦを日経平均連動型ＥＴＦでヘッジする売買を紹介しましょう。

ＴＯＰＩＸは、日経平均先物に対する決定係数が０・８９と、極めて高い相関性があります。ベータ値は０・８５で、「日経平均先物が『１』動くと、ＴＯＰＩＸは『０・８５』動く」というイメージです。

まず、前章で紹介した「日経２２５連動ＥＴＦ（１３２１）が前日比上昇＝買い」「日経２２５連動ＥＴＦが前日比下落＝売り」という売買を、ＴＯＰＩＸ連動ＥＴＦ（ＴＯＰＩＸ連動型上場投資信託　１３０６）で試してみると、シミュレーション結果は**図4－2－1**のようになります。累積損益は12年から13年の初めまでは右肩上がりを描いていますが、そこから損失が嵩んでパフォーマンスは急落しています。

この売買に、日経２２５連動ＥＴＦのヘッジを付けて、「日経２２５連動ＥＴＦが前日比上昇＝ＴＯＰＩＸ連動ＥＴＦ『買い』＋日経２２５連動ＥＴＦ『売り』」、「日経２２５連動ＥＴＦが前日比下落＝ＴＯＰＩＸ連動ＥＴＦ『売り』＋日経２２５連動ＥＴＦ『買い』」としてみると、累積損益は**図4－2－2**のような右肩上がりの推移に一変します。

トヨタ自動車で同じ売買シミュレーションをしてみると、やはり似たような結果が出てきます。累積損益の水準は高く

図4-2-1　「日経平均株価」をシグナルにTOPIXを売買すると…
（1306TOPIX連動ETF：11年4月～15年8月7日）

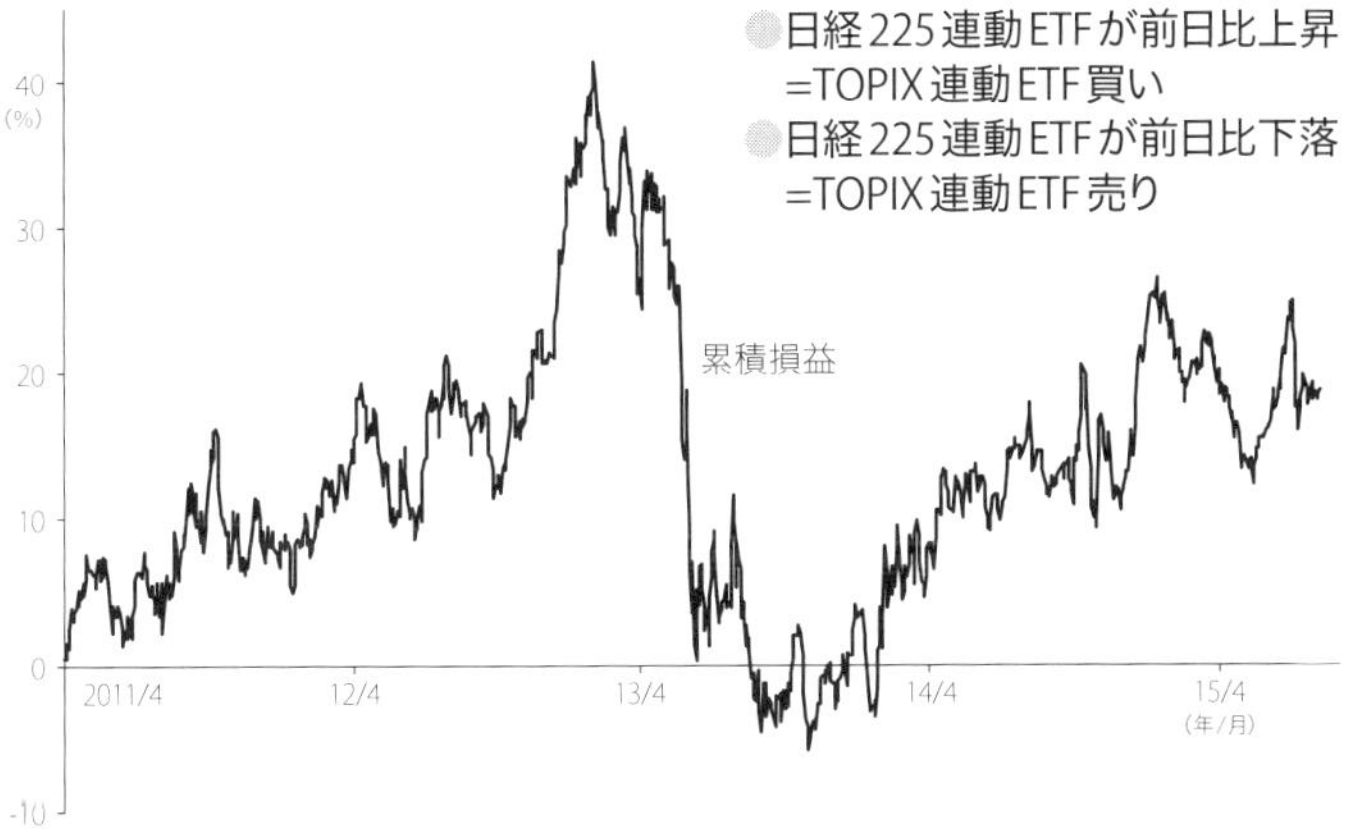

はありませんが、単独の売買ではまったくふるわなかったパフォーマンスが、「日経平均株価」でヘッジを付けるとこれだけ改善するという、その効果のほどは累積損益の違いを見れば一目瞭然でしょう（**図４－２－３**）。

なお、このシミュレーションでは、日経２２５連動ＥＴＦの売買サイズは組み合わせる個別銘柄と同金額を想定しています。たとえば、トヨタ自動車の株価が８２００円、日経２２５連動ＥＴＦが２万９５０円の場合、トヨタ自動車１株につき、日経２２５連動ＥＴＦ０・３９口。トヨタ自動車を１００株売買するとすれば、日経２２５連動ＥＴＦの売買は39口となります。１口単位で売買できるＥＴ

図4-2-2 「日経平均株価」の逆売買でヘッジすると損益の推移が一変
（1321日経225連動ETF・1306TOPIX連動ETF：11年4月～15年8月7日）

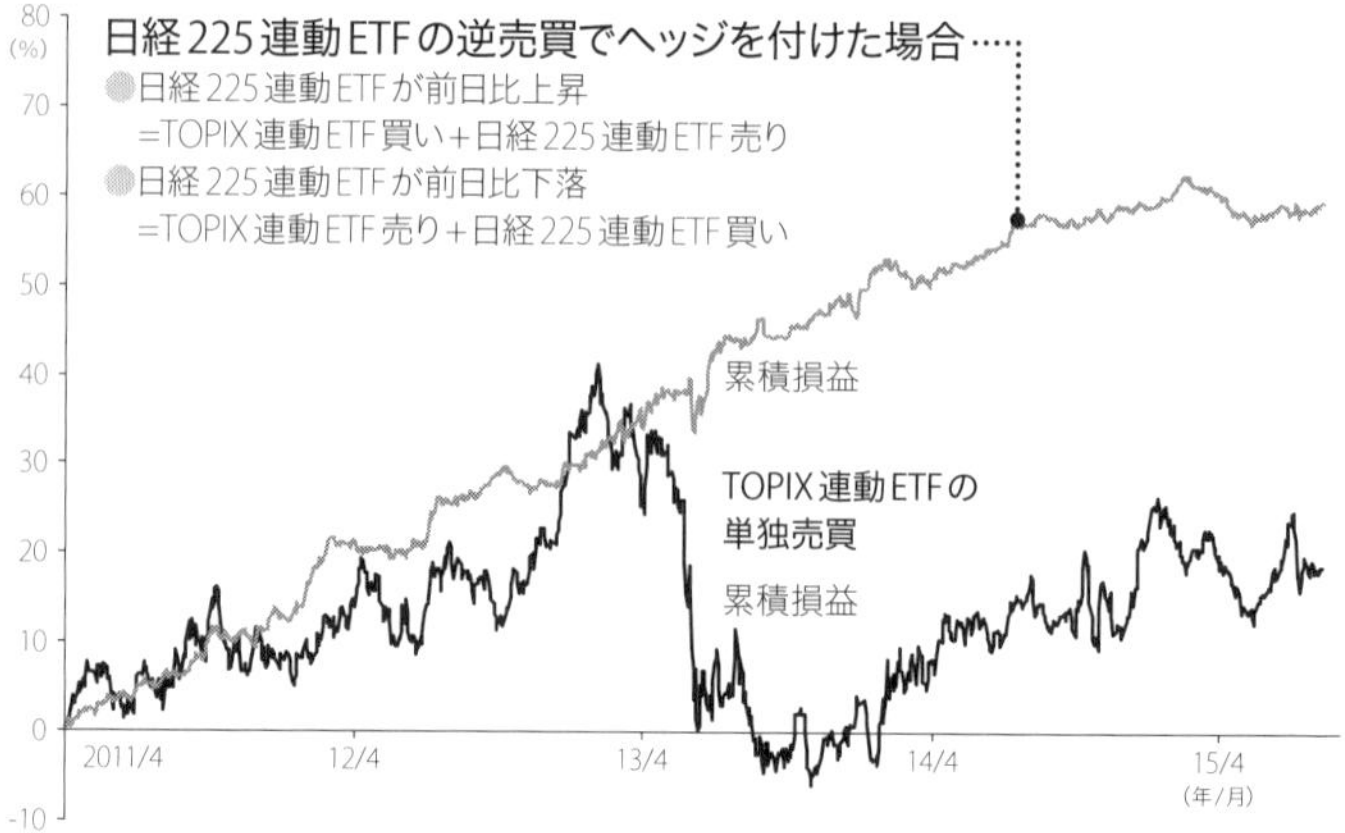

Fは、こうしたサイズ調整をする際には大変重宝します。

「そこそこ良好」なパフォーマンスが「より良好」になる例

個別銘柄単独の「日経225連動ETFが前日比上昇＝買い」「日経225連動ETFが前日比下落＝売り」のシミュレーション結果がそこそこ良好な銘柄の場合でも、日経225連動ETFのヘッジを加えると、より結果がよくなる例も少なくありません。

図4－2－4はオムロン（6645・決定係数＝0・41）の例です。13年以降、単独売買シミュレーションの結果も右肩上がりを描いていますが、日経225連

図4-2-3　確かに、パフォーマンスは伸び、推移は安定的になる
（7203トヨタ自動車・1321日経225連動ETF：11年4月～15年8月7日）

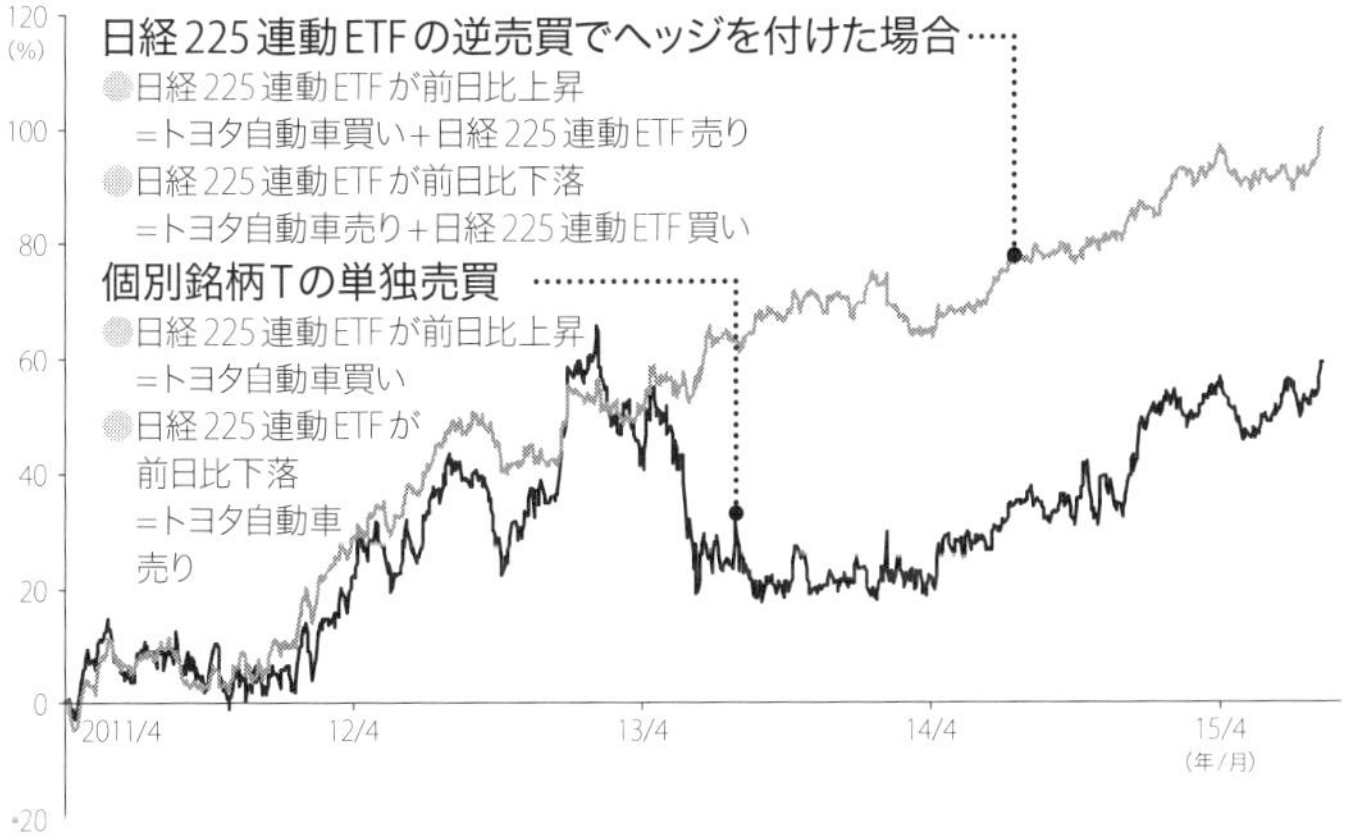

動ＥＴＦのヘッジを組み合わせると、累積損益が一段アップしています。

この差が顕著になったのは、13年5月23日から市場全体の中トレンドが調整局面になって以降です。この銘柄の株価が調子よく上昇していた12年11月から13年5月までの間は、ヘッジを付けても損益が縮小するわけでもなく、市場全体が軟調なときには、損失を抑えるどころか、むしろ損益を伸ばしている点は、大いに注目したいところです。

もっとも、この銘柄の株価は12年11月から3倍以上に上昇していますから、「日経225連動ＥＴＦの前日比上昇・下落を売買シグナルにしたり、そのうえさらにヘッジを付けたり、そんな面倒な

図4-2-4　「そこそこ良好」なパフォーマンスがヘッジによって一段伸びる例①
(6645オムロン・1321日経225連動ETF：11年4月～15年8月7日)

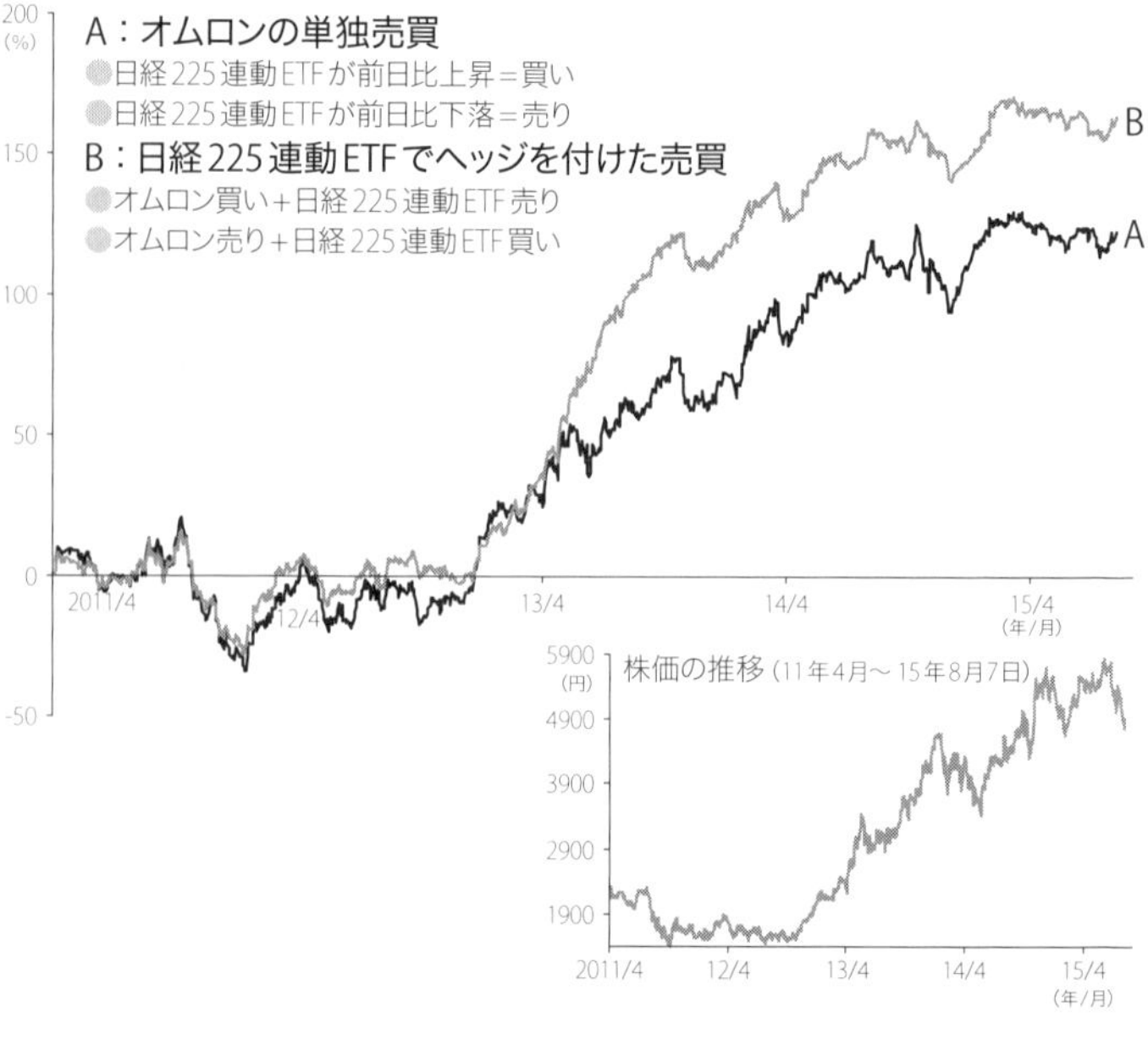

ことはしないで、持ちっぱなしが一番儲かるじゃないか」と思う人もいるでしょう。確かに、結果としてはそのとおりですが、この銘柄が2年以上も上昇を続けて株価が3倍になることは、当然ながら事前にはわかりません。

株価の先行きによっては、持ちっぱなしでは利益にならない可能性もあります。図4−2−5のダイドーリミテッド（3205・決定係数＝0・27）の株価を見ると、やはり12年11月から株価は上昇基調になっていますが、13年3月でその上昇は止まり、上げ下げを繰り返した後に下降トレンドの様相となっています。

この銘柄について、日経225連動ETFの前日比上昇・下落をシグナルにした売買のシミュレーションをしてみると、累積損益はAのような右肩上がりを描きます。さらに、これに日経225連動ETFのヘッジを付けると、パフォーマンスが落ち込むときの悪化が改善され、やはり累積損益はより高く、より安定的になっています。

日経225連動ETFの前日比上昇・下落をシグナルにする売買シミュレーションの検証方法は前章で紹介しましたが、その売買に日経225連動ETFで同金額分のヘッジを付けたケースも、是非一緒に検証してみてください。

ヘッジを付ける売買の検証手順は、（1）前章と同じように、日経225連動ETFが前日比上昇ならば「1」（買い）、前日比下落ならば「-1」（売り）、前日と同値なら「0」（売買なし）を表示させる。（２）日々の「個別銘柄の前日比上昇下落率－日経２２５連動ＥＴＦの前日比上昇下落率」を計算する。（３）（２）の計算結果にその前日の「１」「-1」「０」を掛ける。これで、ヘッジ込みの日々の損益が出る。（４）日々の損益をグラフ化する。と、意外に簡単です。

ヘッジの売買サイズにベータ値を用いてみるのも一策

先に、「日経平均先物が『１』動いたときに、その個別銘柄はどのくらい動くか」の目安となる数値、ベータ値を紹介しましたが、ヘッジする日経２２５連動ＥＴＦのサイズをこの値によって調整す

図4-2-5　「そこそこ良好」なパフォーマンスが一段伸びる例②
（3205ダイドーリミテッド・1321日経225連動ETF：11年4月～15年8月7日）

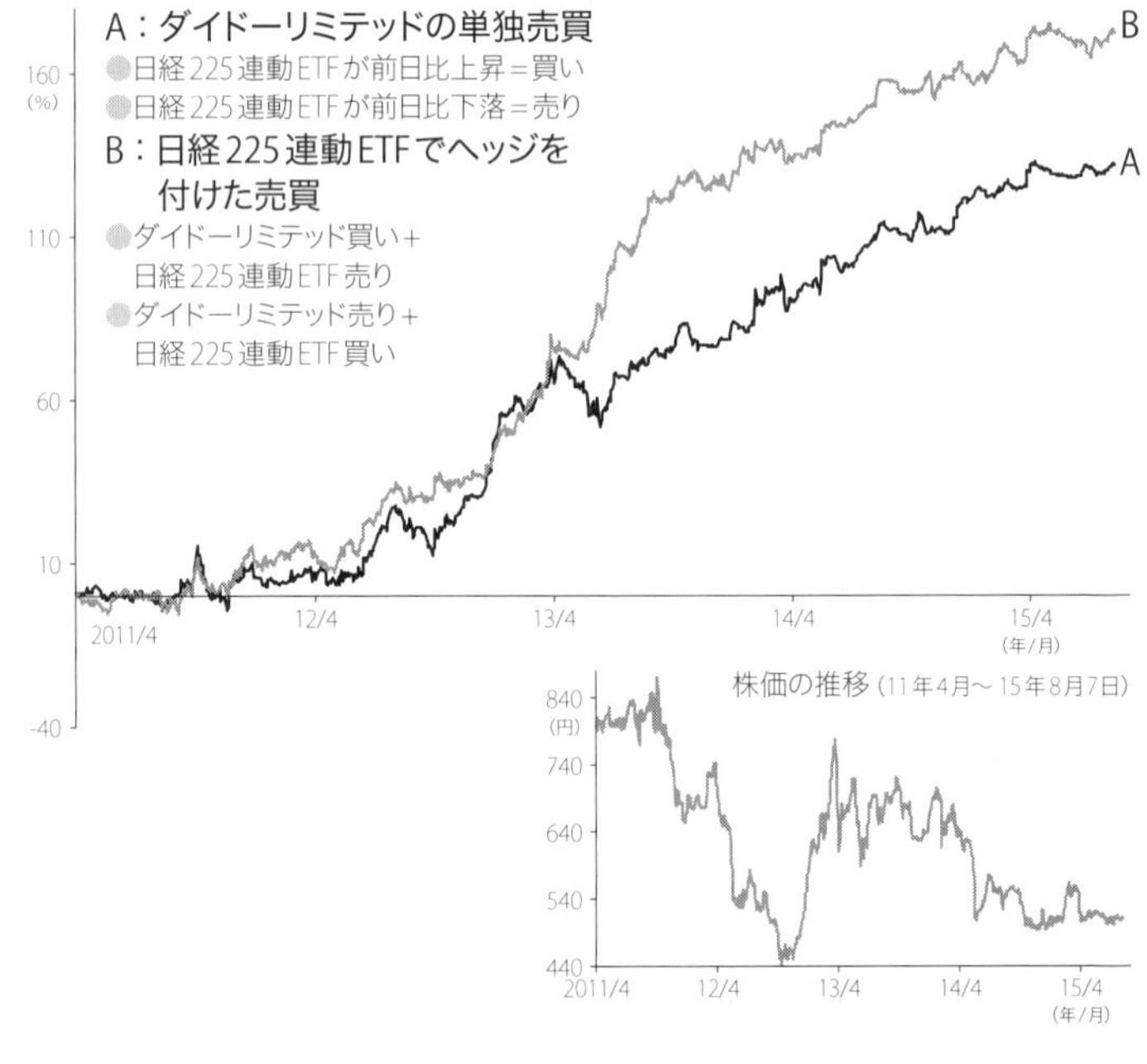

ると、また異なる効果が得られるケースがあります。

図4－2－6はロック・フィールド（2910）について、これまでと同じ日経225連動ETFの前日比上昇・下落をシグナルにした売買シミュレーションの検証結果です。この銘柄は、決定係数が0・19と高くはないのですが、単独の売買でも累積損益は右肩上がりを描きます（A）。この単独の売買に、日経225連動ETFで同金額分のヘッジを付けた結果がB、この銘柄のベータ値0・35を掛けたサイズでヘッジした結果がCです。

パフォーマンスの水準としては同金額分のヘッジを付けたケースが最も高いと

図4-2-6　ベータ値を考慮するとパフォーマンスが安定的になるケース
（2910ロック・フィールド・1320日経225連動ETF：11年4月～15年8月7日）

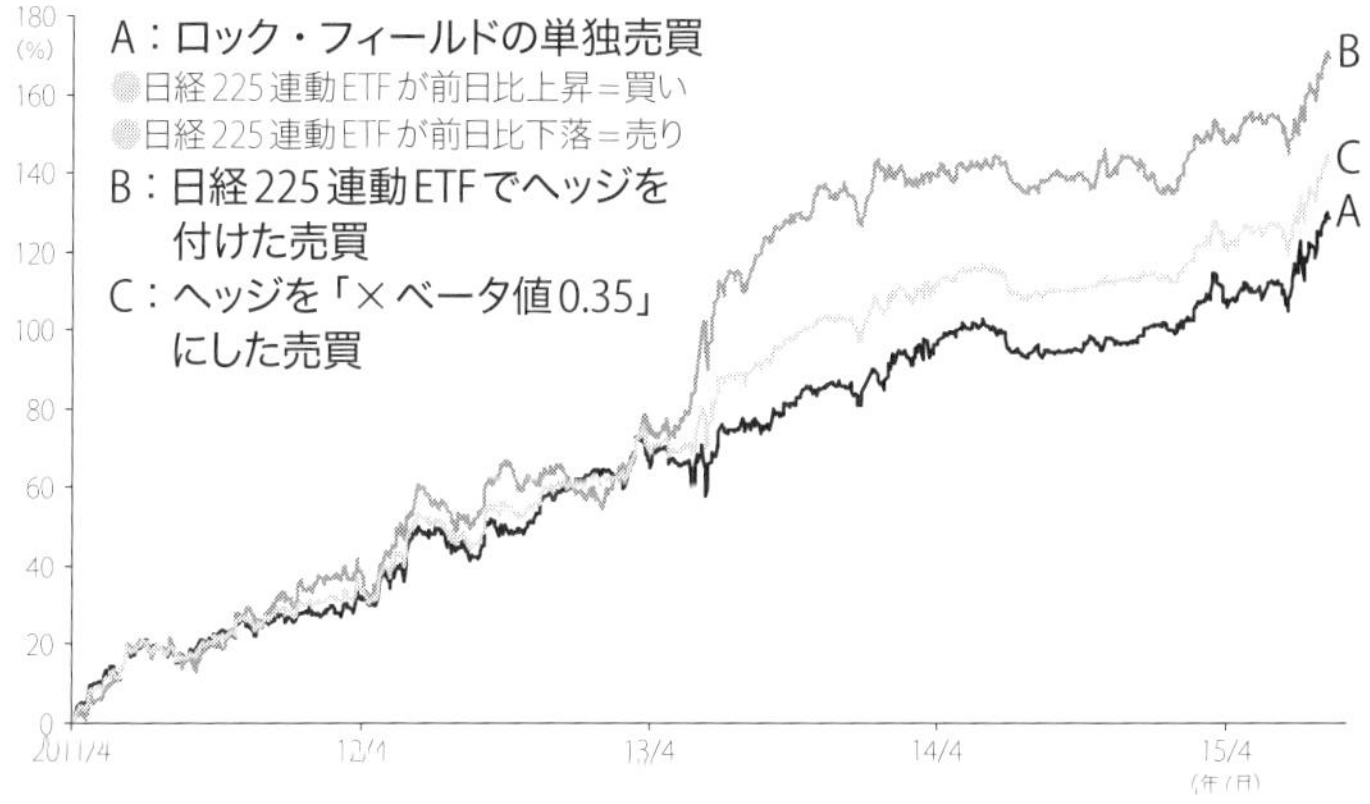

はいえ、ヘッジを付けないAよりも推移の起伏が激しく、むしろ不安定になっている様子が見て取れると思います。その点、ヘッジのサイズにベータ値を考慮したCは、パフォーマンスはBより落ちるものの、単独売買のAよりは高く、また、パフォーマンスの推移はBに比べるとだいぶ安定しています。

このような結果になるのは、ベータ値０・３５のこの銘柄にとって、同金額分のヘッジではサイズが過剰なために、日経２２５連動ＥＴＦの変動を受けすぎることが一因と考えられます。同金額分のヘッジを付けた売買を検証したところ、個別銘柄の単独売買よりもパフォーマンスの推移が荒れ気味になる場合には、ヘッジのサイズをベータ値によって調整してみるのも一策です。

なお、ヘッジのサイズにベータ値を用いる場合の検証方法は、先ほどの同金額ヘッジを付ける場合の検証方法の（２）の部分を「個別銘柄の前日比上昇下落率－（ベータ値×日経２２５連動ＥＴＦの前日比上昇下落率）」にするだけで、他は同じです。

§4-3 市場の地合いに応じて考える「売りヘッジ」「買いヘッジ」

ヘッジによって生み出されるプラスαの利益の背景

「日経平均株価」でヘッジを付けると、個別銘柄を単独で売買したときよりも利益があがるのは何故かといえば、ヘッジが個別銘柄の売買にプラスαの利益を与えるからです。

ヘッジによるプラスαの利益とはどんなときに生み出されるのか。住友化学（４００５）の売買例で詳細に見てみましょう。この銘柄の日経平均先物に対する決定係数は０・４３、ベータ値は１・０７です。

図４−３−１は、日経平均株価と住友化学の株価の推移。**図４−３−２**は、これまでと同じ日経２２５連動ＥＴＦの前日比上昇・下落をシグナルとしたシミュレーション結果です。この累積損益の様子を詳しく見るために、「日経２２５連動ＥＴＦが前日比上昇＝住

図4-3-1　日経平均株価と住友化学の株価の推移
（11年4月～15年8月7日）

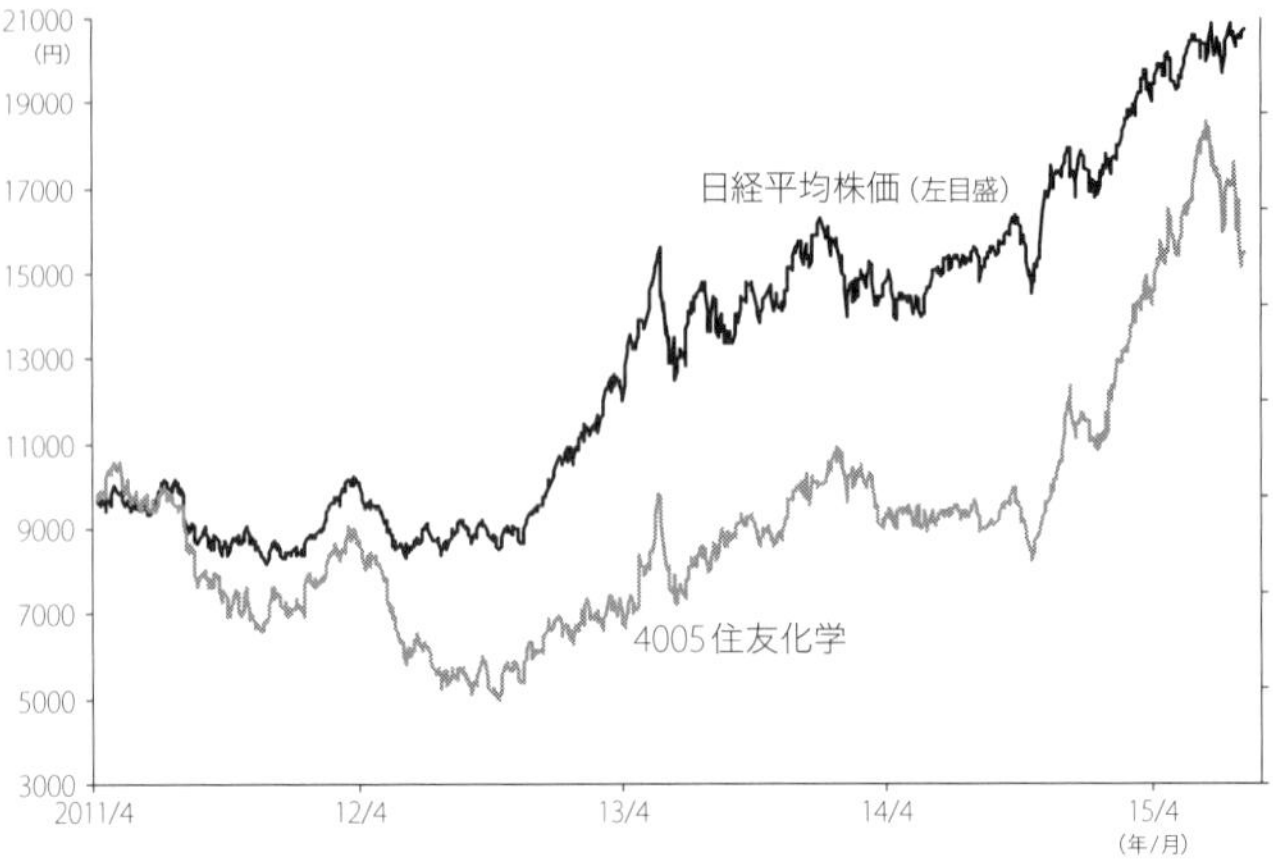

図4-3-2　単独売買とヘッジを付けた売買のパフォーマンスに差がついたのはいつか？
（4005住友化学・1321日経225連動ETF：11年4月～15年8月7日）

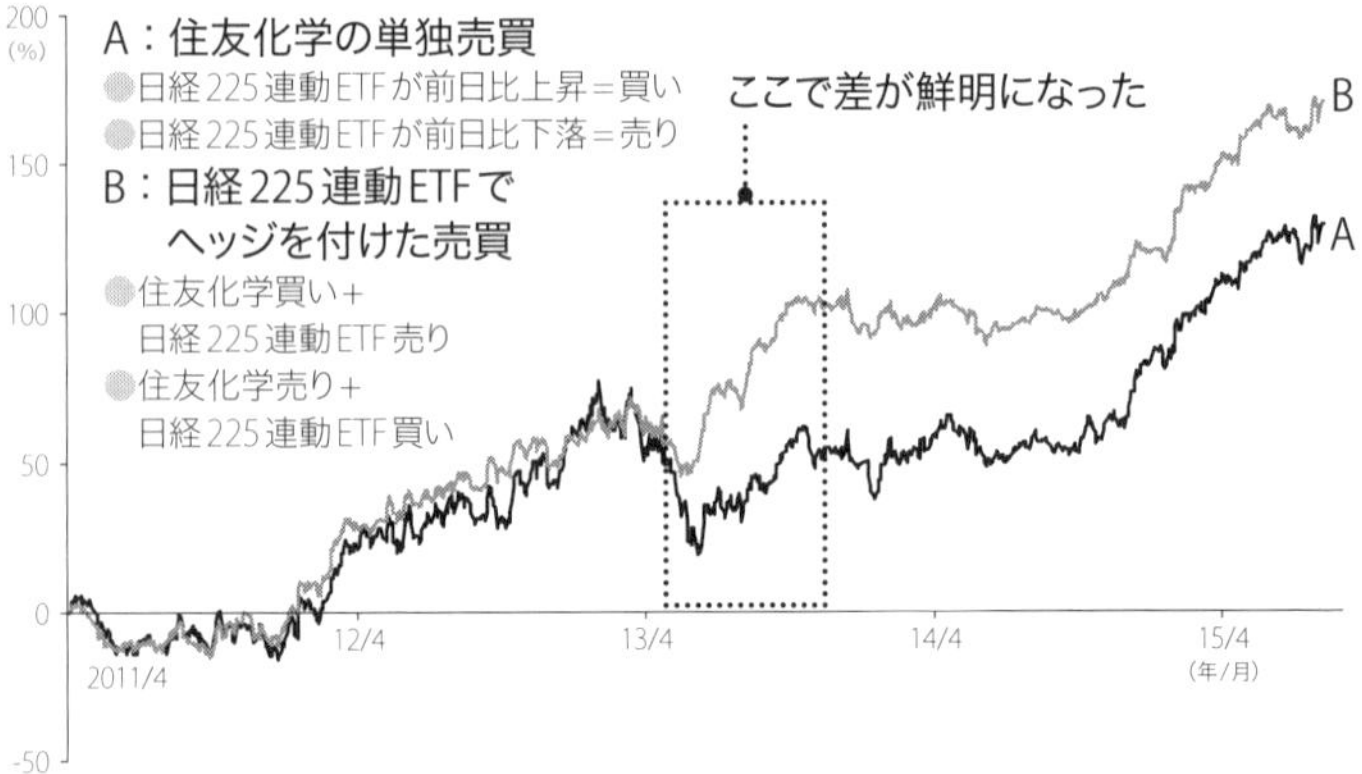

友化学を『買い』＋日経225連動ETFを『売り』」の累積損益の推移と、「日経225連動ETFが前日比下落＝住友化学を『売り』＋日経225連動ETFを『買い』」の累積損益の推移に分けてみましょう。

図4－3－3①が「住友化学買い」、②が「住友化学売り」の累積損益で、(a)はこの銘柄の単独売買、(b)が日経225連動ETFでヘッジを付けたケースです。

まず、市場全体が下降トレンドになっているAの局面では、②の「単独売り」が利益を稼いでいます。ヘッジの「日経225連動ETF買い」は、その利益を減らしていますが、個別銘柄の下落による利益のほうが大きいので、ヘッジを付けた場合のパフォーマンスの推移も右肩上がりです。このとき、①の「単独買い」の損益は右肩下がりですが、ヘッジの「日経225連動ETF売り」の利益によって、損失度合いは緩和されています。

このように、個別銘柄売りでは「単独売りもヘッジを付けても、パフォーマンスは右肩上がりで、利益は単独売りのほうが大きい」、個別銘柄の買いでは「単独買いもヘッジを付けても、パフォーマンスは右肩下がりで、損失はヘッジを付けたほうが小さい」という損益パターンになるのが、いわばノーマルな「市場全体が弱い」局面です。

市場全体が強い局面では、このパターンとは逆に、「個別銘柄の買い」が利益を稼ぎ、ヘッジの「日経225連動ETF売り」はその利益を減らしますが、パフォーマンスの推移は右肩上がり。一方、「個別銘柄売り」は損失を出すものの、「日経225連動ETF買い」の利益によって、パフォーマンスの右肩下がり度合いは緩やかになる、というのがノーマルなパターンと言えます。

12年11月に市場全体の上昇トレンドが鮮明になると、確かに、①の「個別銘柄買い」は累積損益の推移が右肩上がりになり、パフォーマンスの伸び方は単独売買のほうがよくなっています。また、②の「個別銘柄売り」は累積損益が右肩下がりに変化しています。

ところが、13年の2月頃から妙なパターンが出現します。図のBの局面ですが、①の「個別銘柄買い」は、単独買いのパフォーマンスが急上昇し、「日経225連動ETF売り」のヘッジが付いているほうは、パフォーマンスが伸びないどころか、右肩下がりになっています。他方、②の「個別銘柄売り」は単独売りのパフォーマンスは右肩下がりになっているのに対して、「日経225連動ETF買い」のヘッジが付いているほうは右肩上がりで、単独売りのパフォーマンスとの乖離が拡大しています。

このような損益パターンになるのは、日経平均株価の上昇が個別銘柄の上昇よりも強いケース、要するに、日経平均株価は強烈に上昇し、個別銘柄はその上昇についていけない場合です。「個別銘柄買い」で利益が出ていても、「日経225連動ETFの売り」のヘッジが付いていると、ヘッジの損失が個別銘柄の利益を上回るためにパフォーマンスが大き

図4-3-3　パフォーマンスの推移を「個別銘柄買い」「個別銘柄売り」に分けてみる

（4005住友化学・1321日経225連動ETF：11年4月～15年8月7日）

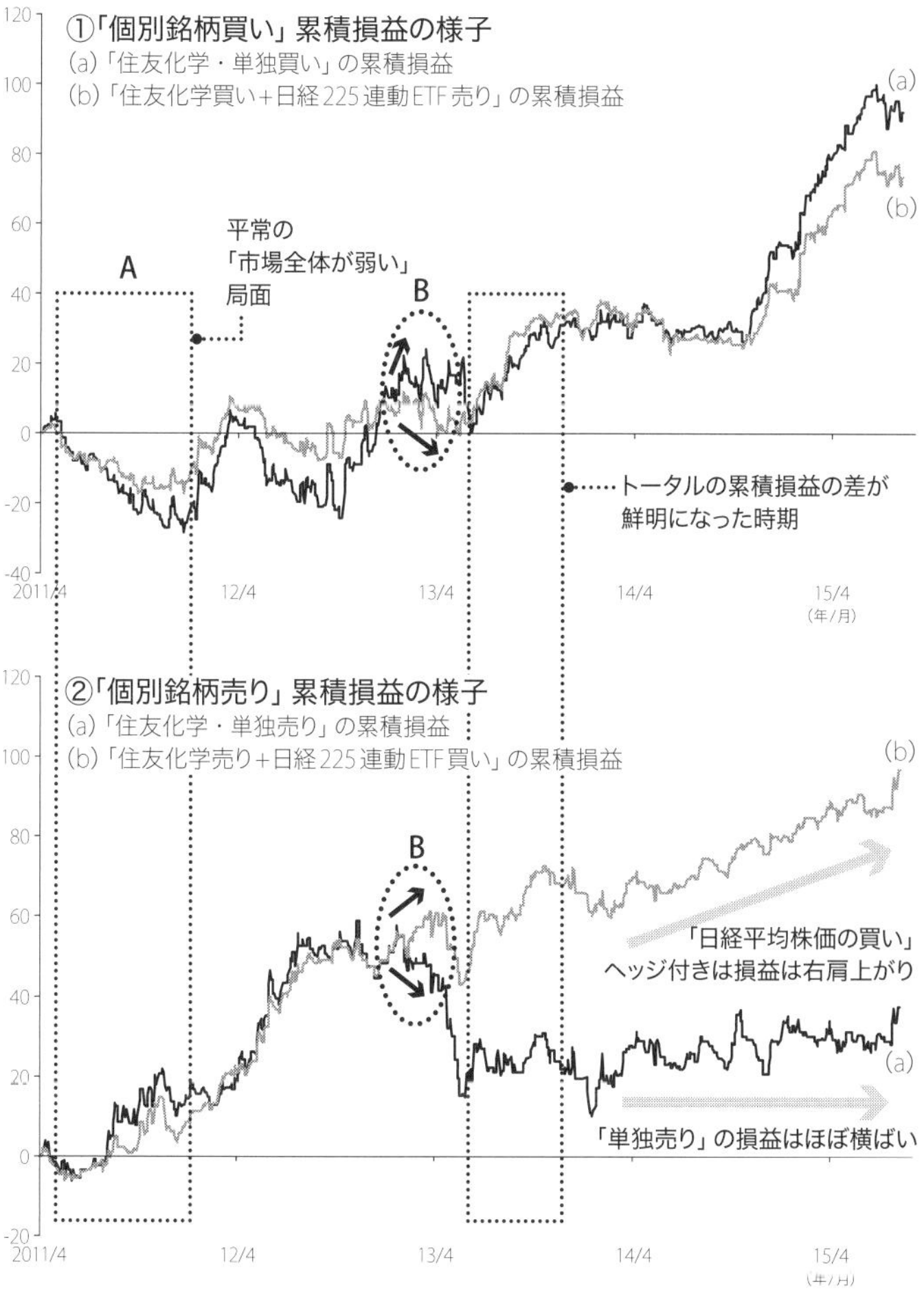

く落ちる。「個別銘柄売り」は、その損失よりも、ヘッジの「日経225連動ETF買い」の利益が上回るために、パフォーマンスが右肩上がりになる、というメカニズムです。

ノーマルな「市場全体が強い」ときとは異なるこの損益パターンは、①の「個別銘柄買い」では5月23日の市場急落を機に収束しています。その後、市場全体が上げ下げを繰り返す展開の中で、ヘッジを付けたほうのパフォーマンスがやや上回る状況が続き、14年10月の急上昇局面を境に、「単独買い・ヘッジ付きともに右肩上がりで、パフォーマンスは単独売買のほうが高い」という、平常の「市場全体が強い」ときのパターンになっています。ただ、14年11月以降、時折、単独買いのパフォーマンスが急上昇し、ヘッジを付けた売買のパフォーマンスとの差が拡大している傾向が現れています。これは、「日経225連動ETF売り」が個別銘柄買いの利益を大きく減らす状況、すなわち、日経平均株価が個別銘柄を凌ぐ上昇になることが時折あることを示唆しています。

一方、②の「個別銘柄売り」は、13年5月23日の急落を機に単独売りもパフォーマンスが一時上向きましたが、「日経225連動ETF買い」のヘッジを付けたほうのパフォーマンスとの乖離は解消されません。**図4−3−2**で見た単独売買とヘッジを付けた売買でパフォーマンスの差が鮮明になったのはこの時期です。

その後は、単独売買のパフォーマンスは横ばい状態、ヘッジを付けたほうは、緩やかながらも右肩上がりです。これは、やはり時折、日経平均株価が個別銘柄を上回る強い上昇を見せることが一因と考えられます。

市場全体の地合いの良し悪しを判断する着眼点

第1章で述べたように、日経平均株価が上昇基調にあれば「市場全体が強い」、日経平均株価が下落基調になっている局面は「市場全体が弱い」というのが通常です。ですから、市場全体の先行きを強気と見るならば、個別銘柄を買い、市場全体の急落に備えるヘッジとして「日経平均株価」を売る。市場全体の先行きを弱気と見るならば、個別銘柄を売り、市場全体の反発に備えるヘッジとして「日経平均株価」を買う、というのが、基本的なスタンスです。どちらも、予測通りに市場が動いた場合には、個別銘柄の単独売買よりも利益は減りますが、損益は安定化し、右肩上がりのパフォーマンスが期待できます。

ただし、こうした平常とは異なる状況が時に起こります。先に見たように、日経平均株価の上昇に個別銘柄の上昇が追いつかない状況もありますし、極端なケースでは、日経平均株価は極めて強い上昇基調にあるにもかかわらず、大半の個別銘柄は弱い動きになっていることもあります。この場合、日経平均株価は上昇していても、市場全体の地合いは良

図4-3-4① “平常”の損益パターンと“平常でない”損益パターン①

●日経平均株価が上昇基調にあるとき

“平常” のパターン＝市場全体の地合いは強い

個別銘柄「買い」

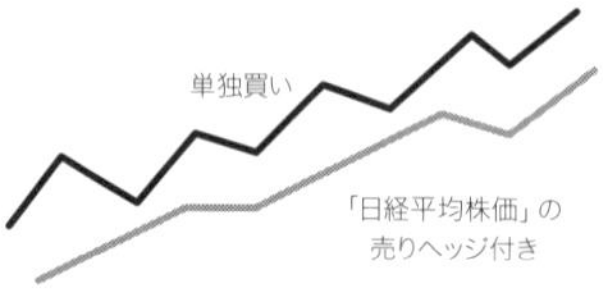

●どちらもパフォーマンスは
右肩上がり
●損益の水準は
「単独買い＞ヘッジ付き」

個別銘柄「売り」

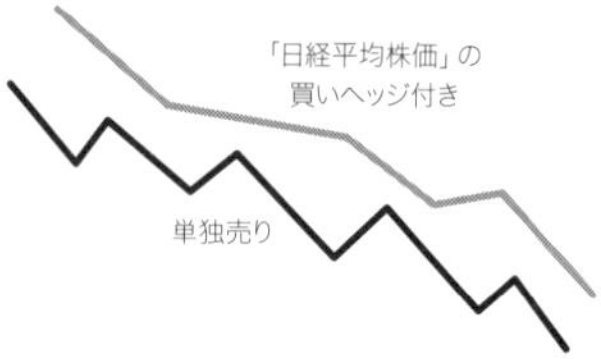

●どちらもパフォーマンスは
右肩下がり
●損益の水準は
「単独売り＜ヘッジ付き」

“平常でない” パターン（日経平均株価が個別銘柄より強い上昇）
＝市場全体の地合いは良くない

個別銘柄「買い」

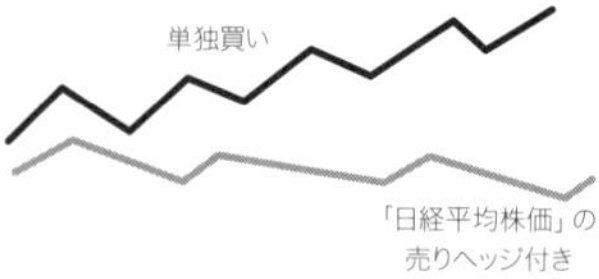

●売りヘッジの損失が
個別銘柄買いの利益を上回る
●損益の水準は、
「単独買い＞ヘッジ付き」で乖離拡大

個別銘柄「売り」

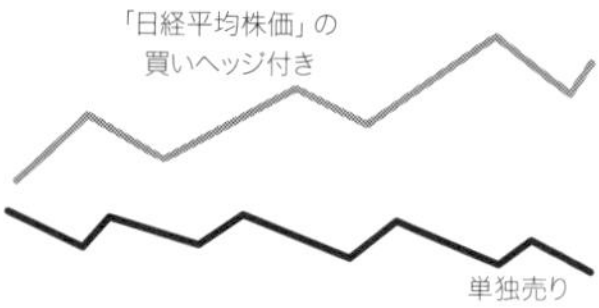

●買いヘッジの利益が
個別銘柄売りの損失を上回る
●損益の水準は、
「単独売り＜ヘッジ付き」で乖離拡大

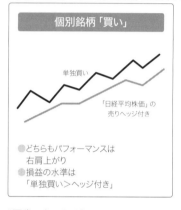

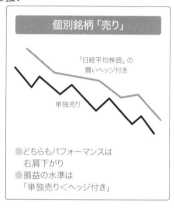

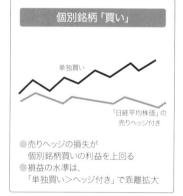

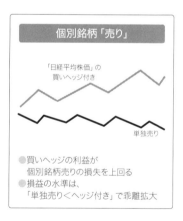

図4-3-4② “平常”の損益パターンと“平常でない”損益パターン②

日経平均株価が下落基調にあるとき

“平常” のパターン＝市場全体の地合いは弱い

個別銘柄「買い」

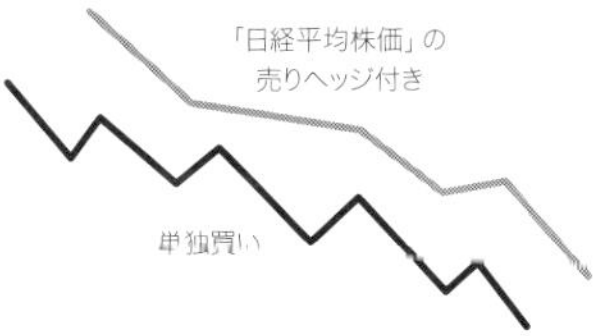

- どちらもパフォーマンスは右肩下がり
- 損益の水準は「単独買い＜ヘッジ付き」

個別銘柄「売り」

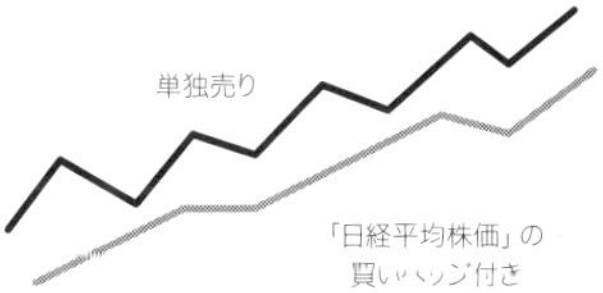

- どちらもパフォーマンスは右肩上がり
- 損益の水準は「単独売り＞ヘッジ付き」

“平常でない” パターン（日経平均株価が個別銘柄より強い下落）
＝市場全体の地合いは悪くない

個別銘柄「買い」

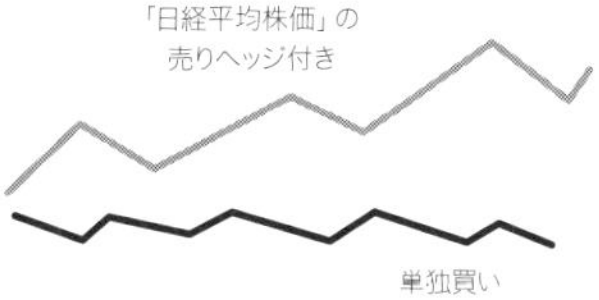

- 売りヘッジの利益が個別銘柄買いの損失を上回る
- 損益の水準は「単独売り＜ヘッジ付き」で乖離拡大

個別銘柄「売り」

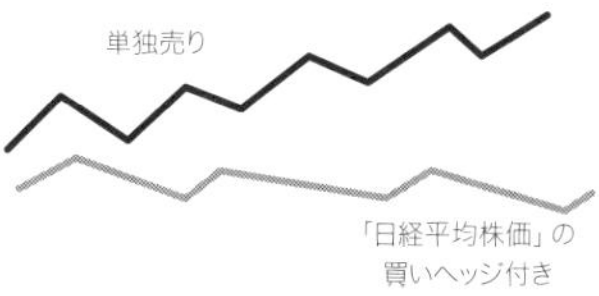

- 買いヘッジの損失が個別銘柄売りの利益を上回る
- 損益の水準は「単独売り＞ヘッジ付き」で乖離拡大

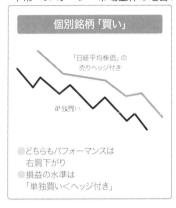

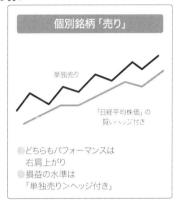

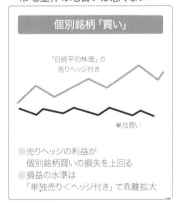

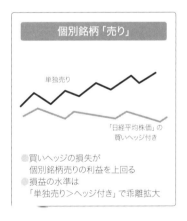

くない、あるいは、市場全体の地合いは悪化していると捉える必要があります。
また、日経平均株価が上げ下げを繰り返し、方向感のない動きを続けている局面で、実は市場全体の地合いが良好なときもあれば、逆に、市場全体の地合いは悪いときもあります。

このように、日経平均株価の動く方向と市場全体の地合いに乖離が生じている場合には、市場全体の地合いが良いならば「個別銘柄を買い、『日経平均株価』の売りでヘッジする」、地合いが悪ければ、「個別銘柄を売り、『日経平均株価』の買いでヘッジする」が有効なスタンスになります。ヘッジを付けても利益が減らない、むしろパフォーマンスが上がるという、その極めて大きな源泉は、実はこの局面の売買にあります。

では、日経平均株価の動きを見ているだけでは捉えることができない市場全体の地合いの良し悪しを、どうやって判断すればいいのか、というと、第1章でふれたことも含め、いくつかの着眼点があります。

まず、日経平均株価が上昇しているときに、どんな銘柄が買われているのかを見ることです。ファーストリテイリングやソフトバンクなど、寄与度の高いごく一部の銘柄が猛然と買われて日経平均株価が値持ちしている場合、地合いは良くありません。
日経平均株価と他の株価指数の動きの違いも大きなヒントになります。日経平均株価よりもＴＯＰＩＸのほうが強い動きをしていてＮＴ倍率が低下傾向を続けているならば、地合いは良好と言えます。また、日経平均株価もＴＯＰＩＸも冴えない動きをしているときに、東証2部指数やＪＡＳＤＡＱ指数が堅調な動きをしている場合も、市場全体の地合いは悪くありません。この状況にあるときには、「中小型の個別銘柄の買い＋日経平均連動型（またはＴＯＰＩＸ連動型）のＥＴＦ売り」を考えたいところです。

逆に、日経平均株価は堅調でも、他の株価指数がズルズル下げ続けているとすれば、それは市場の地合いが悪化しています。これは警戒を要す状況です。

図4-3-5　「地合いの良し悪し」を判断する着眼点の例

地合いが強い	地合いが弱い
●安く寄り付いても、下げ渋って場中に値を戻す銘柄が目立つ ●ストップ高する銘柄数がストップ安銘柄数を圧倒的に上回っている ●IPOが好調 ●2部指数・新興市場の指数が堅調 ●NT倍率が低下する ●新高値をつける銘柄数が新安値をつける銘柄数よりもはるかに多い	●高く寄り付いても値がもたず、場中にズルズル下げる銘柄が目立つ ●ファーストリテイリングやソフトバンクなどが買われて、日経平均株価は値持ちしているが、輸出関連の主力銘柄が強烈に売られている ●2部指数・新興市場の指数が日経平均株価よりも下げ方がひどい ●NT倍率が上昇する ●新安値をつける銘柄数が新高値をつける銘柄数を上回る状況が続く

大トレンドの転換点を示唆する「日経平均株価と市場実態との乖離」

確認できる時期はやや遅れますが、市場全体の地合いの良し悪しを端的に知らせてくれるのは、高値更新銘柄数と安値更新銘柄数の動向です。

第1章でも述べたように、日経平均株価は市場全体を代替するインデックスで、本当に市場全体が趨勢として良いのか、悪いのかを語っているのは、値を伸ばし続けて高値を更新する銘柄が多いのか、値を下げ続けて安値を更新する銘柄が多いのか、です。日経平均株価がいかに強い上昇を見せていても、高値を更新する銘柄数がまるで増えず、安値を更新する銘柄数が増えているのであれば、市場全体の地合いは悪いと判断して間違いありません。逆に、日経平均株価が強烈に下げていても、安値を更新する銘柄は増えずに、むしろ高値を更新している銘柄が増え始めているとすれば、市場全体の地合いは改善していきます。

この日経平均株価が市場全体の地合いと乖離する現象は、数年単位の大きなトレンドの転換点が近いことを示唆している可能性もあります。

折りに触れて紹介しているデータですが、**図4−3−6**は、99年以降の日経平均株価の推移と、過去1年来の高値更新・安値更新銘柄数です。たとえば、ITバブルの最高値は2000年4月でしたが、高値更新銘柄数が増加していたのは99年7月までで、11月以降は安値更新銘柄のほうが上回る状況になっています。当時のことを振り返ると、2000年に入って以降も、IT関連と称される銘柄の人気は衰えず、熱狂が続いていました。しかし、その頃はすでに、「過去1年に買った人は全員損失状態」という安値更新銘柄が着々と増えていた、ということです。

03年4月からの上昇相場では、日経平均株価のピークは07年7月でした。ところが、高値更新銘柄数が増えていたのは、06年1月までで、〝ライブドア・ショッ

図4-3-6　日経平均株価と「過去1年来の高値更新・安値更新銘柄数」
(99年1月～15年7月末)

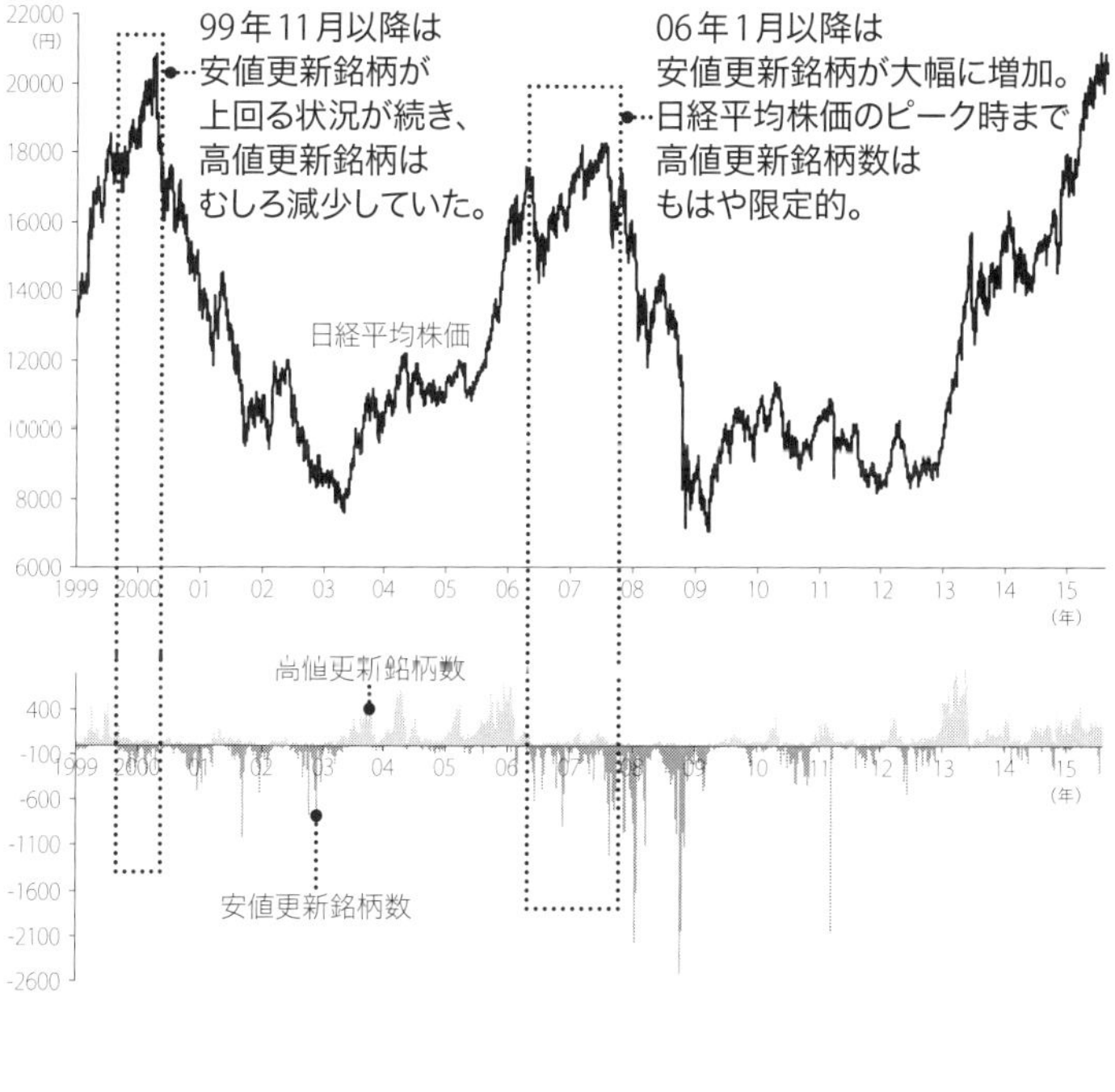

ク〟以降は、高値更新銘柄が激減。安値更新銘柄が激増する状況になっています。

もちろん、このわずか2回の過去の例と同じ現象がこの先も起きるという確証はありません。仮に、同じような現象が起きても、それが大きなトレンドの転換点ではなかった、となる可能性もないとは言えません。ただ、大きなトレンドの行く末がどうなるかはわからないとしても、中トレンドのレベルで市場全体の地合いは確実に悪化しています。市場全体が本物の上昇基調に戻るまでには時間を要するだろうという予測が、この場合のメインシナリオです。

よって、この現象が観測されたときには、日経平均株価が上昇基調を続けていても、個別銘柄は買わないに限ります。このときの良策は、先述のとおり、「個別銘柄を売り、ヘッジで『日経平均株価』を買う」です。「『日経平均株価』を買って、『個別銘柄の売り』でヘッジする」と解釈してもよいでしょう。

日経平均先物が主役となっている今日の市場の中では、日経平均株価の動きと市場実態との乖離が一時的ながらも極端な形で現れる可能性があります。個別銘柄の売買に「日経平均株価」の逆売買を組み合わせることは、そうした乖離局面を収益の機会に変える有用な手立てです。

「日経平均株価」の売買については、日経平均連動型のETFを用いるほかに、第2章で紹介した２倍連動型・２倍逆連動型のＥＴＦを利用する方法もあります。日経平均株価の上昇が非常に強く一方的ならば「２倍連動型を買う」、上げ下げしながら上昇していく状況の場合には「２倍逆連動型を売る」です。値動きは「日経平均株価の２倍」ですから、個別銘柄の取引金額の半分相当のサイズで、同金額分のヘッジ効果が期待できます。

　個別銘柄の売買サイズが大きい場合には、日経平均先物やミニ先物を活用するのが効率的です。１２１ページで紹介したとおり、コスト面でもメリットがあります。

COLUMN 2

日経平均株価の「上がりやすい月」「下がりやすい月」

明確な根拠はないものの、過去の経験則からすると「こうなりやすい」という動きのことを、相場の世界では「アノマリー」と言います。

「Sell in May」は、メディアなどでもよく紹介されるアノマリーのひとつです。5月の株式市場は下がりやすいので、売っておけ、ということですが、実際のところ、本当に5月は下がりやすいのでしょうか。

90年以降の日経平均株価について、月別の騰落率合計を調べた結果が**図4-4**です。5月の26年間の騰落率合計はマイナスですから、確かに「下がりやすい」と言ってよいのかもしれませんが、数字からすれば、7月・8月・9月のほうが下がりやすい傾向は鮮明に現れています。実際、7月、8月は「夏枯れ相場」などと言われることがあります。また、最もマイナスの大きい9月は「苦月」と称されたりします。

9月と言えば、中間期決算の銘柄が多数あります。配当金や株主優待をもらうために「権利落ちまでは売れない」という人もいるのではないでしょうか。高配当や優待人気の銘柄は、仮に、市場全体が悪化していたとしても、権利付き売買最終日まで値持ちする可能性はあります。が、権利落ちと同時に、堰を切ったかのように強烈に売り込まれる状況も想定しておかなければなりません。

もし、9月に市場が悪化していた場合には、せめて「日経平均株価」を売って、市場全体のリスクをヘッジする策は考えておきたいところです。

図4-4　日経平均株価の「上がりやすい月」「下がりやすい月」

（データ期間：90年1月〜15年8月7日）

月	騰落率合計（%）
1	-21.6
2	10.2
3	17.7
4	47.7
5	-3.4
6	1.4
7	-26.1
8	-32.6
9	**-39.2**
10	-1.3
11	9.3
12	**49.3**

第5章

日経平均株価の「変動の大きさ」も収益源になる

§5-1

株価が動くもリスク、動かないのもまたリスク

株価が動かないと困る人もいれば、大きく動くと困る人もいる

ここまで紹介してきた「『日経平均株価』の売買」「個別銘柄の売買」は、いずれも、株価が上がるか、下がるかが損益に直結します。株価が上がれば「買い」が利益になる、株価が下がれば「売り」が利益になる、というのはわかりやすいのですが、相場の動きには、上がるか、下がるかのほかにもうひとつ、上にも下にもほとんど動かない、横ばい状態というものがあります。この状態が続くと、買っても、売っても、ほとんど儲からない。収益の機会が得られないことになってしまいます。市場が動かなくなることは、値幅を取る売買をしたい人にとって、好ましからざる状況、いわばリスクです。

他方、「少々の値幅ならば値下がりしてもまったく構わないが、大きく下がるのは勘弁

してほしい」という人もいます。この人にとっては、株価が大きく動くことが好ましからざる状況になります。

この両者、片や「動いてくれないと困る」、片や「大きく動いてもらっては困る」ということですから、回避したい将来の状況が相反しています。それならば、株価が大きく動くか、動かないかによって損益が決まる取引をしたらよいのではないでしょうか。

この取引では、ある株価の基準を設けて、買い手は「その基準を超えて動くと利益」、売り手は「基準に至らない小動きならば利益」になるとします。株価が動かないと困る人は、これを売れば、株価が動かずに収益の機会が得られなかった場合のロスをこの取引の利益でカバーできる。大きく動くと困る人は、これを買えば、株価が大きく動いた場合のロスをこの取引の利益でカバーできます。両者にとって、実に好都合です。

さらに、この取引は、株価が大きく上がる、あるいは大きく下がると予想する人、反対に、株価はあまり動かないと予想する人にとっても利用価値があります。前者はこの取引の買い手になり、後者はこの取引の売り手になって、予想通りになったほうが利益。予想と反する動きになったほうが損失です。

このように、変動の大きさを対象にする取引が「オプション取引」です。

3分でわかるオプション取引のしくみ

いったい、「変動の大きさ」を取引するというのはどんなしくみなのかというと、「予め決めた期日に」「対象とする資産を」「予め決めた価格で」「買う権利、または売る権利」を売買します。「権利を売買する」などと言うと複雑そうな感じがするかもしれませんが、その基本構造は〝万が一〟に備える掛け捨て保険と非常によく似ています。

たとえば、日経平均株価が2万円のときに、「1か月後に日経平均株価が1万8000円よりも下がっていたら困る」と思っているとします。その場合、こんな掛け捨ての保険があったらどうでしょうか。

●満期までの期間は1か月
●満期日に日経平均株価が1万8000円を下回っていたら、「1万8000円−満期日の株価」が保険金として支払われる。
●保険料は前払いで、一口あたり14円

要するに、「日経平均株価が満期日に1万8000円を下回る」というのが、備えておきたい〝万が一〟の事態です。

この保険に1000口加入した場合、保険料は1万4000円。万一、日経平均株価が暴落して、満期日に1万7000円になっていれば、わずか1万4000円の掛け金で「1000円×1000口」で100万円の保険金を受け取ることができます。ただし、万が一のことが起きずに、満期日の日経平均株価が1万8000円以上の場合には、保険金は受け取れません。1万4000円の保険料はまるまる無駄になってしまいますが、万が一の悪いことが起きなかったのですから、それはそれでよし、というのが掛け捨て保険の考え方でしょう。

　この保険契約と同じような効果を持つのが、「1か月後の期日に」「日経平均株

図5-1-1　オプション取引の基本構造は「掛け捨て保険」と同じ

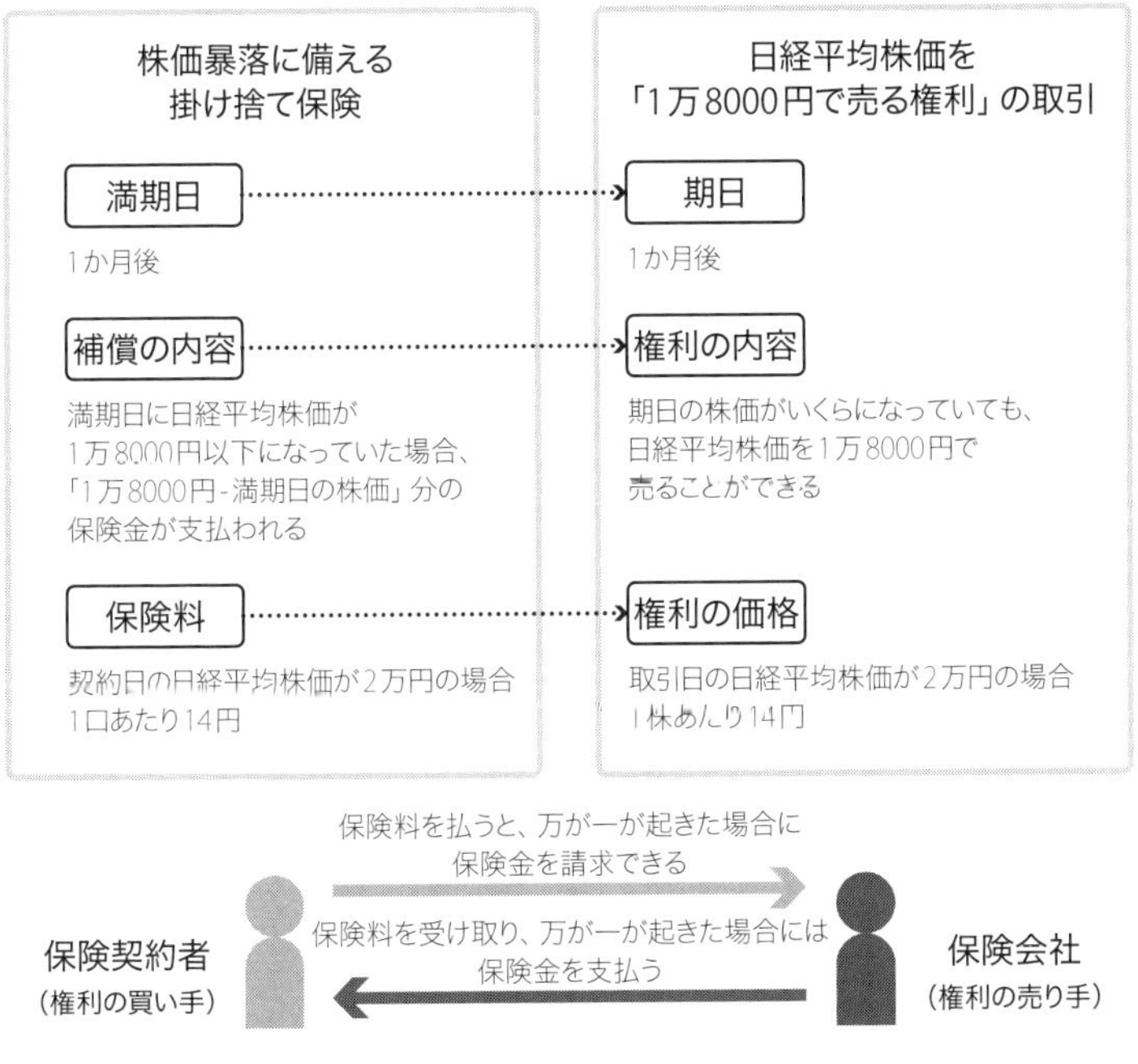

価を」「1万8000円で」「売ることができる権利」を1株あたり14円で売買する取引です。

この権利を買った人は、日経平均株価が1か月後にいくらになっていても1万8000円で売ることができます。期日の日経平均株価が1万7000円に下がっていれば、この権利を行使することによって1株あたり1000円得します。つまり、1000円の利益です。

他方、日経平均株価が1万8000円以上ならば、権利を使えば損をしてしまいますから、権利は放棄します。権利を放棄したからには、〝保険料〟は払い捨て。何も受け取ることはできませんが、権利を買うときに支払った〝保険料〟のほかには何の支払いも発生しません。

一方、この保険を引き受ける保険会社に相当するのが、「1か月後の期日に日経平均株価を1万8000円で売ることができる権利」の売り手です。保険会社が契約者から保険料を受け取るのと同じように、この権利を売った人は、権利を買った人から1株あたり14円をもらいます。と同時に、〝万が一〟が起きた場合には、やはり保険会社と同じように〝保険金〟を支払う義務を負います。期日の日経平均株価が1万7000円ならば、1株につき1000円を買い手に支払わなければなりません。

しかし、〝万が一〟の事態に至らず、期日の日経平均株価が1万8000円以上ならば、買い手が権利を放棄します。この場合には、何もすることはなく、1株につき14円の保険料をまるまるもらってお終いです。

もし、株価が大きく上昇してしまった場合に備えたいのであれば、「買うことができる権利」が、それに対応する保険と同じような効果を持ちます。

たとえば、「まとまったお金が入ってくるのが1か月後で、そのときに株を買いたい。いま2万円の日経平均株価がそのとき2万2000円よりも上がっていては困る」という人がいるとしましょう。この場合、「1か月後の期日に」「日経平均株価を」「2万2000円で」「買う権利」を買っておきます。期日に日経平均株価が2万4000円に上昇していても、この権利を使えば、2万4000円の日経平均株価を2万2000円で買うことができますから、1株あたり2000円の利益です。

ただし、期日の株価が2万2000円以下ならば、権利を使えば損をするので、権利を放棄します。〝保険料〟は払い捨て。何も受け取ることはできません。

保険会社に相当するこの権利の売り手は、期日の株価が2万2000円を上回っていたら、差額分を買い手に支払う義務を負います。しかし、期日の株価が2万2000円を超える上昇になっていなければ、買い手が権利を放棄するため、〝保険料〟をまるまる受け取るだけです。

このように、「売る権利」「買う権利」の売買では、期日の株価が予め決めた基準よりも安いか、高いかが、買い手と売り手の損益を決めます。これが「変動の大きさ」を取引するという、オプション取引の基本的なしくみです。

権利の値段は〝起きる可能性の高さ〟によって決まる

ここで、オプション取引で使われる基本用語を押さえておきましょう。

まず、「買う権利」はコール・オプション、「売る権利」はプット・オプションと言います。権利を使うことができる価格は「権利行使価格」と呼ばれ、日経平均株価を2万2000円で買うことができる権利ならば、「権利行使価格2万2000円のコール・オプション」。日経平均株価を1万8000円で売ることができる権利は、「権利行使価格1万8000円のプット・オプション」という表現になります。

掛け捨て保険で保険料に相当する「権利の値段」は、オプション価格、あるいは、プレミアムと呼ばれます。先にも述べたとおり、保険の契約者に相当するオプションの買い手は、プレミアムを支払います。オプションの売り手は保険会社の立場で、プレミアムを受け取り、買い手の権利行使に応じる義務を負います。

掛け捨て保険では、〝万が一〟が起きる確率が高く、保険金が支払われる可能性が高いと予測されるほど保険料は高く、保険金が支払われる可能性が低いと予測されるほど保険料が安く設定されます。オプション取引のプレミアムもこれと似ています。

プレミアムの高さを左右する要素としては、まず、取引をする時点での対象資産の価格と、権利行使価格の関係があげられます。

たとえば、日経平均株価が２万円のと

図5-1-2　「買う権利」はコール、「売る権利」はプット

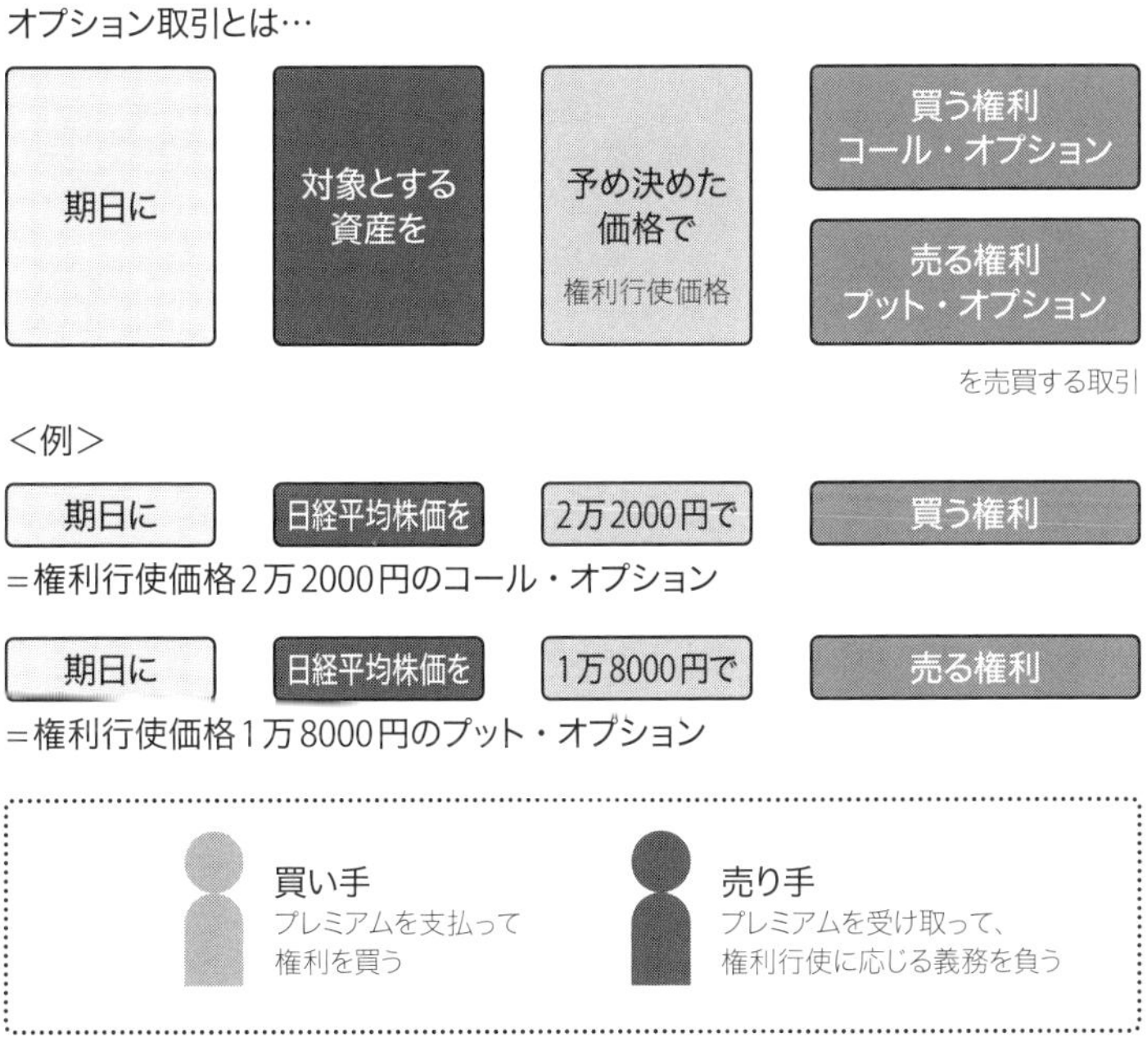
オプション取引とは…
期日に
対象とする資産を
予め決めた価格で
権利行使価格
買う権利
コール・オプション
売る権利
プット・オプション
を売買する取引
<例>
期日に
日経平均株価を
2万2000円で
買う権利
＝権利行使価格2万2000円のコール・オプション
期日に
日経平均株価を
1万8000円で
売る権利
＝権利行使価格1万8000円のプット・オプション
買い手
プレミアムを支払って
権利を買う
売り手
プレミアムを受け取って、
権利行使に応じる義務を負う

き、期日に1万9500円で日経平均株価を買える権利、すなわち権利行使価格1万9500円のコール・オプションは、この時点ですでに500円分、時価よりも安く買うことができるという価値を持っています。この価値は、オプションの「本質的価値」と呼ばれ、コール・オプションでは、権利行使価格が対象資産の時価よりも安いほど本質的価値が大きく、プレミアムは高くなります。

権利行使価格が2万円よりも高いコール・オプションは、その時点では本質的価値がありませんが、期日までに対象資産が値上がりする可能性はあります。その可能性の高さは、権利行使価格がいくらかによって違います。たとえば、期日の株価が2万500円より高くなっている可能性と、2万2000円より高くなっている可能性とでは、前者の可能性のほうが高いのは明らかです。また、仮に、株価が2万2000円より高くなっていた場合には、前者のほうが「より安く日経平均株価を買える」ことになります。よって、権利行使価格2万500円のコール・オプションのほうが、権利行使価格2万2000円のコール・オプションよりもプレミアムは高くなります。要するに、コール・オプションでは、権利行使価格が安いほどプレミアムは高いということです。

プット・オプションは逆に、権利行使価格が高いオプションほど、「より高く対象資産を売ることができる可能性がある」となりますから、プレミアムは高くなります。

そうすると、対象資産の値上がりは、コール・オプションではより高い価格に権利行使の可能性をもたらしますから、コール・オプションの価格の押し上げ要因であり、プット・オプションでは、価格の押し下げ要因。対象資産の値下がりは逆に、コール・オプションの価格押し下げ要因であり、プット・オプションの価格の押し上げ要因となります。

ただし、期日までの日数が短くなると、必ずしも、「対象資産が値上がりすれば、コール・オプションの価格は上がる」「対象資産が値下がりすれば、プット・オプションの価格は上がる」とは限りません。

たとえば、取引する時点での日経平均

図5-1-3 プレミアムを左右する要因

⬆押し上げ要因　⬇押し下げ要因

		コール・オプション	プット・オプション
権利行使価格	高	⬇	⬆
	安	⬆	⬇
対象資産の値動き	上昇	⬆	⬇
	下落	⬇	⬆
期日までの日数	長	⬆	
	短	⬇	
対象資産のボラティリティー	大	⬆	
	小	⬇	
金利	高	⬆	⬇
	低	⬇	⬆

株価が同じ2万円、権利行使価格も同じ2万500円のコール・オプションでも、期日まで1か月ある場合と、期日までの残り日数が3日に迫っている場合とでは、前者のほうが権利行使できる可能性が高いのは言うまでもありません。となれば、前者のほうがオプション価格は高くなります。

つまり、期日までの残り日数の長さもオプション価格を左右する要因になるということです。この「期日までの残り日数がオプション価格に作用する部分」は、「時間的価値」と呼ばれます。オプションのプレミアムは、先述した本質的価値に時間的価値が上乗せされています。期日までの残り時間が長ければ、そのときの対象資産の価格からすると権利行使できない、すなわち、本質的価値がゼロのオプションでも時間的価値によって価格が付き、対象資産の値動きにも反応します。期日までの残り時間が短くなるごとに、時間的価値は小さくなり、本質的価値のないオプションは、対象資産の価格が動いても、反応が鈍くなる、あるいは、時間的価値の縮小によって、価格が下がることも起きます。

もうひとつ、オプションの価格に影響を与える重要な要因として、対象資産の価格変動の大きさ、ボラティリティーがあります。オプション取引は「変動の大きさ」を取引するものですから、ボラティリティーが買い手と売り手のリスク・リターンを大きく左右します。対象資産の価格変動が大きいときには、買い手が権利行使できる可能性が増し、他方、

図5-1-4① 期日までの残り日数とプレミアム

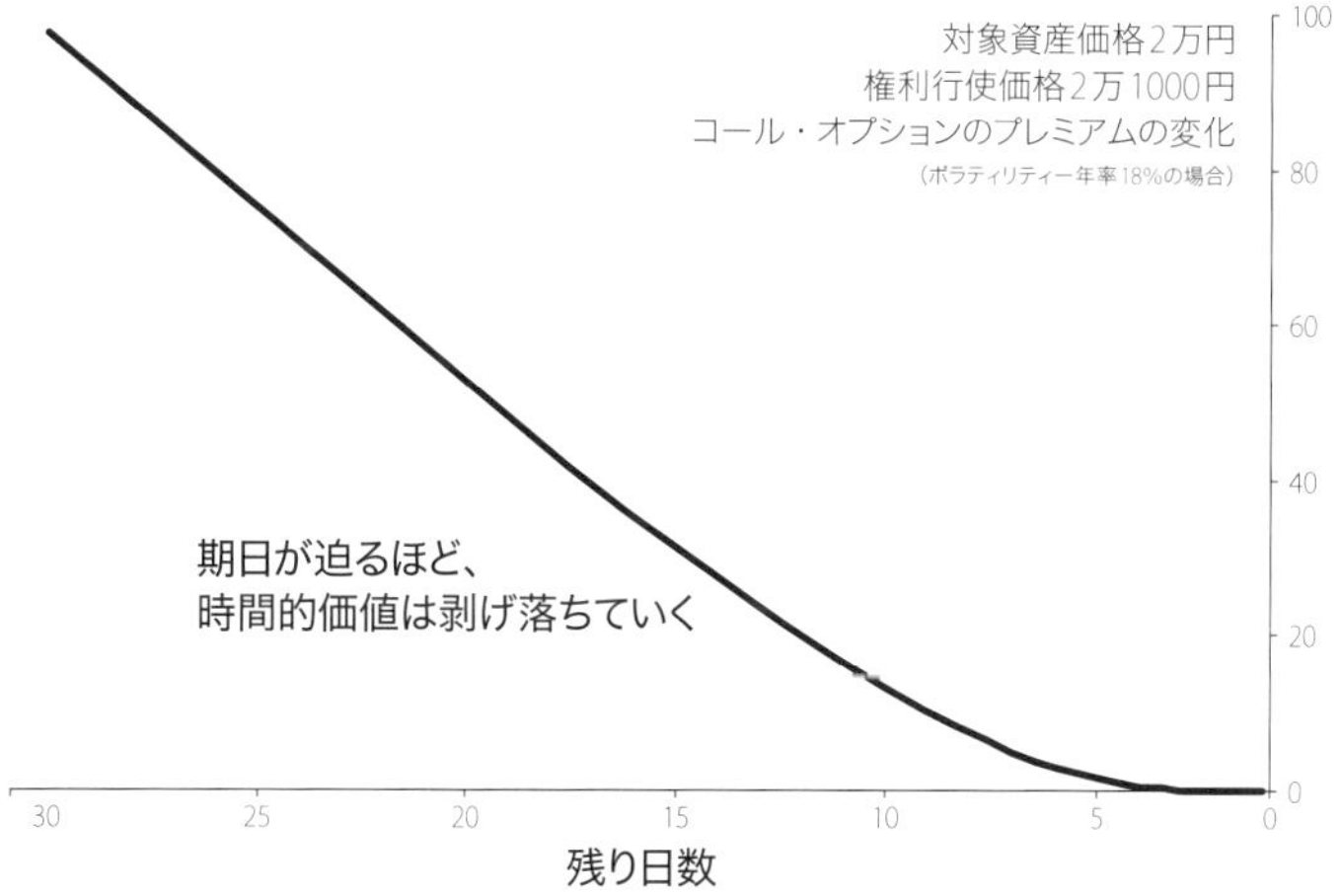

図5-1-4② ボラティリティーとプレミアムの関係

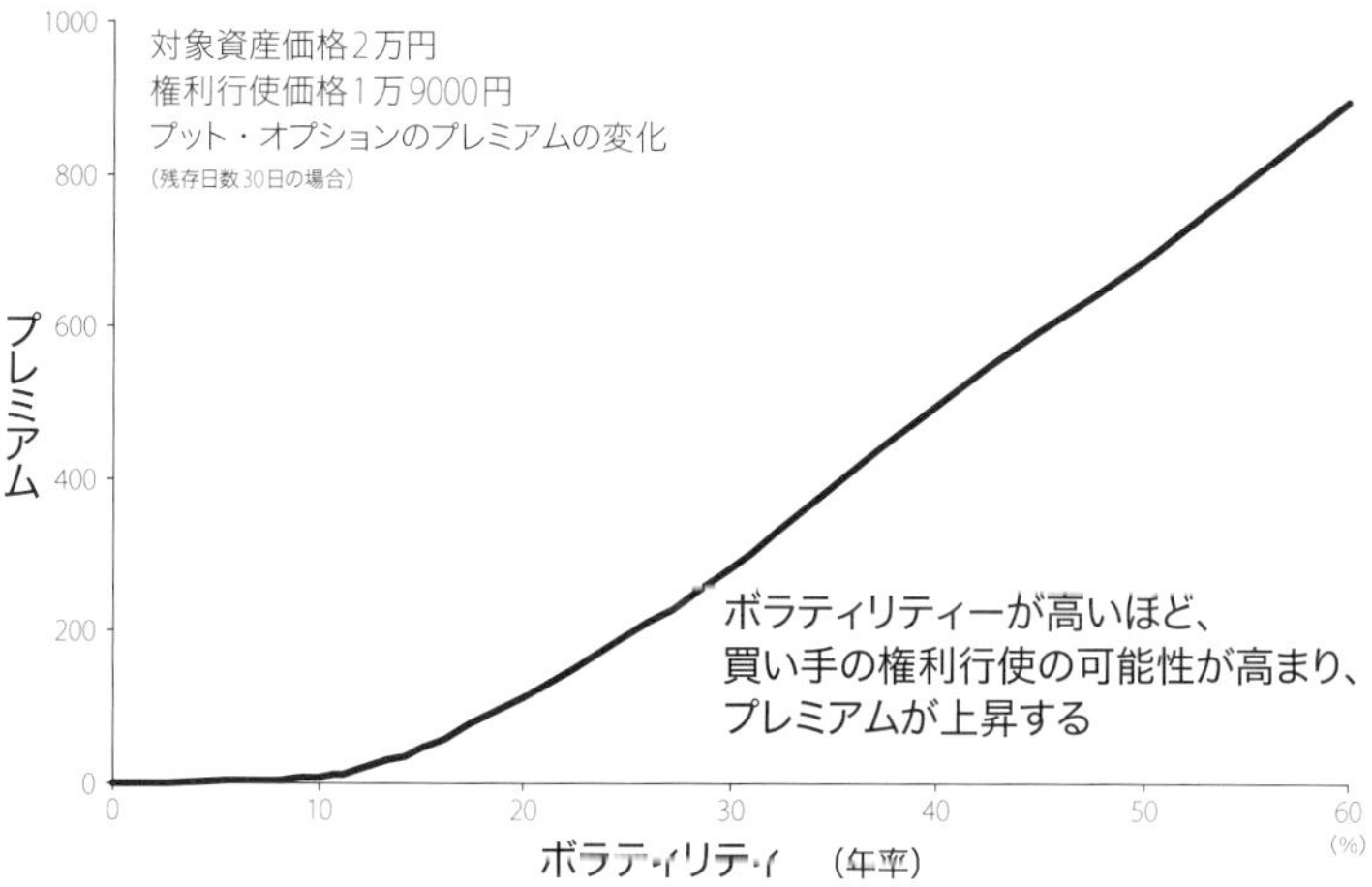

売り手のリスクは高まります。これはオプション価格を押し上げる要因です。逆に、値動きが小さい状況では、買い手が権利行使できる可能性は低くなり、売り手のリスクは減少します。これは、オプション価格を押し下げる要因です。

このほかに、金利（リスクフリー金利）もオプション価格を左右する要因ですが、ほぼゼロ金利で安定している現在では価格に与える影響は低いので、とくに期日までの期間の短いオプションの場合にはあまり考慮されません。

§5-2

とりあえず「1枚取引」のための日経平均オプション基礎知識

個人も参加しやすい「日経平均オプション取引」

大阪証券取引所には日経平均株価を対象資産としたオプション取引の市場があります。取引も活発で、一般の個人も参加しやすい市場です。

116ページで紹介した日経平均先物もそうですが、日経平均オプションに関しても、トレーディングの専門書は数多く出ているので、ここでは「最小単位の売買なら、これだけ知っていればOK」という取引の概要のみを紹介しておきましょう。

まず、日経平均オプション取引の期日（SQ日）は毎月第2金曜日で、各月を「限月」と言います（15年5月から、週毎に期日が設定されている「ウィークリー日経平均オプション」がスタートしましたが、本書では取り上げません)。各限月のオプションには、それぞれコール・オプションとプット・オプションがあります。

図5−2−1は、限月が15年9月のコール・オプションおよびプット・オプションの15年8月18日大引けの状況です。権利行使価格は、期日までの期間が3か月以下は125円刻み、3か月を超える限月のオプションは250円刻みで設定されていて、各権利行使価格のオプションが、株式の個別銘柄のような形で取引されます。

この日の日経平均株価の終値は2万554・47円で、権利行使価格2万500円のオプションが最もこれに近い銘柄になります。このような「その時点の日経平均株価に最も近い権利行使価格」は「アット・ザ・マネー」と呼ばれます。

アット・ザ・マネーよりも権利行使価格が安いコール・オプション、および、権利行使価格が高いプット・オプションは、仮に、いま権利行使したとすれば利益が出る、すなわち、その時点で本質的価値があります。このような権利行使価格を「イン・ザ・マネー」と呼びます。逆に、アット・ザ・マネーよりも権利行使価格が高いコール・オプション、および、権利行使価格が安いプット・オプションは、いま権利行使したとすれば損をする、つまり、その時点では本質的価値はありません。この権利行使価格は「アウト・オブ・ザ・マネー」と呼ばれます。

図5-2-1　15年9月限の日経平均オプションの状況
（15年8月18日）

日経平均株価（終値）　2万554.47円（▼65.79円）

コール・オプション（前日比）	コール・オプション 終値	権利行使価格	プット・オプション 終値	プット・オプション（前日比）
		19000	33	**＋4**
		19125	40	**＋6**
		19250	46	**＋7**
		19375	55	**＋8**
		19500	65	**＋10**
		19625	75	**＋10**
＋30	940	19750	90	**＋5**
＋25	795	19875	110	**＋5**
-15	685	20000	135	**＋15**
		20125	160	**＋10**
-10	520	20250	200	**＋25**
-25	430	20375	240	**＋30**
-45	340	20500	280	**＋20**
-45	275	20625	350	**＋35**
-35	220	20750	400	**＋35**
-25	165	20875	485	-5
-25	130	21000	575	**＋30**
-20	95	21125	670	**＋35**
-10	70	21250	740	-10

コール・オプション：上方 **イン・ザ・マネー**（対象資産の時価より安い）／アット・ザ・マネー（20500）／下方 **アウト・オブ・ザ・マネー**（対象資産の時価より高い）

プット・オプション：上方 **アウト・オブ・ザ・マネー**（対象資産の時価より安い）／アット・ザ・マネー（20500）／下方 **イン・ザ・マネー**（対象資産の時価より高い）

この日のアット・ザ・マネーから500円アウトに外れた2万1000円のコール・オプションの板情報を見てみましょう。**図5－2－2**のとおり、個別銘柄の気配板と同じような格好で買い気配・売り気配が並んでいます。

売買の取引単位は、先物と同様「枚」で、1枚あたりの取引金額は、売買するオプション価格の1000倍です。この日の終値130円で1枚取引したとすれば、売買代金は13万円。130円で1枚、このコール・オプションを買った人は「13万円のプレミアムを支払って、9月の期日に日経平均株価を2万1000円で1000株分、買う権利を得た」、130円で1枚、このコール・オプション

図5-2-2　コール・オプション板情報の例

（15年9月限・権利行使価格2万1000円・15年8月18日）

買数量	値段	売数量
22	160	
77	155	
118	150	
220	145	
243	140	
273	135	
210	**130**	
	125	**21**
	120	313
	115	270
	110	259
	105	214
	100	107
	95	111

1枚の取引金額
＝値段×1000

130円で1枚買う
…13万円支払う

130円で1枚売る
…13万円受け取る

を売った人は「13万円のプレミアムを受け取って、9月の期日に2万1000円で日経平均株価を1000株分、売り渡す義務を負った」ことになります。

なお、取引するに際しては、日経平均先物・ミニ先物と同じ、先物・オプション取引専用の口座開設が必要です。

決済の方法は2つ。期日の「権利行使」「権利放棄」は自動処理される

売買したオプションの決済方法は2つあります。ひとつは、期日前日までに、オプションを買った場合は転売、オプションを売った場合は買い戻す、という反対売買。株や先物の売買と同じように、買値と売値の差が実損益になります。

もうひとつは、期日に算出される特別清算指数（SQ値）に基づく決済です。SQ値は、先物で紹介したのと同様、期日の225採用銘柄の始値で算出されます。ただし、決済で確定する受け渡し金額は、オプションを売買したときの価格（プレミアム）ではなく、売買しているオプションの権利行使価格によります。

コール・オプションの場合、SQ値が権利行使価格よりも高くなっていれば、買い手は権利行使すれば利益が得られます。たとえば、SQ値が2万1200円だとすると、権利

行使価格2万1000円のコール・オプションを1枚買っていた人は、「200円×1000」で20万円の利益を期日に受け取ります。このコール・オプションを買った代金が13万円だとすると、実質利益は差し引き7万円です（手数料等は除く）。

他方、このコール・オプションの売り手は、権利行使に応じて1枚あたり200円を支払わなければなりません。130円で1枚このオプションを売ったとすれば、13万円プレミアムを受け取り、期日決済で20万円支払いますから、7万円の実損です。

SQ値が権利行使価格以下ならば、買い手は権利放棄となります。これで期日決済は終了。買い手は、オプションを買うときに支払ったプレミアム分が損失。売り手のほうは、受け取ったプレミアムがそのまま利益となります。

プット・オプションでは、SQ値が権利行使価格よりも安ければ、買い手は権利行使して利益が得られます。SQ値が1万9800円だとすると、権利行使価格2万円のプット・オプションを1枚買っていた人は、20万円の利益を受け取ります。このプット・オプションを1枚売っていた人は、20万円を支払います。

SQ値が権利行使価格以上の場合は、買い手は権利放棄するため、買い手も売り手も期日には何の受け渡しもありません。買い手は、プット・オプションを買うときに支払ったプレミアムがそのまま損失。売り手は、受け取ったプレミアムがそのまま利益です。

図5-2-3　決済の方法は2つある

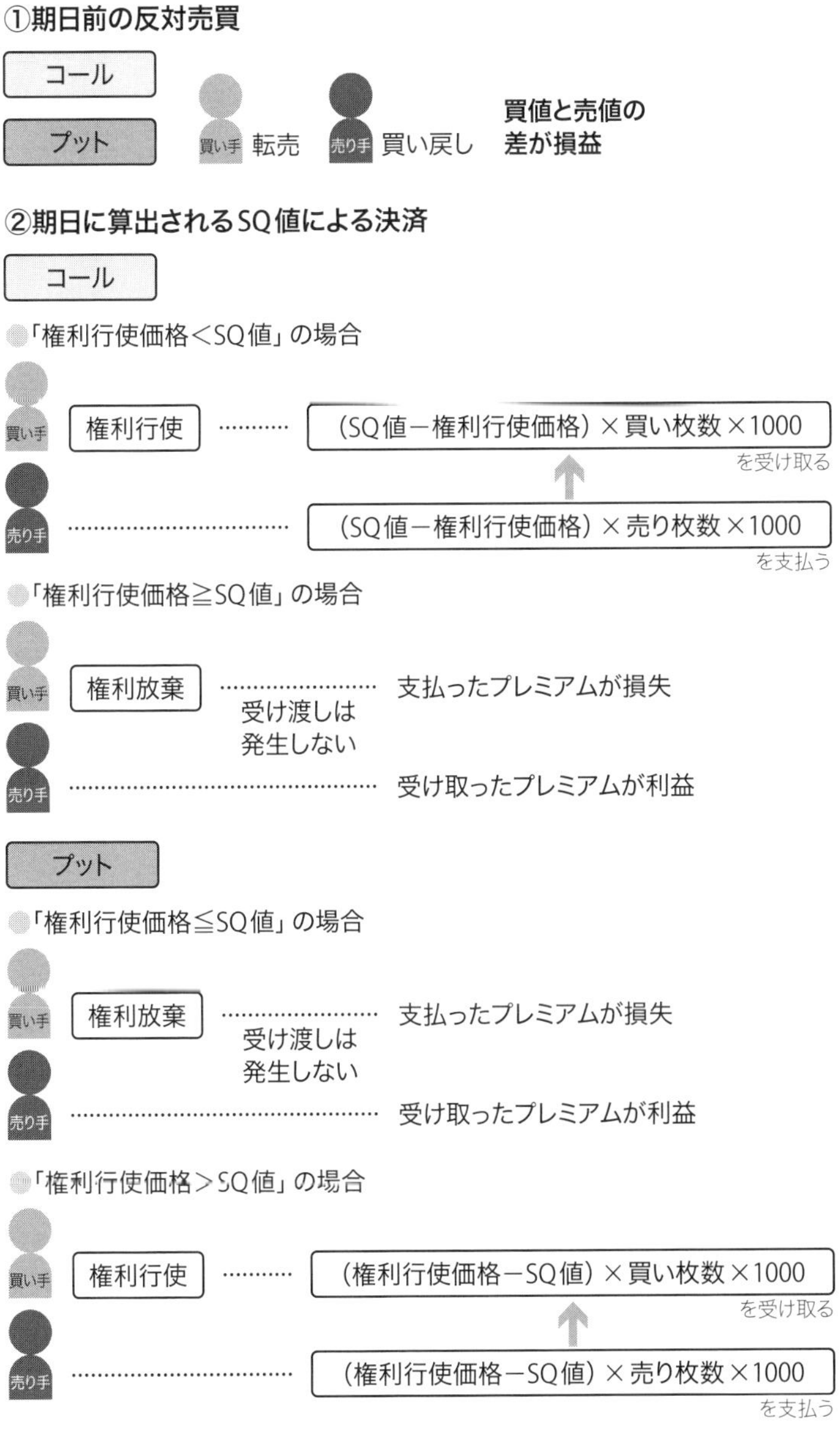

期日に権利行使をするか、権利放棄をするかは、特段の手続きは必要ありません。SQ値によって、権利行使か権利放棄か、有利なほうが自動的に選択され、処理されます。

オプションの買い手は証拠金不要。売り手は担保に証拠金が要求される

日経平均先物やミニ先物取引では、「1枚あたりいくら」という証拠金が必要でしたが、日経平均オプション取引の「買い」については、証拠金を差し入れる必要がありません。というのは、期日前に反対売買するにしても、期日のSQ値で決済するにしても、オプションを買うときに支払ったプレミアム以上の支払いは発生しないからです。

他方、オプションの「売り」は、買い手の権利行使に応じた額を支払う義務を負っているため、その担保として証拠金が要求されます。

その必要証拠金の額は、「証券会社が定める証拠金額－ネット・オプション価値の総額」で算出されます。

各証券会社が定める証拠金額は、日本証券クリアリング機構から配信される、各銘柄（および先物を含めたポートフォリオ）のリスクに応じた必要証拠金額に各社それぞれの掛け目を掛けて算出されます。

この証拠金から差し引く「ネット・オプション価値の総額」というのが少々わかりにくいのですが、ここで言う「価値」とは、各銘柄の現在値か、取引がなされていない銘柄もしくは取引時間外ならば、取引所が決める清算値を指します（15時から15時15分までに約定がある銘柄は終値が清算値になります）。

「ネット・オプション価値の総額」は、その時点で買い越している銘柄の現在値または清算値をもとに計算した買いオプションの価値の総額から、売り越している銘柄の現在値または清算値をもとに計算した売りオプションの価値の総額を差し引いた額です。

日経平均オプションを取り扱っているネット証券の多くは、オプション「売り」の必要証拠金が計算できるシミュレータをサイト上に用意しています。すでに日経平均先物やオプションのポジションを複数持っている場合には、シミュレーション結果の証拠金額の根拠がわかりにくくなりますが、ひとつの銘柄の「売り」だけならば、それほど複雑ではありません。

たとえば、アット・ザ・マネーが1万8250円のとき、権利行使価格1万9500円のコール・オプションを120円で1枚売ったとします。その後、価格が下がって終値が100円、その日の清算値も100円だった場合、売ったコール・オプションの価値は「100円×1枚×1000」で10万円。ネット・オプションの価値の総額は、「売り」だけの場合は負の値になりますから、証券会社の証拠金額にこれがプラスされることになります。証券会社のこの銘柄の証拠金額が1枚58万円とすると、必要証拠金額は「58万円＋10万円」で68万円です。

ただし、120円で1枚オプションを売っているので、プレミアムとして12万円を受け取ることができます。この未決済の受取プレミアムは受入証拠金に繰り入れられます。よって、実質的に差し入れる必要のある証拠金額は「68万円－12万円」の56万円となります（翌日以降、この「売り」ポジションを維持するうえで必要となる証拠金額は日々再計算されます）。

図5-2-4　オプション「売り」に必要な証拠金はいくら？

買い手
証拠金は不要

売り手
必要証拠金額
証券会社が定める証拠金額－ネット・オプション価値の総額

●ネット・オプション価値の総額
「買い越している銘柄の枚数×現在値または取引所が公表する清算値×1000」から
「売り越している銘柄の枚数×現在値または清算値×1000」を差し引いた額

他に先物・オプションのポジションがなく、
新規のオプション「売り」だけの場合なら…

受入証拠金
●現金証拠金（証券会社によっては代用有価証券も可）
●未決済の売りオプション受取プレミアム

－ **必要証拠金**
証券会社の定める証拠金額
＋売りオプションの清算値×枚数×1000

＝ **差し入れが必要な証拠金額**

§5-3 こんなとき日経平均オプションが活用できる

損益パターンから考える〝単品売買〟ストラテジー

個別銘柄や先物の取引では、「買う」「売る」の2パターンしかありませんが、オプション取引の場合には、「コール・オプションを買う」「コール・オプションを売る」「プット・オプションを買う」「プット・オプションを売る」の4パターンがあります。それぞれ、相場がどんな状況になると儲かるのか。**図5−3−1**が4つの損益パターンです。

日経平均株価の強気の動きが利益につながるのは、コール・オプションの買い（①）とプット・オプションの売り（④）です。ただし、日経平均株価が上がりさえすれば儲かる、上がれば上がるほど儲かる、というわけではありません。

コール・オプションの買いは、日経平均株価が上がっただけではダメで、権利行使価格

図5-3-1 コール・プット「買い」「売り」の損益4パターン

コール・オプション

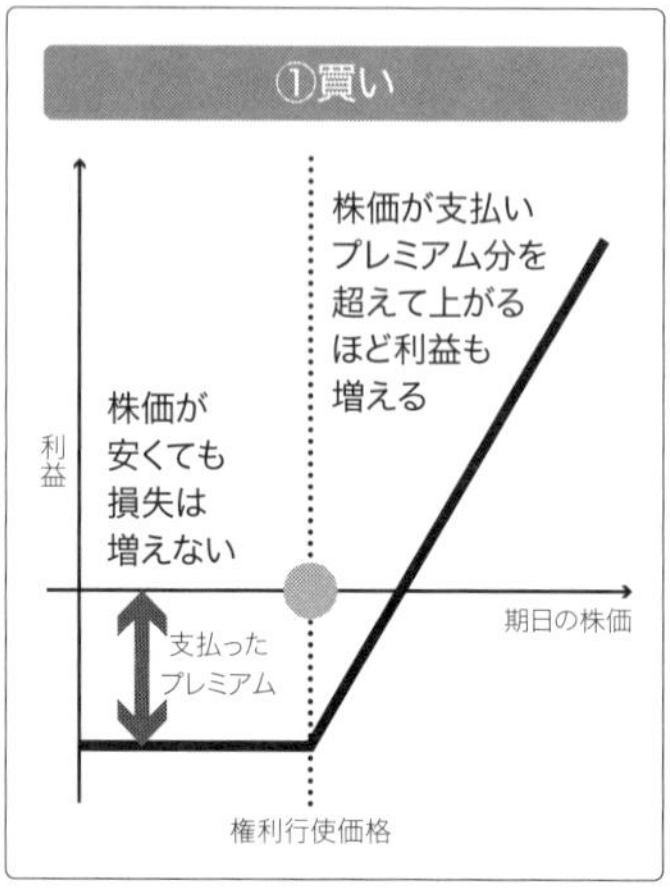

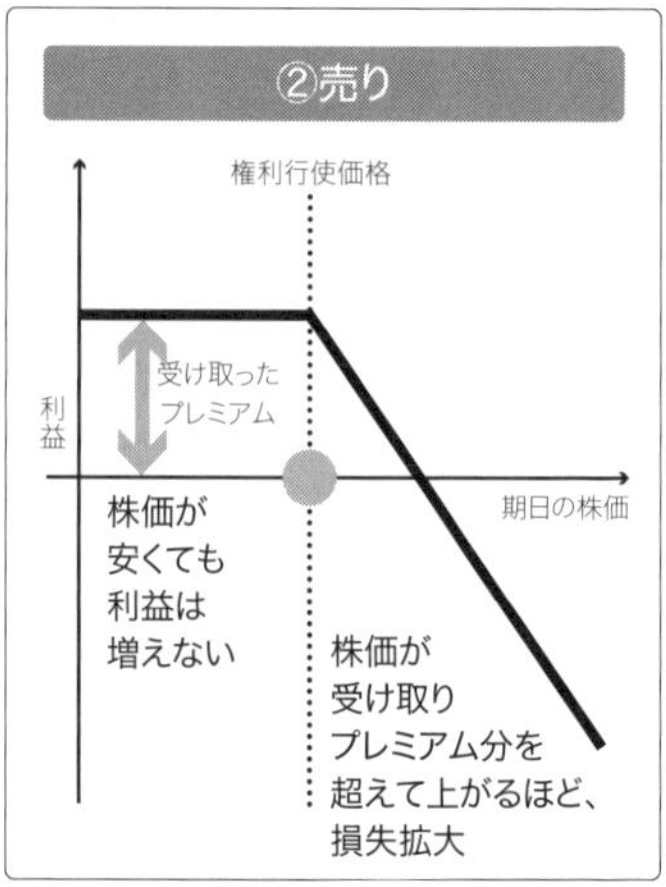

プット・オプション

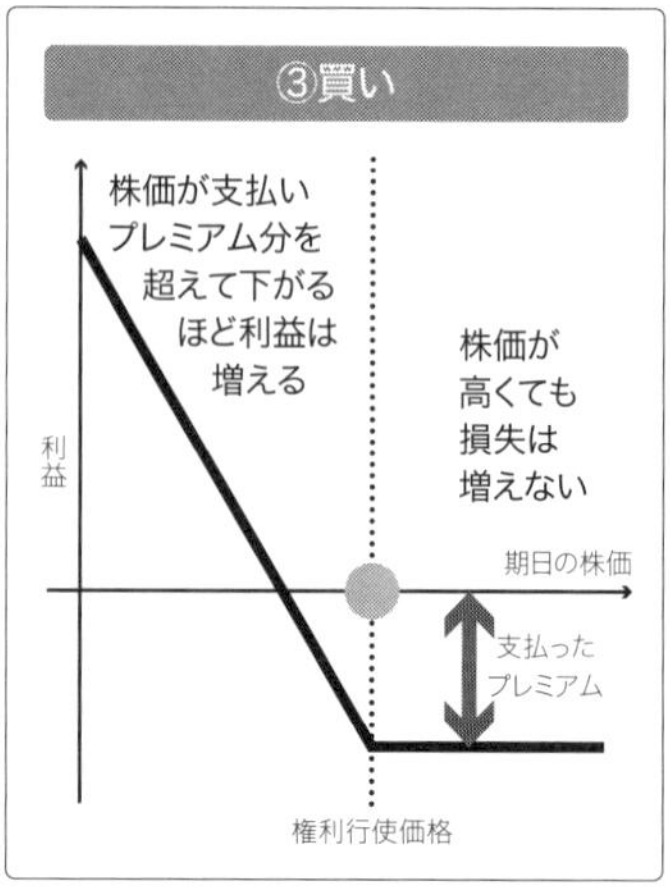

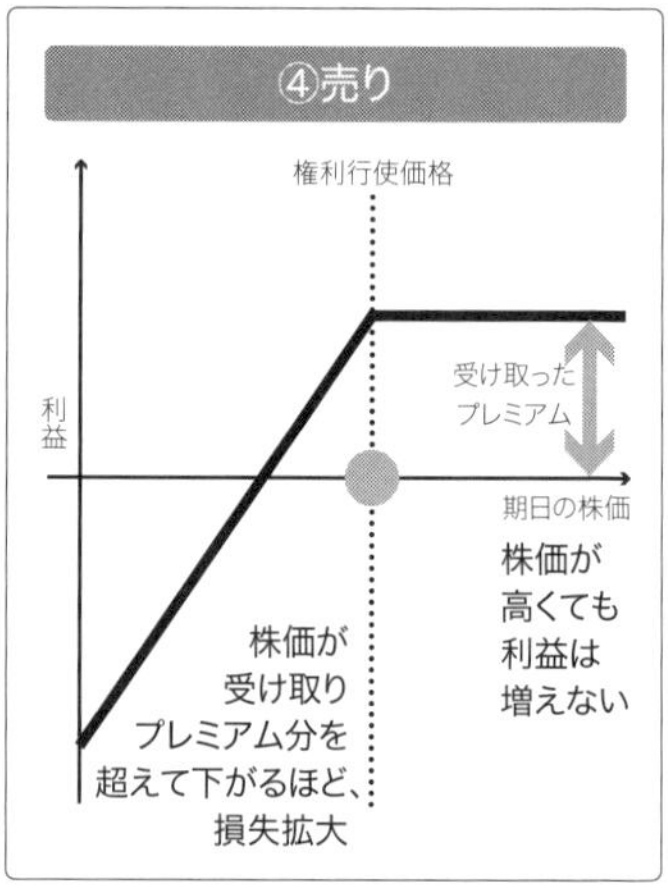

を超えて日経平均株価が上がってようやく損益が上向きはじめます。支払ったプレミアム分を超えて日経平均株価が上がっていけば、あとは株価が高ければ高いほど利益も増えていきます。

日経平均株価が下がった場合は、それが権利行使価格以下であれば、どんなに下がっても損失は増えません。支払ったプレミアム分がパーになるだけです。

プット・オプションの売りは、日経平均株価が上昇すれば利益にはなりますが、いくら上がっても、利益は受け取るプレミアム分だけです。また、日経平均株価が下がっても、権利行使価格以上であれば受け取ったプレミアム分がまるまる利益になりますが、日経平均株価が権利行使価格よりも下がった場合には、権利行使に応じなければなりません。その支払い額は、日経平均株価が権利行使価格より下がれば下がるほど、拡大します。

他方、日経平均株価の弱気の動きが利益につながるのは、コール・オプションの売り（②）とプット・オプションの買い（③）ですが、こちらも、日経平均株価が下がりさえすれば儲かる、下がれば下がるほど儲かる、とはなりません。

コール・オプションの売りは、日経平均株価が下がれば利益になるものの、いくら下がっても利益の額は受け取ったプレミアムに限定されます。また、日経平均株価が上がったとしても、権利行使価格以下までの上昇ならば受け取ったプレミアム分がそのまま利益です。ただし、日経平均株価が権利行使価格よりも上昇した場合には、上がれば上がるほど権利行使に応じる支払い額は拡大します。

プット・オプションの買いは、日経平均株価が下がっただけではダメ。権利行使価格よりも下がったところから損益が上向き、あとは下がれば下がるほど利益は拡大します。

これら損益パターンを考えると、

・先行きに超強気で、日経平均株価の大幅上昇を予測するなら①。

・「上がったとしても上値は限定的。どちらかといえば下がり気味なのではないか」という、やや弱気モードのあまり動かない展開を予測するなら②

・先行きに超弱気で、日経平均株価の大幅下落を予測するなら③

・「下がったとしても下値は限定的。どちらかといえば上がり気味ではないか」という、やや強気モードのあまり動かない展開を予測するなら④

というのが、それぞれを単品で売買するときの基本ストラテジーです。

格安オプション「買い」は当たれば超ハイ・リターン

先述したように、オプションのプレミアムは、買い手が権利行使できる可能性が低ければ低いほど、安くなります。

理論上の計算で言えば、たとえば、期日までの期間が30日で、日経平均株価のボラティリティーを年率18%とすると、日経平均株価が２万円のとき、権利行使価格が２万２０００円のコール・オプションの価格は14円。これを１枚買ったとすると、支払い額は１万４０００円です。もしも、日経平均株価が爆騰して、２万４０００円になったとしたら、受け取る利益は「２０００円×１０００」で２００万円。支払った１万４０００円の１５０倍近いハイ・リターンです。プット・オプションの場合なら、日経平均株価が大暴落すると、超ハイ・リターンが得られます。

期日になる前でも、日経平均株価が極端に大きく動いて、買っているオプションがアット・ザ・マネー状態になる、さらにはイン・ザ・マネー状態になろうものなら、そこで反対売買をすることによって、支払ったプレミアムの何倍、何十倍という利益を手にできる可能性があります。

しかも、オプションの買いは、損失が支払ったプレミアムに限定されます。爆騰や暴落が起これば、個別株の売買ではあり得ないような超ハイ・リターンが短期間のうちに得られる可能性がある。爆騰や暴落が起きなければ、数万円の損失でおしまい。何とも妙味絶大ではありませんか！

図5-3-2　「起こりそうもない」権利ほどプレミアムは安い
（日経平均株価が2万円、期日までの期間が1か月のケース）

●コール・オプション

権利行使価格	プレミアム（理論値）
2万円	412円
2万500円	214円
2万1000円	98円
2万1500円	39円
2万2000円	14円

権利行使価格2万2000円のコール・オプション1枚を1万4000円で買った場合の期日の受け取り額

期日の日経平均株価2万4000円 …200万円

期日の日経平均株価2万3000円 …100万円

期日の日経平均株価2万2000円以下 ……0円

●プット・オプション

権利行使価格	プレミアム（理論値）
2万円	412円
1万9500円	205円
1万9000円	85円
1万8500円	28円
1万8000円	7円

権利行使価格1万8000円のプット・オプション1枚を7000円で買った場合の期日の受け取り額

期日の日経平均株価1万6000円 …200万円

期日の日経平均株価1万7000円 …100万円

期日の日経平均株価1万8000円以上 ……0円

※各プレミアムは、日経平均株価のボラティリティーを年率18%として算出した理論値
※プレミアムの算出には株式の配当利回りは考慮していない

と、言いたいところですが、問題は、大きな動きが起きる可能性がどのくらいあるか、です。1回あたりの損失が少額でも、ヤラれっぱなしでは手痛い損失額になります。

そこで、90年以降の日経平均株価のデータで、「20営業日（1か月相当）内の高値・安値は、当初の株価の何％以上の水準だったか」を調べてみたのが、**図5－3－3**です（対象日数は6282日）。

たとえば、20営業日内の高値が当初株価の10％以上をつける動きが起きたのは、588回で対象全日数の9・36％。20営業日内の安値が当初株価の10％以下だったのは、795回で12・66％です。

高値・安値が当初の株価の20％以上・以

図5-3-3　1か月内の高値・安値はどのくらいか

（データ期間：90年1月～15年8月14日）

90年1月以降の各日の日経平均株価（終値）に対して、20営業日（1か月相当）内の高値・安値の水準が当初の株価の何％以上・以下だったかを調べた結果。対象全日数は6282日。

当初株価比高値	確率	（回数）	当初株価比安値	確率	（回数）
5%以上	35.12%	(2206)	5%以下	38.60%	(2425)
7.5%以上	18.45%	(1159)	7.5%以下	23.30%	(1464)
10%以上	9.36%	(588)	10%以下	12.66%	(795)
15%以上	1.97%	(124)	15%以下	3.31%	(208)
20%以上	0.53%	(33)	20%以下	1.07%	(67)
25%以上	0.25%	(16)	25%以下	0.35%	(22)
30%以上	0.08%	(5)	30%以下	0.27%	(17)

下となると、それぞれ33回（0・53％）、67回（1・07％）しかありません。権利行使価格が20％もアウト・オブ・ザ・マネー状態にあるオプションが利益になるくらい株価が大きく動く確率は、〝万が一〟とまではいかないにしても、非常に低いのが実情です。

ただ、この勝率の低さを承知するならば、それこそ掛け捨て保険的に、万が一の暴落に対する備えとして格安価格のプット・オプションを買っておく方法は、もちろんあって悪くありません。また、純粋に大当てを狙いたい人にとっては、日経平均オプションの買いは、コール・プットいずれでも、大いに注目していい選択肢だと思います。

図5-3-4 こんなプットが爆噴火していた

15年9月限権利行使価格	8/17終値		8/25高値（ナイト・セッション）	リターン
18,000	9	→	**1250**	13889%
17,500	5	→	**985**	19700%
17,000	4	→	**790**	19750%
16,500	3	→	**625**	20833%
16,000	2	→	**505**	25250%
15,000	2	→	**330**	16500%
14,750	1	→	**290**	29000%

その妙味の実例をひとつ紹介すると、15年9月限の権利行使価格1万7500円のプット・オプションは8月17日の終値がわずか5円でした。その直後、連鎖的な世界株安となって、日経平均株価は大崩落。2万500円台だった株価は、24日に1万8540円まで下げています。その日のナイト・セッションでさらに日経平均先物が下落したことから、17日に5円だったプット・オプションは、何と、985円をつけています。実に197倍！　1枚5000円が98万5000円です。確率は低いとはいえ、こうしたことが起きるのが、日経平均オプション市場の現実です。ともすれば市場全体があっという間に一方向に大きく動きかねない昨今の状況を考えると、超格安のオプション買い作戦は常に頭の片隅に置いておいてもよいのではないでしょうか。

オプションの売り手は高い確率で勝てる

支払い額は少なく、日経平均株価が大きく動いたときには高いリターンが得られる、というのがオプション「買い」の大きな魅力ですが、では、オプションを売る側にはどんなメリットがあるのでしょうか。先に見た損益パターンからすれば、利益は受け取るプレミアムだけに限定され、日経平均株価がどうなっても増えることはありません。そのうえ、株価が大きく動こうものなら、支払わなければならない金額は青天井的になる可能性があります。これでは、面白いことが何ひとつなさそうにも思えます。

ところが、オプションの売り手には極めて大きなメリットがあります。

先ほどの**図5－3－3**の表を改めて見てください。ここに示されている数字は、過去データが示すオプション「買い」の勝率と考えることができます。たとえば、「20営業日内の高値が当初の株価の10％以上」というのは、その時点の日経平均株価よりも権利行使価格が10％高いコール・オプションの買い手が勝った確率で、わずか9・36％です。これが「20営業日目の株価」となると、5・3％に下が

図5-3-5　オプション取引の「買い手」「売り手」の損得

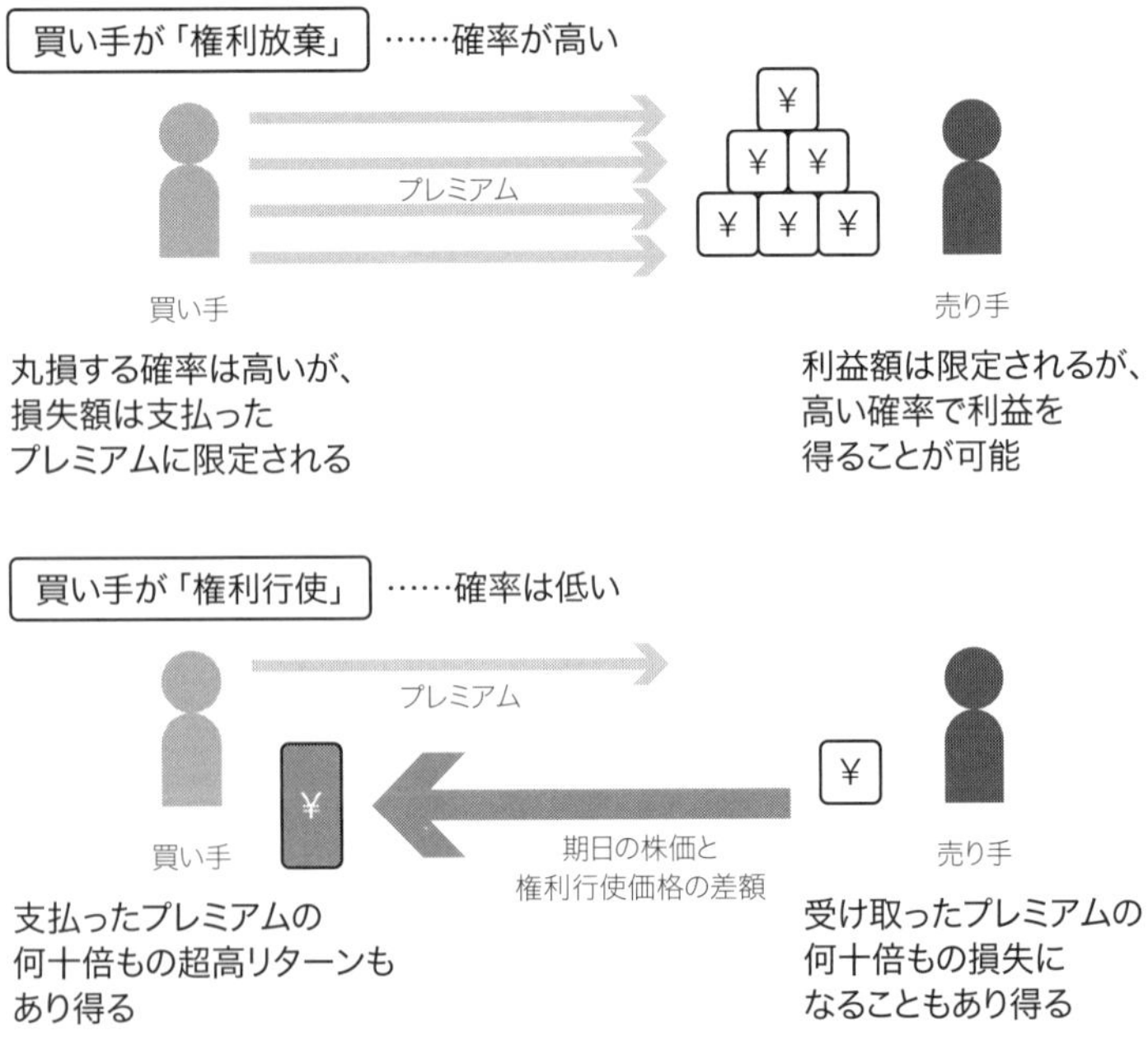
買い手が「権利放棄」……確率が高い
プレミアム
買い手
売り手
丸損する確率は高いが、損失額は支払ったプレミアムに限定される
利益額は限定されるが、高い確率で利益を得ることが可能
買い手が「権利行使」……確率は低い
プレミアム
買い手
期日の株価と権利行使価格の差額
売り手
支払ったプレミアムの何十倍もの超高リターンもあり得る
受け取ったプレミアムの何十倍もの損失になることもあり得る

ります。ということは、期日決済を想定すると95％は買い手の負け（権利放棄）。つまり、このコール・オプションの売り手は、勝つ確率が95％。負ける確率は5％程度しかない、ということです。この勝率の高さこそが、オプション「売り」の第一の魅力です。

たとえば、期日までの期間が1か月で、日経平均株価が2万円のとき、7・5％高い権利行使価格2万1500円のコール・オプションのプレミアムが40円だとします。これを1枚売った場合、受け取るプレミアムは4万円。20営業日目の株価が7・5％以上高かった割合は**図5―3―3**よりさらに低く10・82％。つまり、9割近くは買い手が権利放棄します。仮に、差し入れている現金証拠金が80万円の場合、その5％に相当するプレミアムを9割近い確率でまるまる受け取ることができ、証拠金もそのまま温存されます。証拠金を元本に見立てるならば、これは、9割近い高確率で1か月後に元本の5％、年率換算すれば60％に相当する収益が稼げる資金運用だとも解釈できます。

市場が膠着状態になってボラティリティーが低くなっている局面ともなれば、オプションの売りは着々とプレミアム収入を稼ぎます。こうした局面では、オプションの売りは数ある相場取引の中でも最強の手段と言ってよいかもしれません。

〝万が一〟の事態に備えるオプション「売り」のヘッジ手段

ただし、オプションの売り手は負ける確率が低いとはいっても、ゼロではありません。しかも、その事態が起きたときには、先に見たとおり、損失は青天井的に拡大する可能性があります。そのときどうするか、対応策を事前に考えておくことが、オプションの「売り」には必要不可欠です。

何より手っ取り早いのは、とにかく反対売買によって損切りすることですが、日経平均先物との組み合わせで対応する方法もあります。

たとえば、コール・オプションを売っていたところが、日経平均株価が急騰したとき、日経平均先物を買うとします。株価がコール・オプションの権利行使価格を超えて上昇すればするほど、コール・オプション「売り」の損失（権利行使に応じた支払い額）は拡大しますが、その一方で、日経平均先物「買い」は利益を増やします。これでコール・オプション「売り」の損失額をカバーすることができます。プット・オプションを売っている場合ならば、日経平均先物の「売り」がカバー役を果たします。

この「オプションの売り＋日経平均先物の売買」では、日経平均先物を何枚売買すればよいか、そのサイズも考える必要があります。このとき参考になるのが、デルタ値と呼ばれる、オプション価格の動き方を示す指標です。

　デルタ値は「対象資産の価格が『1』動いたときに、オプション価格はどのくらい変化するか」を表す数値で、各オプション銘柄の価格情報画面などに表示されています。

　デルタ値は、その時の日経平均株価が権利行使価格と同水準にある、すなわち、権利行使価格がアット・ザ・マネーにあるとき、コール・オプションは0・5、プット・オプションはマイナス0・5に近い値となります（プット・オプションは、日経平均株価の上昇が価格の押し下げ要因、日経

図5-3-6　オプション「売り」の損失を先物でカバーする基本策

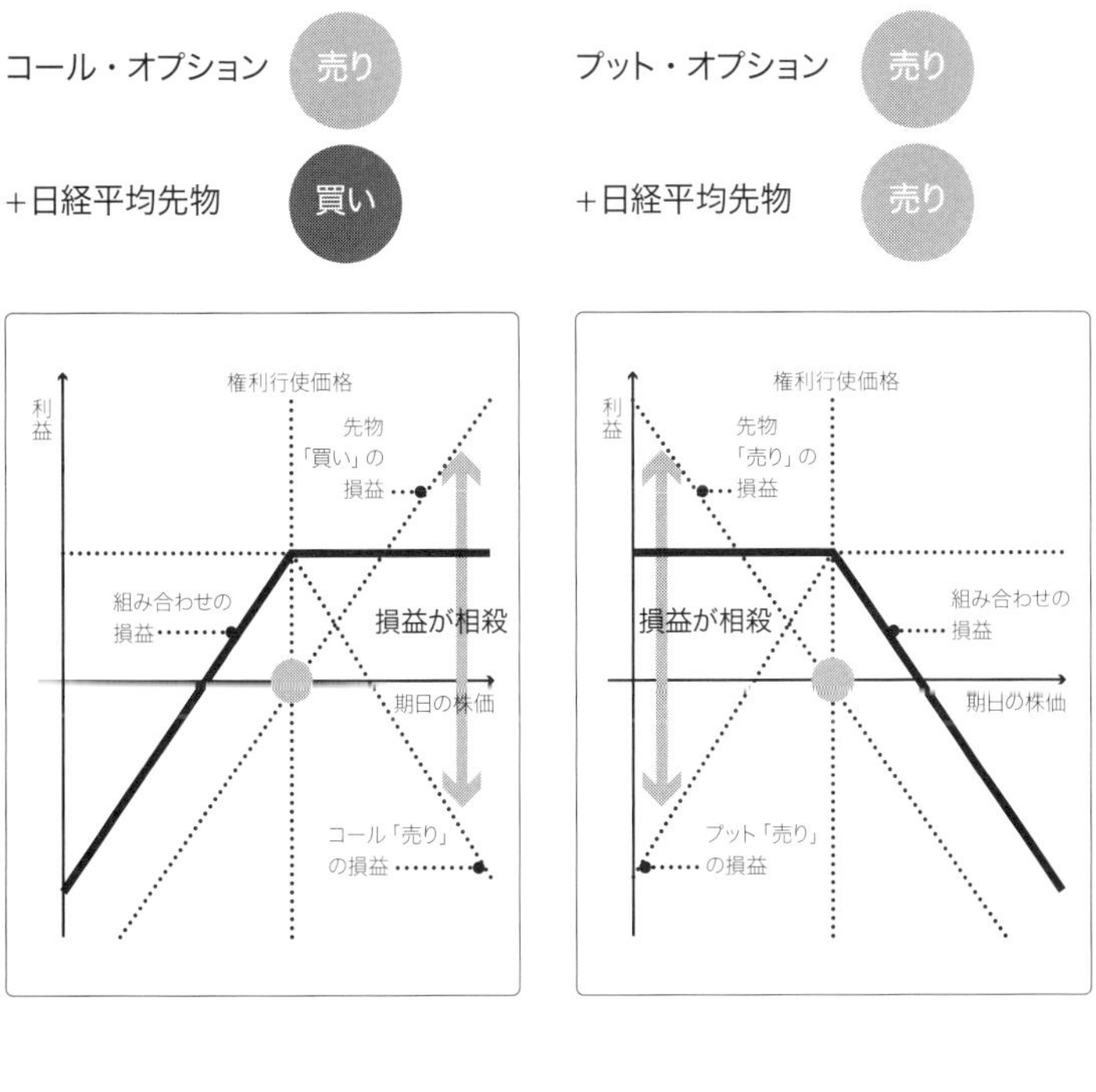

平均株価の下落が価格の押し上げ要因となるので、デルタ値はマイナスの値をとります）。この場合、「日経平均株価が100円動くと、オプション価格は50円動く」となりますから、オプション「売り」1枚につき、日経平均先物0・5枚が組み合わせる妥当サイズと解釈できます。日経平均先物の半分サイズ、ということは、取引額が10分の1の日経平均ミニ先物を5枚売買すればよい、ということです。

日経平均オプションは個別銘柄のヘッジに使うこともできる

日経平均オプションは、第4章で紹介した個別銘柄の売買をヘッジする「日経平均株価による逆売買」に代替する手段として活用することもできます。

日経平均オプションは、先物・ミニ先物と同様、9時から15時15分までの立合時間の後、16時30分から翌3時までのナイト・セッションで取引をすることができます。何らかの事情で個別銘柄のヘッジが日中の立合時間中にできなかった場合などには、このナイト・セッションでポジションの修復を試みることが可能です。

たとえば、15年8月11日の大引け間際に、1650円で買い指値を入れておいた銘柄が1000株約定したとします。この銘柄のベータ値が0・8とすると、ヘッジをするなら

「日経平均株価」を約１３０万円分（１６５０円×１０００株×０・８＝１３２万円）売りたいところですが、大引け間際の約定だったので、日経平均連動ＥＴＦの売りができなかったとしましょう。

この日の日経平均先物の終値は2万６６７０円で、１枚の取引金額は１０００倍の２０６７万円。１３０万円のヘッジにしてはあまりに大きすぎます。ミニ先物1枚でも、まだ大きすぎる。そんなとき、プット・オプションが注目の対象になります。

まず、ヘッジしたい金額が日経平均先物の何枚分に相当するかを計算します。この例でいえば、「１３０万円÷２０６７万円」で０・０６２９枚分相当です。

次に、日経平均株価が「１」動いたときに、「０・０６２９」程度、価格が逆方向に動くプット・オプションを探します。ここで、先述したデルタ値を使います。つまり、「日経平均株価１３０万円分」の売りヘッジの候補となるのは、デルタ値が「マイナス０・０６２９」程度のプット・オプションというわけです。

オプション各銘柄の価格情報を見ると、15年9月限の権利行使価格1万８７５０円のプット・オプションがデルタ値「マイナス０・０６３」。ほぼ目的に合致しています。11日の終値は38円。そこで、これを1枚、3万８０００円でナイト・セッションの寄付に購入。これで、「日経平均株価１３０万円」相当のヘッジの代用になります。

個別銘柄「売り」を日経平均株価「買い」でヘッジしたい場合には、ヘッジが必要となる金額が日経平均先物の何枚に相当するかを計算し、その値に近いデルタ値のコール・オプションを探します。第4章で述べたように、「日経平均株価は強く上昇しているのに、個別銘柄はまるでついていけない」という乖離現象が時に起きます。そうした状況のときには、コール・オプションによる個別銘柄「売り」のヘッジを検討するのもよさそうです。

＊　＊　＊

「日経平均株価」を活用した売買例をいくつか紹介してきましたが、こうした売買が可能になるのは、第一に、日経平均株価が「市場全体」として意識され、いまや市場を形成する主役になっていること。第二に、日経平均先物、日経平均連動型のETF、日経平均オプションいずれも、取引が非常に活発に行われていること。そして第三は、そうした取引対象を一般の個人でも利用できる環境になっていることによります。

かつてはETFもありませんでしたし、日経平均先物は非常に敷居が高く、一般個人には無縁の取引対象。ミニ先物もありません。日経平均オプションは、「買い」だけなら個人を歓迎する証券会社はありましたが、「売り」に関しては、個人に門戸を開いている証券会社はありありませんでした。

それが今日では、一般の個人がどれでも安い手数料で取引することができます。何とも喜ばしい環境変化ではないでしょうか。

今後、日経平均株価の市場に対する影響力がより一層増す状況になれば、日経平均株価を意識した投資、日経平均株価を活用した売買は、攻めるにしても、守るにしても、より一層効果を発揮するはずです。

透明性が高く、わかりやすい。しかも取引しやすい「日経平均株価」は、実に使い勝手のよいインデックスです。存分に活用しましょう。

日経平均株価が高金利債券に大変身？「日経平均連動債」とは

金利は高いが償還元本額は日経平均株価次第の「日経平均連動債」

第5章で紹介したオプション取引のしくみは、姿形を変えた金融商品となって、個人向けにも販売されています。「日経平均連動債」（日経リンク債）と呼ばれる債券は、90年末から2000年にかけて、個人向けの販売が増えた〝オプション組み込み〟金融商品の代表例です。

この債券の特徴の第1は、その時々の金利情勢からすると破格ともいえる高い利率が提示されていることです。格付けが高い発行体の場合、通常の債券であれば利回りが0コンマ数%という今日、日経平均連動債は3%台、あるいは、それ以上の利率が提示されている例も珍しくありません。

第2の特徴は、通常の債券は発行体がデフォルトしない限りは償還時に元本100%が返済されるのに対して、日経平均連動債は、償還される元本の額が日経平均株価によって決まる点です。

とはいっても、日経平均株価の日々の動きに応じて元本額が増減するわけではありません。「期間中、予め決めてある基準まで日経平均株価が下がらなければ元本１００％で償還。一度でも、日経平均株価の終値がその基準以下になると、償還元本額は日経平均株価に連動する」といったしくみになっています。

「予め決めてある基準」はノックイン価格と呼ばれ、多くは、債券の発行日の日経平均株価（当初価格）の60%や70%という、かなり低い水準に設定されています。たとえば、ノックイン価格が「当初価格の60%」とすると、期間中に40%以上日経平均株価の終値が下がることがなければ、元本１００％で償還。一度でも40%以上の下落があった場合には、償還元本は日経平均株価に連動します（なお、仮に日経平均株価が大きく戻して、償還時の株価が当初価格よりも高くなっても、償還元本は１００％以上には増えません）。

現在販売されている日経平均連動債は、「早期償還条項」という特約がついていて、提示されている満期を待たずに償還されることもあります。この条項は、各利払い日（多くは年４回）の数営業日前を「判定日」として、その日の日経平均株価が当初価格の何％以上になっている場合は、その直後の利払い日をもって元本１００

%で償還する、という内容です。

たとえば、日経平均株価の当初価格が2万円、早期償還条項が「当初価格の105%以上」の場合、判定日の終値が2万1000円以上であれば、その直後の利払い日で償還となります。

図5−4−1は、早期償還条項付き日経平均連動債の償還パターンです。この4つのうち、①は高い金利が満期までもらえるものの元本割れ償還。②③④は元本100%償還ですが、②③は早期償還ですから、その後に予定されていた利払いは受けられません。「年利4%」となっていても、1回目

図5-4-1　日経平均連動債の償還パターンは4つある

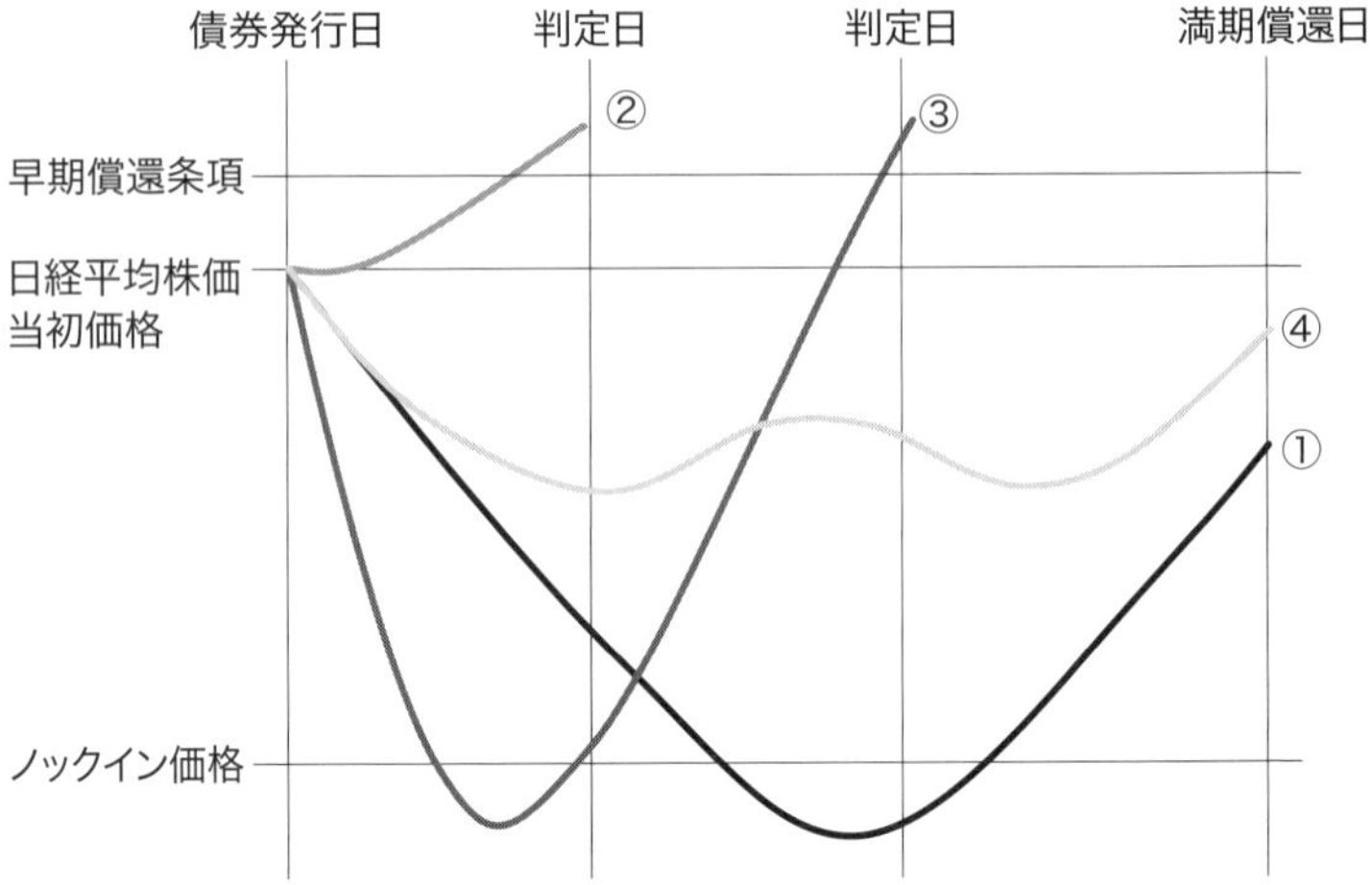

パターン①ノックイン価格以下に株価が下がり、元本割れ償還
パターン②判定日に株価が早期償還基準にヒットし元本100%で途中償還
パターン③ノックイン価格まで下がったが、判定日の株価が早期償還基準を超え元本100%で早期償還
パターン④ノックインも早期償還条項にも当たらず元本100%で満期償還

の判定日に早期償還条項の株価以上になっていれば、たった1回、提示されている利率の4分の1の1%をもらって償還です。

高い金利の源泉は「プット売り」で受け取るプレミアム

この日経平均連動債とは、いったいどんなしくみになっているのかと言うと、先に見た「プット・オプションの売り」がその根幹となっています。債券を購入するときに支払う額面金額が100万円、提示されている利率が4%の場合であれば、「100万円を担保にして日経平均株価を対象資産としたプット・オプションを売り、買い手から受け取るプレミアムが年間4万円」といったイメージです。

ただし、このオプションは、市場で取引されている日経平均オプションではなく、特定の買い手と売り手が相対で契約を交わしているオプション取引です。

このオプション契約では、買い手の権利行使について、日経平均オプションとは異なる、いくつかの条件が付いています。

まず、日経平均オプションと違って、権利行使は満期（期日）前でもできます。ただし権利行使が有効になる状況について条件が加わっています。たとえば「権利行使価格は2万円。ただし、権利行使ができるのは、日経平均株価が1万2000

円以下になったとき」といった具合です。この場合、日経平均株価が権利行使価格より安くても、株価が1万2000円よりも高ければ、買い手は権利を行使することができません。こうした条件の付いたオプションは、ノックイン・オプションと呼ばれます。

また、「予め決めた特定の日に、株価が当初価格よりも何％以上高ければ、権利は消滅する」といった条件も付いています。権利が消滅すれば、このオプション契約はそこで終了します。この条件の付いたオプションは、ノックアウト・オプションと呼ばれます。

図5-4-2　元本の価値は日経平均株価の動きによって変化する
（ノックイン価格が当初価格の60%の場合）

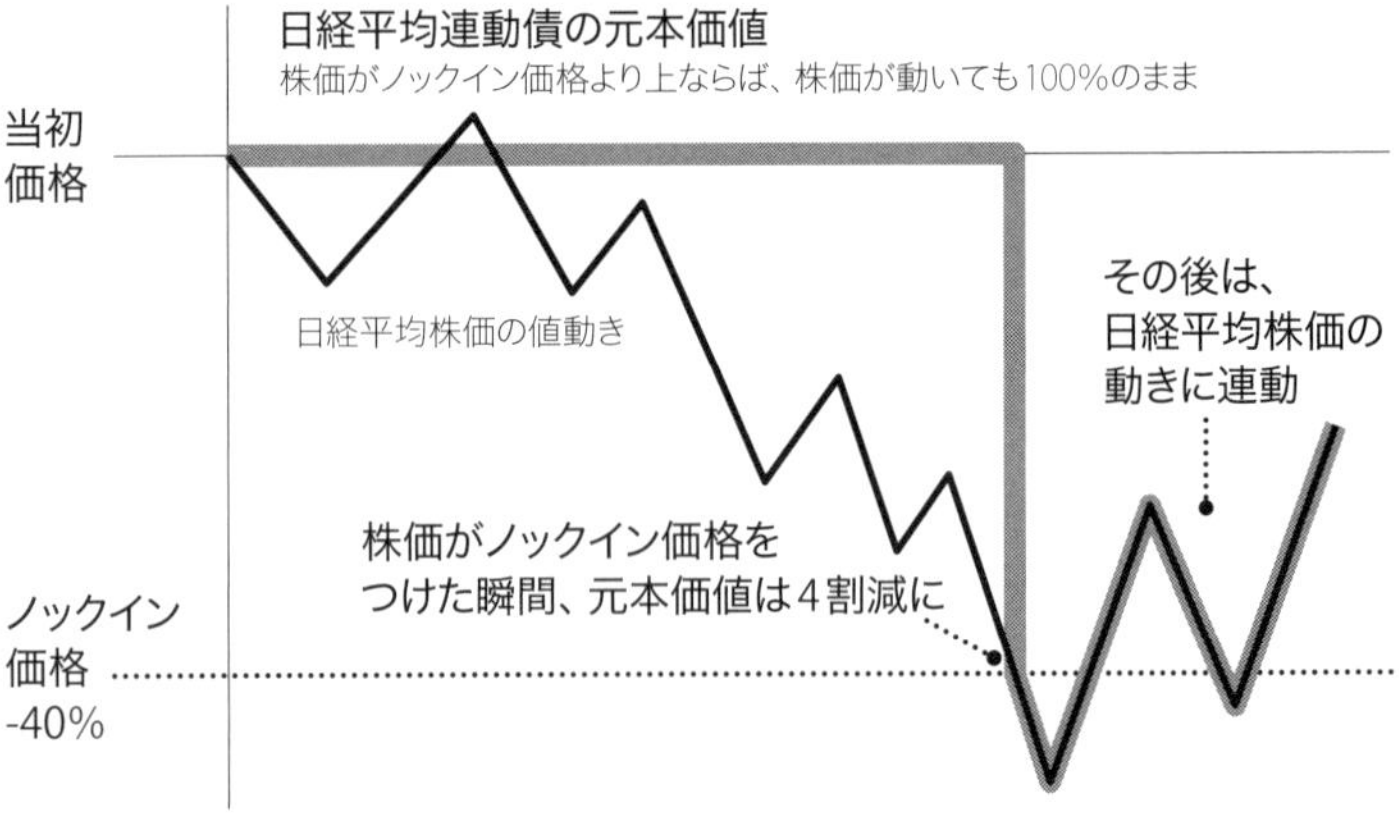

つまり、日経平均連動債とは、日経平均株価を対象資産とするノックイン型のプット・オプションに、ノックアウトの条件がプラスされている、というのがその実体です。このオプションの権利行使価格は、日経平均株価の「当初価格」。権利行使は満期までの期間中いつでもできますが、「ただし、権利行使ができるのは、日経平均株価が当初価格の60％以下になったとき」といった条件が付いています。この条件が、「ノックイン価格」です。また、早期償還条項は、「定期的な判定日の株価が当初価格の105％以上ならば権利が消滅する」というノックアウトの条件に基づきます。

日経平均連動債を買う投資家は、このプット・オプションの売り手の立場になっています。よって、プレミアムを受け取ると同時に、日経平均株価がノックイン価格になってオプションの買い手が権利を行使した場合には、権利行使価格（＝当初価格）で日経平均株価を買い取る義務を負います。実際には、日経平均株価に連動する資産を買い取ることになると思われますが、その買い取り資金となるのが、日経平均連動債を購入するときに支払った元本部分（額面金額）です。

債券の額面金額が200万円、日経平均株価の当初価格が2万円、ノックイン価格が「当初価格の60％」の日経平均連動債ならば、日経平均株価が当初の60％の1

万2000円より高ければ、元本の価値は当初価格のままで、プレミアム、すなわち債券の利払い金を受け取るだけです。しかし、日経平均株価が1万2000円になると、1万2000円の日経平均株価を2万円で買い取らなければなりません。それによって、200万円の元本は瞬時に120万円に減り、以後は、その元本の価値は、買い取った日経平均株価に連動します。

ノックインして元本割れ償還する確率はどのくらいなのか

日経平均連動債に関しては、「日経平均株価が上昇しても利益は増えず、その一方で、高いリスクを負っている。リスク・リターンが著しく偏っていて、何のメリットもない」という批判が少なくありません。中には、この種の金融商品を、〝詐欺紛い〟呼ばわりする人もいます。

しかし、この金融商品の根幹であるプット・オプションの「売り」が詐欺紛いであろうはずはありません。それどころか、第5章で述べたように、プット・オプションの「売り」には、高い確率でプレミアムをまるまる受け取ることができる、という大きなメリットがあります。とくに市場が動かない状況が続いている中では極めて有用な手段です。

そもそも、日経平均連動債のリスクである「ノックインして元本割れ償還」はどのくらいの確率で起きるのでしょうか。

図5－4－3は、90年1月以降、日経平均株価を毎営業日に買って1年および3年間保有したと想定し、各期間中の日経平均株価の最安値（終値ベース）が、買った日の株価（当初価格）の80％以下から60％以下になる確率を、過去の株価データで調べてみた結果です。この「最安値の水準」を日経平均連動債のノックイン価格と考えると、期間中に株価がノックイン価格以下に下がる確率がどのくらいかの

図5-4-3　期間中の最安値がノックイン水準を下回るのは何%？
（データ検証期間：90年1月～15年8月19日）

最安値が当初価格の	期間1年	期間3年
80%以下	38.07%	66.64%
75%以下	26.37%	58.22%
70%以下	18.09%	46.56%
65%以下	10.77%	39.31%
60%以下	5.95%	30.68%

1年（252営業日）、および3年（756営業日）の期間中の最安値が期初にあたる日の日経平均株価の80%以下から60%以下になる確率を調べた。検証日数は、期間1年が6052日、期間3年は5548日。

目安がつきます。

たとえば、期間1年の場合、期間中の最安値が「当初価格の70％以下」だったケースは全体の18％。「当初価格の60％以下」は6％程度です。つまり、期間1年ならば、日経平均連動債を買った投資家は、高い確率でノックイン条件にヒットすることなく、「高金利＋元本100％償還」になると考えられます。

しかし、期間が3年になると、期間中の最安値が「当初価格の70％以下」は4割以上、「当初価格の60％以下」でも3割程度あります。

もっとも、早期償還条項が付いていれば、株価がノックイン価格以下に下がる前に元本100％で償還するケースが出てくるため、**図5－4－3**よりも、ノックイン条件にヒットする確率は低くなります。これは、リスクの減少を意味しますが、同時に、早期償還すれば利払いもそこで打ち止めになりますから、期待リターンも減少します。

早期償還条項が付いている場合と、付いていない場合を比べてみましょう。

図5－4－4は、「期間1年で、ノックイン価格が当初価格の70％」と「期間3年で、ノックイン価格が当初価格の60％」という2つのパターンについて、3か月（63営業日）ごとの応当日の株価が当初の105％以上ならば早期償還する想定で、

90年1月以降のデータを調べてみた結果です。

期間1年の場合、早期償還条項がなければ、利払い回数は4回で、ノックインする割合は18%。早期償還条項が付いていると、ノックインする確率は17%弱に減りますが、6割近くは早期償還条項にヒットしています。そのため、利払いが受けられると想定される回数も、平均で2・68回に減ってしまいます。ノックインにも早期償還条項にもヒットせずに「4回フル利払い+元本100%償還」のケースは25%弱です。

期間3年になると、早期償還条

図5-4-4 早期償還条項でノックイン確率はどのくらい減るのか？

（データ検証期間：90年1月〜15年8月19日）

早期償還の判定日（=利払い日）を年4回（63営業日ごと）想定。期間中にノックイン価格以下に日経平均株価が下がった割合、および、判定日に早期償還条項にヒットして早期償還となった割合と、償還までの利払い回数

	期間1年		期間3年	
（ノックイン価格）	当初価格の70%以下		当初価格の60%以下	
（早期償還条項）	なし	105%	なし	105%
ノックイン条件にヒット	18.09%	16.92%	30.68%	20.10%
判定日に早期償還の条件にヒット（うち、1回目の判定日にヒット）		58.49%（32.12%）		70.82%（29.96%）
平均利払い期間数	4回	2.68回	12回	5.69回
ノックイン・早期償還どちらにもヒットしなかった割合	81.91%	24.59%	69.32%	9.08%

項が付いていると、ノックインする確率は10％以上減少します。ところが、全体の7割は早期償還条項にヒットし、利払いが受けられる回数は平均で５・６９回。早期償還条項が付いていなければ12回の利払いが受けられるところ、その半分も受け取ることができない、という結果です。ちなみに、１回目の利払いで早期償還条項にヒットした割合は約３割。ノックイン・早期償還条項ともにヒットせずに「12回フル利払い＋元本１００％償還」のケースは１割もありません。

日経平均連動債のリスクに見合う利率とは

この期間３年のケースについて、さらに詳細に調べてみました。

株価がノックイン条件にヒットした20・１％のうち、その後株価が当初価格以上まで上昇したケースはゼロ。つまり、ノックイン条件にヒットしたすべてが元本割れ償還です。

ノックイン条件にヒットした場合、３年後の応答日の株価が、日経平均連動債の償還額に相当します。その平均は、当初価格の66・０５％。つまり、株価がノックイン価格以下に下がった場合の平均損失は「１００－66・０５」の33・９５％。この損失が出る確率が20・１％ですから、損失の予想値（期待値）は「33・９５％×

20・1%」で6・82%です。

この6・82%と、予想されるリターン、すなわち、受け取る利払いが同等であれば、期待リターンとリスクが見合っていることになります。先ほど見たように、早期償還条項を考慮した場合の利払い回数は5・69回でしたから、1回の利払いに必要なリターンは「6・82%/5・69回」で1・2%。年4回の利払いを想定しているので、年利にすると「1・2%×4回」で4・8%です。これが、想定した日経平均連動債のリスクに見合う年利率と考えることができます。

図5-4-5 日経平均連動債に見合う年利率は何%か

●検証した日経平均連動債の各条件
期間=3年、ノックイン価格=当初価格の60%
早期償還条項=判定日の株価が当初価格の105%以上
判定日(利払い日)=年4回(63営業日ごと)

ノックイン条件にヒット(A)	20.10%
ノックイン後の償還元本平均(対当初価格)	66.05%
ノックインした場合の損失額の平均(B)	33.95%
損失の期待値(C)=(A)×(B)	6.82%
平均の利払い回数(D)	5.69回
損失の期待値に見合う利率	
●利払い1回あたり(C)/(D)	1.20%
●年率(利払い4回分)	4.80%

実際の日経平均連動債に組み込まれているオプションのプレミアムは、理論的な価格モデルによって設定されていて、ここで紹介した考え方とは異なりますが、この想定と同じような条件の日経平均連動債であれば、これと同程度の利率は〝あってしかるべき〟と考えて差し支えありません。この想定よりも期間が長い場合や、ノックイン価格の水準が高い場合には、さらに高い利率でなければ、リスクに見合っているとは言えません。

また、近年は、「判定日の株価が当初価格の80％以下ならば、適用利率が0・1％になる」という条件の付いたデジタル・クーポン型と呼ばれるタイプが主流になっています。この場合、提示される年利率はより一層高くなければ、負うリスクに見合いません。

日経平均連動債の投資リスクは〝ある時期〟に集中する

金利で資産を増やすことがまったく期待できない昨今、金利収入を得たい人にとって、日経平均連動債をはじめ、プット・オプションの「売り」が組み入れられている高金利の金融商品は、ひとつの選択肢になるのは確かです。ここまで見てきたとおり、その商品の基本構造自体に問題があるわけではありません。ただし、提示されている〝高金利〟が、負うリスクからすれば、実はまったく高くはない、むしろ低すぎるケースがあります。これが、この金融商品に投資するか否かを判断するときの重要ポイントの第一です。

さらに重要なポイントがあります。ここで紹介した確率の数字は、過去のデータから計算した平均ですが、相場局面を区切ってみると、「ここで日経平均連動債を買っていたら、悉《ことごと》くノックインしたであろう」時期が、特定の一時期に集中しているのです。

図5－4－6は、90年以降について、先ほどと同じ期間3年の日

図5-4-6　「いずれノックインする」時期は天井圏から落ちていく局面に集中

(日経平均株価：90年1月～15年8月19日)

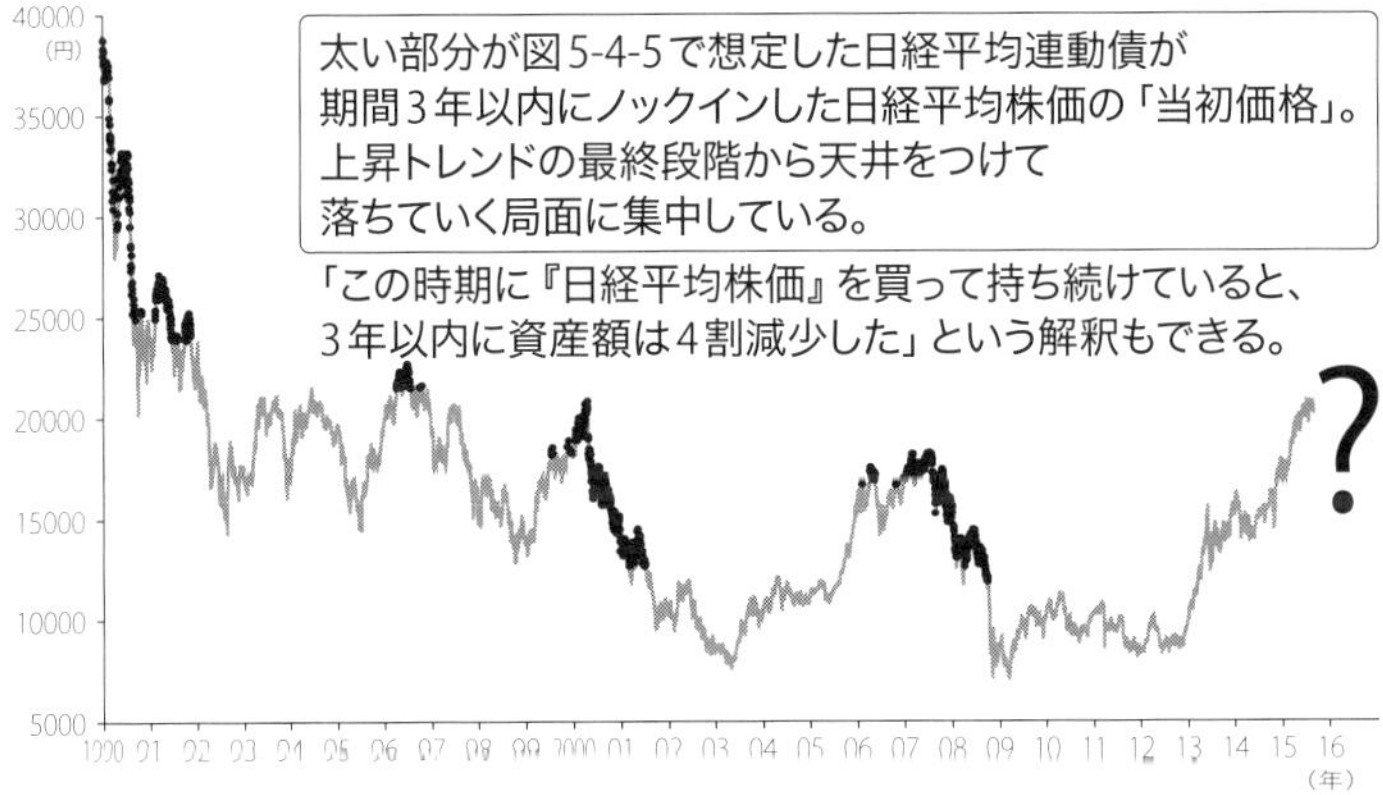
40000
(円)
35000
30000
25000
20000
15000
10000
5000
1990 91 92 93 94 95 96 97 98 99 2000 01 02 03 04 05 06 07 08 09 10 11 12 13 14 15 16
(年)
太い部分が図5-4-5で想定した日経平均連動債が
期間3年以内にノックインした日経平均株価の「当初価格」。
上昇トレンドの最終段階から天井をつけて
落ちていく局面に集中している。
「この時期に『日経平均株価』を買って持ち続けていると、
3年以内に資産額は4割減少した」という解釈もできる。
?

経平均連動債を想定して、どの局面で買った場合にノックインしているのかを調べた結果です。グラフの太い部分が、「ここで買っていたら、3年以内にノックイン条件にヒットした」という時期の日経平均株価です。上昇トレンドの最終局面と、天井をつけて落ちていく局面に集中していることがはっきり現れています。

日経平均株価の上昇トレンドが進行しているときには、日経平均連動債をはじめ、高い利率をうたった同類の債券の発行が増える傾向があります。それが、上昇トレンドのまだ途中であれば、早期償還条項にヒットして元本100％で償還されるでしょう。ただし、利払い回数は1回か、2回、多くても4回もらえるかどうかに違いありません。

そのとき、「利払いは途中で打ち切りになったけれども、次に出る新しい日経平均連動債を買えば、また高い金利収入がもらえる」と考えて、次々と新発の日経平均連動債に乗り換えることは、非常に危険です。それを繰り返していれば、必ず〝悉くノックイン〟の局面で買ってしまいます。おそらく、それまで受け取った〝高い金利〟収入分を考慮してもなお、損失が出るはずです。

223ページで紹介したように、通常のプット・オプションの売りは、株価が大きく下がりさえしなければ利益になります。株価が大きく上昇しても利益は増えませんが、リターンは確保されます。ところが、早期償還条項が付いていると、株価が上昇すれば、プット・オプションの売り手が本来もらってしかるべきプレミアム（債券の利払い）が打ち切りになる、すなわち、リターンが減少するという、通常のプット・オプションの売りとは異なる性質に変わります。

早期償還条項は、ノックインのリスクを減らす〝投資家思い〟の条件に見えるかもしれません。しかし、ノックインのリスクが減る以上に、オプションの売り手（＝日経平均連動債を買う投資家）が受け取り続けていられるはずのリターンの期待値が削られています。オプションの買い手の側から言えば、この条項によって、期待されるリターンは縮小するものの、それ以上にリスクを減らせる、ということです。日経平均連動債のリスク・リターンが偏っているとすれば、その主因は、この金融商品の本体そのものの構造ではなく、この早期償還条項にあります。

この点を踏まえると、日経平均連動債の購入を検討するならば、株価が低迷していて、「まだ下がるかもしれないが、4割は下がらないだろう。しかし、上がりそうにない」という局面です。さらに安全を期すならば、満期までの期間は1年以内に限ります。これが、日経平均連動債のリスクを最小限に抑え、リターンを最大化しうる最善の策です。

参考文献

- “A RANDOM WALK DOWN WALL STREET”10th edition（Burton.G. Malkiel著／W.W.NORTON.&COMPANY Ltd.）
- “DARK POOLS”（Scott Patterson著／Random House Business）
- “INTRODUCTION TO FUTURES AND OPTIONS MARKETS” 2nd edition （Johon Hull著／Prentice Hall International）
- Financial Calculus（Martin Baxter, Andrew Rennie著／Cambridge University Press）
- Bloomberg Business電子版（2015.2.19）
- Reuters電子版（2015.5.22）
- 『モノグラフ 24 公式集』5訂版（矢野健太郎監修・春日正文編／科学新興社）
- 増補版『金融・証券のためのブラック・ショールズ微分方程式』（石村貞夫・石村園子著／東京図書）
- 『岩波数学辞典』第3版（日本数学会編集／岩波書店）
- 『確率・統計入門』（小針晛宏著／岩波書店）
- 「続・これが外債投資の現実だったりする」（なでしこインベストメント）
- 「<株>テクニカル情報2015年夏号」（なでしこインベストメント）
- 「【先物主導】【高速取引】に翻弄されない 本気の<株>再入門」（なでしこインベストメント）
- 「【禁断の仕組み債】こっそり知りたいホントのリスクとリターン」（なでしこインベストメント）

参考サイト

- 日本経済新聞社 http://www.nikkei.com/
- 日本取引所グループ http://www.jpx.co.jp/
- 内閣府（統計情報・調査結果）http://www.esri.cao.go.jp/
- 日本銀行 http://www.boj.or.jp/
- 野村アセットマネジメント http://www.nomura-am.co.jp/
- モーニングスター http://www.morningstar.co.jp/
- INVESTOPEDIA http://www.investopedia.com/
- なでしこインベストメント http://www.nadeshiko-investment.co.jp/

阿部智沙子（あべ　ちさこ）

（有）なでしこインベストメント取締役。
茨城大学、東京理科大学卒業。大蔵省（現・財務省）専管の財団法人が発行する金融専門紙の記者を経て、1997年、マーケット情報提供会社（有）なでしこインベストメントを共同で設立。株式、債券、為替を中心としたマーケット分析や売買手法の研究、株式等のトレーディングに携わりながら、その成果を反映する形で執筆活動を行っている。また、2013年に日本数学会の正会員となり、数学・物理分野の企画・コンテンツ制作にも注力中。主な著書に、『株　ケイ線・チャートで儲けるしくみ』（日本実業出版社）、『＜1日1回15分＞たのしい短期トレードの本』（東洋経済新報社）など。自社オリジナルCD-ROM書籍に「【市場5割】【セクター3割】【個別要因2割】で考える売買のアイディア」、定期刊行の「株＜優待＞アノマリー情報」「＜株＞テクニカル情報」などがある。

データ協力:桑山光利（なでしこインベストメント）

リスクは抑《おさ》えて利益《りえき》を勝《か》ち取《と》る

日経平均《にっけいへいきん》の読《よ》み方《かた》・使《つか》い方《かた》・儲《もう》け方《かた》

2015年11月20日　初版発行
2015年12月10日　第2刷発行

著　者　阿部智沙子 ©C. Abe 2015
発行者　吉田啓二

発行所　株式会社日本実業出版社　東京都文京区本郷3-2-12　〒113-0033
大阪市北区西天満6-8-1　〒530-0047
編集部　☎03-3814-5651
営業部　☎03-3814-5161　振　替　00170-1-25349
http://www.njg.co.jp/

印刷／理想社　製本／共栄社

この本の内容についてのお問合せは、書面かFAX（03-3818-2723）にてお願い致します。
落丁・乱丁本は、送料小社負担にて、お取り替え致します。

ISBN 978-4-534-05331-2 Printed in JAPAN